第7届世界数独锦标赛赛题解
——陈氏解法

陈金康 著

龙門書局 科学出版社

北　京

内 容 简 介

数独是一个充满乐趣的逻辑推理游戏，规则简单，但精通不易，其变幻无穷的魅力吸引了无数的爱好者沉醉其中。

本书精选了《第7届世界数独锦标赛赛题集》中题型新颖或评分较高（即难度较大）者，采用骑马、封闭、网独、组合无解逼近式解法详细介绍了其推理过程。相信通过阅读此书，能帮助您迅速提高数独水平，轻松挑战任何高难度的数独题目。

图书在版编目（CIP）数据

第7届世界数独锦标赛赛题解：陈氏解法/陈金康著.
—北京：龙门书局，2015.11
ISBN 978-7-5088-4662-0

Ⅰ.①第… Ⅱ.①陈… Ⅲ.①智力游戏 Ⅳ.①G898.2

中国版本图书馆 CIP 数据核字（2015）第 274482 号

责任编辑：杨 岭 李小锐/责任校对：韩雨舟
责任印制：余少力/封面设计：墨创文化

龙 门 书 局
科 学 出 版 社 出版
北京东黄城根北街 16 号
邮政编码：100717
http://www.sciencep.com

成都创新包装印刷厂印刷

科学出版社发行 各地新华书店经销

*

2015 年 11 月第 一 版 开本：787×1092 1/16
2015 年 11 月第一次印刷 印张：17.5
字数：400 千字
定价：48.00 元
（如有印装质量问题，我社负责调换）

本书阅读之道

阅读工具

"工欲善其事，必先利其器。"

这里的"器"，就是铅笔、橡皮擦以及大量印有九宫格的纸片，如下图：

	1	2	3	4	5	6	7	8	9
A									
B									
C									
D									
E									
F									
G									
H									
I									

阅读目的

学习高手，青出于蓝而胜于蓝，超过高手。

 **阅读方法**

我主张采用围棋界的"复盘法"。

所谓"复盘",乃围棋界的术语,指将高手对弈的记录,自己一颗黑子、一颗白子地将整盘对弈过程复制一遍。亲手复盘,从中悟出经验,乃是将高手的经验化为自己的经验,这是通过向高手学习,进而提高自己,以便争取达到和超越高手的目的。

说实话,解数独题的过程中逐步得到的答案数,按先后次序进行编号,正是从围棋界学来的。

为便于读者"复盘",本书所有例题和练习题都采用逻辑解法。即由已知条件按逻辑推理一步一步地、一格一格地将其答案数一个一个地推导出来。例如题目有 21 个已知数,则至少有 81-21=60 步推导。

盼读者按上述要求,准备好大量的九宫格纸片,写上你正在阅读的题目,然后按解题步骤一步一步地在你的纸片上写出每个格的答案数。对每个答案数的得来,不但要知其然,更要知其所以然,绝不能囫囵吞枣,而且应反复数次,达到不看题解也能得出所有答案数的目的。更进一步,若能用不同于本题的解法而解出者,更是大有可为的人了。

若不按我指导的"复盘"法进行学习,言者谆谆,听者藐藐,读者不能成为行家里手,休怪我老翁教人无方哦!

序

　　世界数独锦标赛是由世界智力谜题联合会主办的世界性数独比赛，其赛题代表数独发展的最高水平。可惜，自 2006 年在意大利卢卡举行的首届世界数独锦标赛以来，每年一届，截至 2013 年在北京举行的第八届世界数独锦标赛，每届一套赛题，八年来，不但全世界无一本赛题详解之书问世，连赛题也难觅踪迹。

　　感谢北京广播电视台数独发展总部编著的《第七届世界数独锦标赛赛题集》已于 2013 年 4 月由龙门书局出版。定居美国的朋友兰兰告诉我出版的消息，通过网购收到该书。该赛题既有新型的标准数独题，更有千姿百态、繁花似锦、趣味性极强的大量非标准数独题。

　　本人用陈氏解法解完该赛题，由于赛题有十轮共 138 道题，本书不可能全部刊出，就按题型新颖或评分较高（即难度较大）者，精选刊出。在解赛题的过程中，本人一直处于兴奋状态，多少题使我忘餐、多少题使我废寝。本届赛题可圈可点处甚多，以第 1 轮、第 2 轮、第 3 轮、第 8 轮而论，都是组合题，设计精巧、趣味十足、层层机关、处处陷阱，让人头痛、让人兴奋、让人难安啊！解完检查，一经确认，顿时飘飘如仙，享成功的喜悦、获无尽的乐趣。翱翔在数独的天空，风光无限；陶醉在数独的海洋，其乐无穷。

　　在此须指出的是，很多赛题"设计精巧难度高"，而本人的解法更是"见招拆招解题速"。速在何处？速在解法的通用化、模型化、公式化。解"小杀手"（第 5 轮 9 题及第 10 轮 23 题）的通法是"金角银边冬瓜肚，抓大擒小见功夫"；解"乘积数独"（第 10 轮 24 题）的通法是将有关数据质数化，如 810 $=2\times5\times3^4$，$756=7\times2^2\times3^3$。解"乐园数独"（第 6 轮 2 题）除了行、左斜列命名外，还应按左或右命名，如 E2 右＝3、D5 左＝1，解"雪花数独"（第 3 轮 6 题）也如此处理；解"蚂蚁雄兵"（第 6 轮 4 题）时，大、小拼块列表排出互相适合者，类似的还有"轮转数独"（第 10 轮 21 题），列表表明各轮可旋转角度，并发现可相配者，"高飞数独"（第 5 轮 3 题和 8 题、第 6 轮 13 题、第 8 轮 13 题）等也如此解决。解题的入手点在已知条件密集之宫内，如第 3 轮 2 题在一宫及六宫、第 5 轮 1 题在二宫 B5 格、第 5 轮 3 题的五宫、第

10 轮 26 题的在八宫等，不一一列举了。最后仅指出"美女与野兽"（第 6 轮 9 题），此题需用高等数学"数论"的知识才能解决，但本人将其通俗化后只需记住下列两个圆环排列的数即可解决。

总之，数独健脑，少年益智、中年怡情、老年防呆，何乐不为，哈哈！

本书出版之目的，在于提高国人的数独水平，同时也让我国参加数独锦标赛的选手们，如虎添翼、为国争光！

欢迎读者批评、行家指正、专家斧正！欢迎挑战。

陈金康于重庆长安华都

2014.05.01

13708390119 欢迎数独界朋友微信交流

目　　录

第 1 轮个人赛　匹诺曹（PINOCCHIO）

下列题目中有 3 个数字的字体和其他数字不同，其中有两个数字是正确的，第 3 个数字（匹诺曹）是错误的。请找到并改正这个数字，然后填出 A、B、C 三格的数字和匹诺曹的正确数字，题目不需要完成。

题号	1	2	3	4	5	6	7
评分	5	5	6	7	8	9	10

第 1 轮　第 5 题　标准数独

在空格内填入数字 1~9，使得每行、每列、每宫内的数字不重复。

		A		3				1
5								
			4				5	9
	2	7					6	
B			3	8	1		4	
1								7
	3		5	7	9			
	5					8	1	
7	4			8				
9		C	2					5

A　B　C

	1	2	3	4	5	6	7	8	9
A				8^3	3				1
B				4	6^{11}			5	9
C		2	7	9^7	1^8	5^{12}		6	8^4
D		7^2		3	8	1		4	
E	1				4^9	6^{13}		3^{14}	7
F		3			7	9	1^1	8^{15}	
G		5		7^5	9^6		8	1	
H	7	4		5^{10}	8			9^{16}	
I	9				2				

解：

∵E1=1　D6=1　G8=1　⇒　六马1　∵六马1　A9=1　⇒　F7=1^1

∵A9=1　E1=1　⇒　一马1

∵A9=1　一马1　D6=1　⇒　二马1　∵D4=3　F2=3　⇒　六马3

∵A5=3　D4=3　⇒　八马3

∵H1=7　C3=7　E9=7　⇒　D2=7^2　∵H1=7　E9=7　⇒　九马7

∵H1=7　九马7　F5=7　⇒　八马7　∵G7=8　H6=8　⇒　七马8

∵H6=8　D5=8　⇒　二马8　∵G7=8　⇒　三马8

　I1=9　B9=9　⇒　九马9

∵九马9　F6=9　I1=9　⇒　八马9　∵I1=9　B9=9　⇒　一马9

∵一马9　B9=9　F6=9　⇒　二马9，且二宫⑲　⇒　A4=8^3

∵A4=8　三马8　⇒　C9=8^4　∵C9=8　G7=8　⇒　六马8

∵C3=7　F5=7　⇒　二马7

∵二马7　八马7　⇒　G4=7^5　⇒　G5=9^6

∵G5=9　二马9　⇒　C4=9^7　⇒　C5=1^8，又D6=1　⇒　八马1

∵B8=5　⇒　二马5　∵H2=4　B4=4　⇒　八马4

∵B4=4　八马4　⇒　E5=4^9　∵E5=4　D8=4　⇒　四马4

∵D8＝4　B4＝4　⇒　三马 4

∵三马 4　D8＝4　H2＝4　⇒　九马 4

∵二马 5　⇒　B5≠5　⇒　H5＝5^{10}　⇒　B5＝6^{11}

∵C2＝2　⇒　二马 2，且二宫㉗　　∵二宫㉗　⇒　C6＝5^{12}

∵二马 2　⇒　五马 2

∵C6＝5　⇒　五马 5，且五宫㉕　⇒　E6＝6^{13}　⇒　八宫空格写 1、6

∵A5＝3　⇒　三马 3　∵三马 3　六马 3　⇒　E8＝3^{14}　⇒　F8＝8^{15}

∵B9＝9　⇒　六马 9　∵六马 9　九马 9　⇒　H8＝9^{16}

假设 A1＝5、F4＝5、I9≠5（注）

	1	2	3	4	5	6	7	8	9
A	5^{1}	9^{32}	6^{33}	8	3	7^{8}	4^{9}	2^{6}	1
B	8^{14}	1^{16}	3^{15}	4	6	2^{7}	7^{12}	5	9
C	4^{10}	2	7	9	1	5	3^{11}	6	8
D	2^{31}	7^{2}	9^{21}	3	8	1	6^{26}	4	5^{17}
E	1	8^{19}	5^{18}	2^{3}	4	6	9^{22}	3	7
F	6^{30}	3	4^{13}	5^{25}	7	9	1	8	2^{29}
G	3^{35}	5	2^{34}	7	9	4^{36}	8	1	
H	7	4	1^{23}	6^{25}	5	8	2^{27}	9	3^{28}
I	9		8^{20}	1^{24}	2		5^{4}	7^{5}	4^{37}

解：

∵五宫九缺一　⇒　E4＝2^{3}　∵A1＝5　G2＝5　F4＝5　⇒　四马 5

∵G2＝5　H5＝5　B8＝5　I9≠5　⇒　I7＝5^{4}　⇒　I8＝7^{5}　⇒　A8＝2^{6}

∵A8＝2　二马 2　⇒　B6＝2^{7}　⇒　A6＝7^{8}　⇒　三马 7，

　　且三宫㊲　⇒　A7＝4^{9}

∵A7＝4　B4＝4　⇒　C1＝4^{10}　⇒　C7＝3^{11}　⇒　B7＝7^{12}

∵A5＝3　F2＝3　⇒　一马 3　　　　　∵B5＝6　⇒　一马 6

∵C1＝4　四马 4　⇒　F3＝4[13]　　　　∵D5＝8　F8＝8　⇒　四马 8

∵四马 8　七马 8　⇒　破骑马 8　⇒　B1＝■8[14]　⇒　B3＝3[15]　⇒　B2＝1[16]

∵F4＝5　I7＝5　⇒　D9＝5[17]

∵D9＝5　四马 5　⇒　E3＝5[18]　⇒　E2＝8[19]

∵E2＝8　七马 8　⇒　I3＝8[20]

∵I1＝9　⇒　D3＝9[21]，又六马 9　⇒　E7＝9[22]

∵B2＝1　G8＝1　⇒　H3＝1[23]

∵H3＝1　八马 1　⇒　I4＝1[24]　⇒　H4＝6[25]　⇒　九马 6　⇒　D7＝6[26]　⇒　H7＝2[27]　⇒　H9＝3[28]

∵六宫九缺一　⇒　F9＝2[29]　⇒　F1＝6[30]　⇒　D1＝2[31]

∵D3＝9　一马 9　⇒　A2＝9[32]　⇒　A3＝6[33]　⇒　G3＝2[34]

∵1 列九缺一　⇒　G1＝3[35]，又八马 3　⇒　G6＝4[36]

∵G6＝4　九马 4　⇒　I9＝4[37]

故　匹诺曹（I9）＝4　A（A3）＝6　B（D1）＝2　C（I4）＝1

～完～

第1轮 第6题 标准数独

在空格内填入数字1～9，使得每行、每列和每宫内的数字不重复。

A		4		9				
7		4	6				9	
	8			5				
	6		3			2		7
			5				4	
		9					5	6
4	7							B
2			4	7	3			
C	3	6						8

A B C
□ □ □

解：

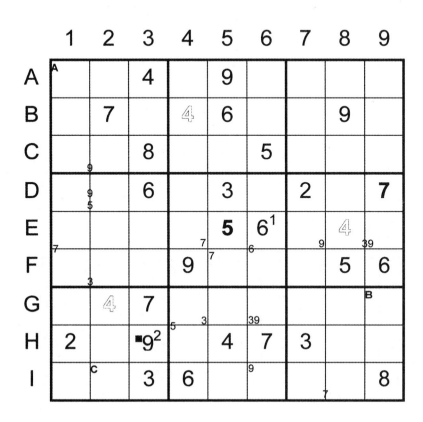

	1	2	3	4	5	6	7	8	9
A			4		9				
B		7		4	6			9	
C			8			5			
D			6		3		2		7
E					5	6¹		4	
F				9				5	6
G		4	7						
H	2		■9²		4	7	3		
I			3	6					8

∵D5＝3　H7＝3　⇒　六马 3　　∵六马 3　D5＝3　I3＝3　⇒　四马 3

∵H7＝3　I3＝3　D5＝3　⇒　八马 3

∵C6＝5　E5＝5　⇒　八马 5　　∵E5＝5　F8＝5　⇒　四马 5

∵B5＝6　I4＝6　D3＝6　⇒　五马 6

∵F9＝6　五马 6　⇒　E6＝6¹　　∵G3＝7　H6＝7　⇒　九马 7

∵D9＝7　H6＝7　⇒　五马 7　　∵B2＝7　G3＝7　D9＝7　⇒　四马 7

∵A5＝9　B8＝9　⇒　一马 9

∵F4＝9　B8＝9　⇒　六马 9　⇒　四马 9

∵一马 9　四马 9　⇒　田骑马 9　⇒　H3＝■9²，"■"表示此数由田骑

马得来

　　∵A5＝9　F4＝9　⇒　八马 9

假设 $B4=4$　$G2=4$　$E8\neq4$

	1	2	3	4	5	6	7	8	9
A	$^{A}6^{44}$ ₆₂	1^{45}	4	2^{41} ₂₃	9	(18)	8		3^{39} ₃₄
B	■3^{37}	7	■5^{15}	4^{1}	6			9	■2^{31}
C	9^{43} ₆₂ ₉	2^{42}	8	3^{40} ₂₃	7^{30}	5			4^{38} ₃₄
D	(59)		6	1^{20}	3	4^{19} ₄	2	8^{21}	**7**
E	4^{25} (74)	8^{4}	2^{22}	7^{17} ₂₇	**5**	6	9^{35} (19)	3^{29} ₃	1^{36} (19)
F	7^{24} ₃	3^{3}	1^{23} ₁₂	9	$^{7}8^{16}$	2^{18} ₂₄	4^{26}	5	6
G	8^{5}	4^{2}	7	5^{7} ₃₅	1^{11}	3^{8} ₃₉	6^{33} ₉	2^{32}	$^{B}9^{34}$ ₂₉
H	2	6^{14}	9	8^{6}	4	7	3	1^{13}	5^{12}
I	$^{C}5^{46}$ ₁₅	3	6	2^{10}	9^{9} ₂₉		7^{28} (74)	4^{27}	8

∵$A3=4$　$G2=4$　⇒　四马4，且四宫⑦④　∵四宫⑦④　⇒　$F2=3^{3}$

∵$G2=4$　$H5=4$　⇒　九马4，且九宫⑦④

∵$H1=2$　$D7=2$　⇒　九马2　⇒　八马2

∵$B4=4$　$H5=4$　⇒　五马4　∵$C3=8$　四宫59⑦④　⇒　$E2=8^{4}$

∵$E2=8$　$I9=8$　⇒　$G1=8^{5}$　⇒　$H4=8^{6}$　⇒　$G4=5^{7}$　⇒

　　$G6=3^{8}$　⇒　$I6=9^{9}$　⇒　$I5=2^{10}$　⇒　$G5=1^{11}$

∵$G4=5$　$F8=5$　九宫⑦④　⇒　$H9=5^{12}$

∵$G5=1$　⇒　$H8=1^{13}$　⇒　$H2=6^{14}$

∵$B8=9$　⇒　九马9，七宫空格写1、5。

∵四马5　七马5　⇒　破骑马5　⇒　$B3=■5^{15}$，3列空格写1、2。

∵$H1=2$　⇒　一马2　　　　∵$D5=3$　$G6=3$　⇒　二马3

∵$H2=6$　$B5=6$　⇒　一马6　∵$D7=2$　$I5=2$　⇒　五马2

∵$C3=8$　$H4=8$　⇒　二马8

∵H4=8　二马 8　⇒　F5=8[16]　⇒　E4=7[17]　⇒　F6=2[18]　⇒

D6=4[19]　⇒　D4=1[20]

∵D 行九缺一　⇒　D8=8[21]　∵D8=8　I9=8　C3=8　⇒　三马 8

∵F6=2　四马 2　⇒　E3=2[22]　⇒　F3=1[23]

∵E4=7　四马 7　⇒　F1=7[24]　⇒　E1=4[25]　⇒　F7=4[26]

∵F7=4　九马 4　⇒　I8=4[27]　⇒　I7=7[28]

∵H8=1　⇒　六马 1，且六宫⑲　⇒　E8=3[29]

∵D4=1　G5=1　⇒　二马 1，且二宫⑱

∵5 列九缺一　⇒　C5=7[30]，4 列空格写 2、3。

∵一马 2　二马 2　⇒　破骑马 2，又 D7=2　⇒　B9=■2[31]

∵B9=2　九马 2　⇒　G8=2[32]　∵F9=6　⇒　G7=6[33]　⇒　G9=9[34]

∵G9=9　六马 9　⇒　E7=9[35]　⇒　E9=1[36]

∵H7=3　E8=3　⇒　三马 3

∵二马 3　三马 3　⇒　破骑马 3　⇒　B1=■3[37]

∵F7=4　I8=4　⇒　三马 4

∵三马 4　A3=4　⇒　C9=4[38]　⇒　A9=3[39]

∵A9=3　二马 3　⇒　C4=3[40]　⇒　A4=2[41]

∵A4=2　一马 2　⇒　C2=2[42]　⇒　C1=9[43]　⇒

A1=6[44]　⇒　A2=1[45]

∵A2=1　七马 1　⇒　I2=5[46]

故　匹诺曹（E8）=3　A（A1）=6　B（G9）=9　C（I2）=5

第 1 轮　第 7 题　标准数独

在空格内填入数字 1~9，使得每行、每列和每宫内的数字不重复。

						3	5	1
2			4		7		8	
	A	1	8	5				
	3		6			7		8
1						B		9
8		9			5		3	
			3	8	4			
C	1		5		4			6
	6	7	1					

A　B　C

解：

∵ C3＝1　A8＝1　⇒　B5＝1[1]　∵ H2＝1　I4＝1　A8＝1　⇒　G9＝1[2]

∵ A8＝1　G9＝1　E1＝1　⇒　F7＝1[3]

∵ F7＝1　E1＝1　I4＝1　B5＝1　⇒　D6＝1[4]

∵ A6＝3　D2＝3　⇒　一马 3

∵ A6＝3　G5＝3　D2＝3　F8＝3　⇒　E4＝3[5]

∵ G7＝4　H6＝4　⇒　七马 4　　∵ A7＝5　C5＝5　⇒　一马 5

∵ I3＝7　⇒　八马 7

∵ D7＝7　I3＝7　⇒　四马 7　⇒　一马 7

∵ B8＝8　D9＝8　⇒　九马 8　　∵ F1＝8　G6＝8　⇒　七马 8

∵ D9＝8　F1＝8　G6＝8　⇒　E5＝8[6]

∵ B8＝8　C4＝8　F1＝8　⇒　一马 8

∵ B4＝4　H6＝4　⇒　五马 4

∵ D7＝7　B6＝7　⇒　五马 7，又四马 7　⇒　E2＝7[7]

至此似乎到了山穷水尽之地步，怎么办呢？

致读者——诀窍

这种"三抓一"的题型，由逻辑学的角度看，是这样的：

这里有三个命题，甲、乙、丙，其中两个为真，一个为假，如何找出假命题，或如何确定哪两个为真命题呢？

假若直接就能确定哪个命题为假，那就太方便了。

如第 1 轮第 1 题，∵ D7＝8　F8＝8　⇒　E5≠1，而 E5＝8，马上就找出了假命题，第一题很快就解出来了。

但是这样的题在竞赛中太少了，难一点的题目如何解呢？将三个命题甲、乙、丙进行组合，衍生出 3 道题，题目如下：

$$
第一题\begin{cases}甲=真\\乙=真\\丙=假\end{cases}\qquad 第二题\begin{cases}乙=真\\丙=真\\甲=假\end{cases}\qquad 第三题\begin{cases}甲=真\\丙=真\\乙=假\end{cases}
$$

这 3 题的次序随机编号，哪一题作为第一题均可。

这 3 道题中，随便选择一道题，若能解出则万事大吉，问题解决；

其次，若能证明 3 道题中，有两道题无解，剩下一题有解，问题解决；

这种方法称为"穷举法"。

其三，这 3 道题中，选择两道题来解，结果都是既不能证明无解也不能证明有解，此时不必停顿，曙光可能就在第 3 题中，若第 3 题有解，问题解决；若第 3 题还是既不能证明无解也不能证明有解，又如何办呢？

这种情况是不存在的，果真如此，那就是自己的解题水平有待提高了。

请参阅本人已出版的《陈氏解法丛书之一——轻松速解数独》中的第二部分第 1 节"骑马与封闭"、第 2 节"田骑马、破骑马与异骑马"，彻底掌握了这两节中的方法，百分之八十的数独题都能解决了。

下面继续讲解本题的解法。

	1	2	3	4	5	6	7	8	9
A						3	5	1	
B	2			4	1¹	7		8	
C			1	8	5				
D		3	⑥		1⁴	7		**8**
E	1	7⁷	3⁵	8⁶				9
F	8		9		5	1³	3		
G				3	8	4		1²
H		1	**5**		4			⑥
I	⑥	7	1					

上图中 B5＝1¹，G9＝1²，…，E2＝7⁷，显然如此，不必详述。

现在将 D4、I2、H9 进行组合，得到 3 道题，依次命名为：

第 7.1 题 $\begin{cases} D4＝6 \\ I2＝6 \\ H9≠6 \end{cases}$　第 7.2 题 $\begin{cases} I2＝6 \\ H9＝6 \\ D4≠6 \end{cases}$　第 7.3 题 $\begin{cases} H9＝6 \\ D4＝6 \\ I2≠6 \end{cases}$

第 7.1 题：假设 $D4＝6^1$、$I2＝6^2$、$H9≠6$

	1	2	3	4	5	6	7	8	9
A	6^{10}			2^{22}	9^{23}	3	5	1	7^{18}
B	2	5^{13}	3^{12}	4	1	7	6^9	8	9^{14}
C	7^{11}	9^{17}	1	8	5	6^8			
D		3		6^1		1	7		**8**
E	1	7	6^6	3	8	2^{20}			9
F	8		9	9^{24}		5	1	3	6^7
G				7^4	3	8	4	6^5	1
H	3^{16}	1		5	6^3	4			
I	4^{15}	6^2	7	1	2^{21}	9^{19}			

解：

∵ D4＝6　I2＝6　⇒　H5＝6^3　⇒　G4＝7^4　⇒　G8＝6^5

∵ D4＝6　I2＝6　⇒　E3＝6^6

∵ D4＝6　E3＝6　⇒　F9＝6^7

∵ D4＝6　H5＝6　⇒　C6＝6^8

∵ C6＝6　F9＝6　⇒　B7＝6^9

∵ B7＝6　C6＝6　I2＝6　E3＝6　⇒　A1＝6^{10}　⇒　C1＝7^{11}　⇒
B3＝3^{12}　⇒　B2＝5^{13}　⇒　B9＝9^{14}

∵ I2＝6　七马 4　⇒　I1＝4^{15}

∵ B3＝3　G5＝3　⇒　H1＝3^{16}，二宫空格写 2、9　⇒　C2＝9^{17}

∵ 一宫空格写 4、8　⇒　A 行九缺一　⇒　A9＝7^{18}

∵ E9＝9　⇒　I6＝9^{19}　⇒　E5＝2^{20}

∵ 八宫九缺一　⇒　I5＝2^{21}　⇒　A4＝2^{22}　⇒　A5＝9^{23}　⇒　F4＝9^{24}

此与 F3＝9 矛盾　⇒　第 7.1 题无解。

~完~

第7.2题：假设 I2＝6^1、H9＝6^2、D4≠6

	1	2	3	4	5	6	7	8	9
A						3	5	1	
B	2			4	1	7		8	
C			1	8	5				
D		3				1	7		**8**
E	1	7		3	8				9
F	8		9	7^7		5	1	3	
G				6^3	3	8	4	7^{11}	1
H	3^9	1	8^5	**5**	7^4	4		㉙	6^2
I	4^6	6^1	7	1			8^8	5^{12}	3^{10}

解：

∵I2＝6 H9＝6 ⇒ G4＝6^3 ⇒ H5＝7^4，八宫空格写2、9。

∵I2＝6 ⇒ H3＝8^5，且I1＝4^6 ∵H5＝7 五马7 ⇒ F4＝7^7

∵H3＝8 九马8 ⇒ I7＝8^8 ∵B1＝2 ⇒ 七马2

∵G5＝3 ⇒ H1＝3^9，又F8＝3 ⇒ I9＝3^{10} ⇒ 三马3，H行空格写2、9，且九宫㉙。

∵九宫㉙ I3＝7 ⇒ G8＝7^{11} ⇒ I8＝5^{12}

∵I8＝5 A7＝5 F6＝5 ⇒ 六宫无5，矛盾 ⇒ 第7.2题无解。

～完～

第 7.3 题：假设 $D4=6^1$、$H9=6^2$、$I2 \neq 6$

	1	2	3	4	5	6	7	8	9
A	7^{38}	9^{42}	8^{43}	2^{21}	6^{20}	3	5	1	4^{19}
B	2	5^{34}	6^{33}	4	1	7	9^{18}	8	3^{35}
C	3^{37}	4^{39}	1	8	5	9^{22}	2^{17}	6^{16}	5^{36}
D	5^{30}	3	2^{10}	6^1	9^3	1	7	4^{28}	**8**
E	1	7	$■4^{27}$	3	8	2^7	6^{11}	5^{29}	9
F	8	6^9	9	7^5	4^4	5	1	3	2^8
G	6^{32}	2^{26}	5^{31}	9^{23}	3	8	4	7^{14}	1
H	9^{41}	1	3^{45}	**5**	7^6	4		$■2^{13}$	6^2
I	4^{40}	8^{44}	7	1	2^{24}	6^{25}		9^{15}	5^{12}

解：

∵$F3=9$　$E9=9$　⇒　$D5=9^3$　⇒　$F5=4^4$　⇒　$F4=7^5$　⇒　$H5=7^6$

∵五宫九缺一　⇒　$E6=2^7$　⇒　六马2、八马2、二马2

∵$D4=6$　⇒　二马6、八马6　　∵$D5=9$　⇒　二马9、八马9

∵$F5=4$　$G7=4$　⇒　六马4，又$B4=4$　⇒　三马4

∵$A7=5$　$F6=5$　⇒　六马5，且六宫㊺　⇒　$F9=2^8$　⇒　$F2=6^9$

∵$E6=2$　$B1=2$　⇒　$D3=2^{10}$，四宫空格写4、5。

∵六宫九缺一　⇒　$E7=6^{11}$

∵$B1=2$　$D3=2$　⇒　七马2　　∵$F9=2$　$B1=2$　⇒　三马2

∵$A7=5$　六马5　⇒　$I9=5^{12}$　　∵$F8=3$　⇒　九马3，且九宫㊳

∵七马2　八马2　⇒　异骑马2，又九宫㊳　⇒　$H8=■2^{13}$

∵$I3=7$　⇒　$G8=7^{14}$　⇒　$I8=9^{15}$　⇒　$C8=6^{16}$　⇒

　　$C7=2^{17}$　⇒　$B7=9^{18}$

∵A6＝3　A7＝5　⇒　三宫㉟　⇒　A9＝4[19]

∵C8＝6　二马6　⇒　A5＝6[20]　⇒　A4＝2[21]　⇒　C6＝9[22]

∵4列九缺一　⇒　G4＝9[23]　⇒　I5＝2[24]　⇒　I6＝6[25]

∵I5＝2　七马2　⇒　G2＝2[26]　∵A9＝4　B4＝4　⇒　一马4

∵一马4　七马4　⇒　破骑马4　⇒　E3＝■4[27]

∵E3＝4　六马4　⇒　D8＝4[28]　⇒　E8＝5[29]

∵四宫九缺一　⇒　D1＝5[30]

∵D1＝5　⇒　G3＝⁻5[31]　⇒　G1＝6[32]

∵G1＝6　F2＝6　A5＝6　⇒　B3＝6[33]　⇒　B2＝5[34]　⇒
　B9＝3[35]　⇒　C9＝5[36]

∵A6＝3　D2＝3　⇒　C1＝3[37]　⇒　A1＝7[38]

∵C行九缺一　⇒　C2＝4[39]　∵C2＝4　七马4　⇒　I1＝4[40]　⇒　H1＝9[41]

∵F3＝9　⇒　A2＝9[42]　⇒　A3＝8[43]　⇒　I2＝8[44]　⇒　H3＝3[45]

故　匹诺曹（I2）＝8　A（C2）＝4　B（E8）＝5　C（H1）＝9

　　　　　　　　　　　　　　　　　　　　　　　　～第1轮完～

第 2 轮个人赛　蓝精灵（SMURFS）

　　本轮共 10 组标准数独题，其中漫画人物相同的为一组，每组题目的规则都相同。每组 3 道题，3 道题被一个蓝精灵相互关联（用圆圈标出的一个水平相邻的两个数字在每道题中都相同，且左右顺序也相同）。

组别	1			2			3			4			5		
题号	1	2	3	4	5	6	7	8	9	10	11	12	13	14	15
评分	4	5	5	4	5	5	3	4	3	5	4	4	5	4	5
组别	6			7			8			9			10		
题号	16	17	18	19	20	21	22	23	24	25	26	27	28	29	30
评分	5	4	5	7	7	6	8	7	7	5	6	6	8	7	7

第2轮 第8组 标准数独

在空格内填入数字1~9，使得每行、每列和每宫内的数字不重复。

第22题

	1	2	3	4	5	6	7	8	9
A				4	3				
B	5	4					8		
C			6			9		1	
D			○	○			2		
E					1				5
F			2				6	7	
G		8		7					
H		5				2	4		
I	7						9	2	

第23题

	1	2	3	4	5	6	7	8	9
A				8					
B				1			○	○	
C	2				9				8
D		3		4					9
E			4			3		2	7
F				6					
G	3			6		7			5
H	5				7				
I			6		9	4	3	1	

第24题

	1	2	3	4	5	6	7	8	9
A		8	7			3			
B				1	6				
C					5		1	7	
D	2						3	1	
E	5								6
F			4	6					9
G	○	○			3				
H					9	2			
I				5				8	6

解： 先对各题进行分析。

观察第22题。

∵B1＝5　H2＝5　E9＝5⇒D3＝5

∴左圈待定数为3、6、8、9，右圈待定数为4、6、7、8、9。

观察第23题。

∵G9＝5　H1＝5⇒I4＝5

∵E9＝7　C9＝8⇒I9≠7　I9≠8⇒I行骑马7、骑马8⇒I9＝2

∴左圈待定数为3、4、5、6、7、9，右圈待定数为3、4、6。

观察第24题。

左圈待定数为1、2、5、6、7、9，右圈待定数为1、2、4、5、8、9。

列表如下：

	第22题	第23题	第24题
左圈待定数	3、6、8、9	3、4、5、6、7、9	1、2、5、6、7、9
右圈待定数	4、6、7、8、9	3、4、6	1、2、4、5、8、9

寻找各题共同的待定数，得出结论：左圈＝6、9　　右圈＝4

本组内各题可选用下列两种方式分别试解：

①	左圈	6
	右圈	4

②	左圈	9
	右圈	4

提示：上述第22题事先证明了D3＝5，否则第22题左圈待定数会多个5字，得出的结论就为左圈5、6、9，右圈4，各题组合后的工作量就会多三分之一。

因此接触题目时，事先进行的分析很重要。

第 22 题

解：已知左圈（B8）＝6　右圈（B9）＝4

图 22 （a）

前面已得 D3＝5¹。

∵A4＝4　B2＝4　H7＝4⇒C9＝4²　∵F3＝2　H6＝2　I9＝2⇒G1＝2³

∵C8＝1　E5＝1　⇒　D9＝1⁴　∵C8＝1　D9＝1　⇒　G7＝1⁵

∵F2＝3　H6＝2　⇒　E4＝2⁶

∵E9＝5　F9＝7　⇒　E7≠5　E7≠7　⇒7列骑马5、骑马7　⇒
E7＝3⁷

六宫中竖 4、8、9，暂记在 E8 格，又 G2＝8　⇒　H9＝8⁸

∵G1＝2　F3＝2　⇒　一马2　∵D9＝1　E5＝1　⇒　四马1

∵I9＝2　⇒　三马2　∵E4＝2　H6＝2　⇒　二马2

∵六宫中竖有 9 ⇒ 三马 9　　　　　∵E9＝5　H2＝5 ⇒ 九马 5

∵A5＝3 ⇒ 三马 3　　　　　　　　∵A4＝4　D5＝4 ⇒ 八马 4

∵B2＝4　H7＝4 ⇒ 七马 4　　　　∵C3＝6 ⇒ 七马 6

∵D5＝4 ⇒ 六马 4　　　　　　　　∵B2＝4　七马 4　D5＝4 ⇒ 四马 4

∵D4＝6　F7＝6　C3＝6 ⇒ 四马 6

∵C6＝9 ⇒ 五马 9 ⇒ 六马 9

∵F9＝7 ⇒ 五马 7，又 G4＝7 ⇒ 二马 7，且二宫 ㉗

∵B1＝5 ⇒ 二马 5　　　　　　　　∵D4＝6 ⇒ 二马 6

∵B7＝8 ⇒ 二马 8，且二宫 ㊳ ⇒ B6＝6[9] ⇒ 三马 6

∵二宫九缺一 ⇒ B4＝1[10]

∵B4＝1　E5＝1　G7＝1 ⇒ I6＝1[11] ⇒ G6＝4[12]

下面我们重新编号来解题。

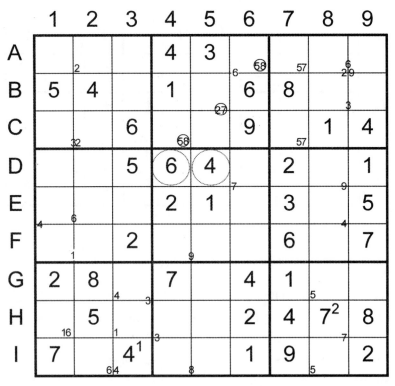

图 22（b）

∵G6＝4 ⇒ I3＝4[1]　　　　　　∵G2＝8　H9＝8 ⇒ 八马 8

$\because$ G7=1　I6=1　$\Rightarrow$　七马1　　　　$\because$ A5=3　三马3　$\Rightarrow$　一马3

$\because$ E7=3　$\Rightarrow$　D1、D2、F1、F2皆有待定数3，又一马3　$\Rightarrow$

　异骑马3　$\Rightarrow$　七马3

$\because$ A5=3　$\Rightarrow$　八马3　　　　　　$\because$ G4=7　F9=7　$\Rightarrow$　九马7

$\because$ I1=7　$\Rightarrow$　H8=7^2　　　　　　$\because$ 三马3　$\Rightarrow$　B8=3或B9=3

下面我们分别来试验。

若 B8=3^1

	1	2	3	4	5	6	7	8	9
A	8^{31}	9^{32}	1^{19}	4	3	5^{28}	7^{30}	2^2	6^3
B	5	4	7^{37}	1	2^{36}	6	8	3^1	9^4
C	3^{34}	2^{33}	6	8^{27}	7^{35}	9	5^{29}	1	4
D			5	6	4	8^{39}	2	9^{23}	1
E	6^{20}	9^{41}	8^{38}	2	1	7^{40}	3	4^{22}	5
F	4^{22}	1^{18}	2	5^{26}	9^{17}	3^{25}	6	8^{24}	7
G	2	8	9^9	7	5^{14}	4	1	6^{13}	3^5
H	1^7	5	3^6	9^{16}	6^{15}	2	4	7	8
I	7	6^8	4	3^{10}	8^{11}	1	9	5^{12}	2

图 22（c）

解：

$\because$ B8=3^1　$\Rightarrow$　A8=2^2　$\Rightarrow$　A9=6^3　$\Rightarrow$　B9=9^4　$\Rightarrow$　G9=3^5

$\because$ G9=3　七马3　$\Rightarrow$　H3=3^6　$\Rightarrow$　H1=1^7　$\Rightarrow$　I2=6^8　$\Rightarrow$　G3=9^9

$\because$ H3=3　八马3　$\Rightarrow$　I4=3^{10}　$\Rightarrow$　I5=8^{11}　$\Rightarrow$　I8=5^{12}　$\Rightarrow$

　G8=6^{13}　$\Rightarrow$　G5=5^{14}

$\because$ D4=6　$\Rightarrow$　H5=6^{15}　$\Rightarrow$　H4=9^{16}　$\because$ H4=9　五马9　$\Rightarrow$　F5=9^{17}

$\because$ H1＝1　四马1　$\Rightarrow$　F2＝1[18]

$\because$ H1＝1　F2＝1　B4＝1　$\Rightarrow$　A3＝1[19]

$\because$ I2＝6　四马6　$\Rightarrow$　E1＝6[20]　$\Rightarrow$　F1＝4[21]　$\Rightarrow$　E8＝4[22]　$\Rightarrow$

D8＝9[23]　$\Rightarrow$　F8＝8[24]　$\Rightarrow$　五马8，且五宫⑦⑧

$\because$ I4＝3　$\Rightarrow$　F6＝3[25]　$\Rightarrow$　F4＝5[26]　$\Rightarrow$　C4＝8[27]　$\Rightarrow$　A6＝5[28]　$\Rightarrow$

C7＝5[29]　$\Rightarrow$　A7＝7[30]

$\because$ G2＝8　$\Rightarrow$　A1＝8[31]　$\Rightarrow$　A2＝9[32]　$\Rightarrow$　C2＝2[33]　$\Rightarrow$

C1＝3[34]　$\Rightarrow$　C5＝7[35]　$\Rightarrow$　B5＝2[36]　$\Rightarrow$　B3＝7[37]　$\Rightarrow$　E3＝8[38]　$\Rightarrow$

D6＝8[39]　$\Rightarrow$　E6＝7[40]　$\Rightarrow$　E2＝9[41]

此与 A2＝9 矛盾，因此 B8＝3 的假设被否定。

$\therefore$ B9＝3 成立。

已知 B9＝3[1]

	1	2	3	4	5	6	7	8	9
A	1[22]	2[9]	8[35]	4	3	5[27]	7[34]	6[3]	9[2]
B	5	4	9[6]	1	7[7]	6	8	2[4]	3[1]
C	3[42]	7[43]	6	8[28]	2[8]	9	5[33]	1	4
D	8[40]	3[41]	5	6	4	7[37]	2	9[24]	1
E	6[19]	9[39]	7[36]	2	1	8[38]	3	4[23]	5
F	4[20]	1[21]	2	9[32]	5[31]	3[26]	6	8[25]	7
G	2	8	3[13]	7	9[16]	4	1	5[17]	6[5]
H	9[10]	5	1[12]	3[15]	6[14]	2	4	7	8
I	7	6[11]	4	5[30]	8[29]	1	9	3[18]	2

图 22 (d)（上接图 22 (b)）

解：

∵B9＝3^1　⇒　A9＝9^2　⇒　A8＝6^3　⇒　B8＝2^4　⇒　G9＝6^5

∵A9＝9　C6＝9　⇒　B3＝9^6　⇒　B5＝7^7　⇒　C5＝2^8　⇒　A2＝2^9

∵B3＝9　I7＝9　⇒　H1＝9^{10}　⇒　I2＝6^{11}　⇒　H3＝1^{12}　⇒　G3＝3^{13}

∵I2＝6　G9＝6　D4＝6　⇒　H5＝6^{14}　⇒　H4＝3^{15}

∵I7＝9　⇒　G8≠9　⇒　G5＝⁻9^{16}　⇒　G8＝5^{17}　⇒　I8＝3^{18}　⇒

　八马5

∵I2＝6　⇒　E1＝6^{19}　⇒　F1＝4^{20}　⇒　F2＝1^{21}

∵H3＝1　C8＝1　⇒　A1＝1^{22}

∵F1＝4　⇒　E8＝4^{23}　⇒　D8＝9^{24}　⇒　F8＝8^{25}　⇒

　五马8，且五宫㊈

∵A5＝3　H4＝3　⇒　F6＝3^{26}　⇒　五马5

∵五马5　八马5　⇒　破骑马5　⇒　A6＝■5^{27}　⇒　C4＝8^{28}　⇒

　I5＝8^{29}　⇒　I4＝5^{30}　⇒　F5＝5^{31}　⇒　F4＝9^{32}

∵A6＝5　⇒　C7＝5^{33}　⇒　A7＝7^{34}　⇒　A3＝8^{35}　⇒　E3＝7^{36}　⇒

　D6＝7^{37}　⇒　E6＝8^{38}　⇒　E2＝9^{39}

∵G2＝8　⇒　D1＝8^{40}　⇒　D2＝3^{41}　⇒　C1＝3^{42}　⇒　C2＝7^{43}

〜第22题完〜

第23题

解：已知左圈（B8）＝6　右圈（B9）＝4

	1	2	3	4	5	6	7	8	9
A	4^8				8	6^4			
B					1			6	4
C	2	6^5		4^7		9			8
D		3			4				9
E			4	9^1		3		2	7
F				6					
G	3				6		7		5
H	5					7			6^6
I			6	5^2	9	4	3	1	▲2^3

图23（a）

∵C6＝9　I5＝9　D9＝9　⇒　E4＝9^1　∵H1＝5　G9＝5　⇒　I4＝5^2

观察I行，I行有1、3、4、5、6、9　9列有7、8　⇒　网独 I9＝▲2^3

⇒　I行骑马7、骑马8

∵G7＝7　E9＝7　⇒　三马7

∵G5＝6　F4＝6　B8＝6　⇒　A6＝6^4，又I3＝6　⇒　C2＝6^5

∵F4＝6　B8＝6　⇒　六马6　⇒　H9＝6^6

∵C2＝6　I3＝6　F4＝6　⇒　四马6

∵D5＝4　E3＝4　B9＝4　⇒　六马4　∵B9＝4　E3＝4　⇒　一马4

∵D5＝4　一马4　B9＝4　⇒　C4＝4^7　∵I4＝5　⇒　二马5

∵I9＝2　E8＝2　C1＝2　⇒　三马2

∵D2＝3　E6＝3　I7＝3　⇒　六马3

∵E9＝7　H6＝7　⇒　五马7　　　∵G1＝3　⇒　八马3

∵E3＝4　⇒　七马4，又一马4　⇒　A1＝4^8

9列空格写1、3　⇒　A9＝1或A9＝3

我们分别来进行验算。

若 A9＝1^1

	1	2	3	4	5	6	7	8	9
A	4	5^{21}	7^{28}	2^{25}	8	6	9^{23}	3^{13}	1^1
B	8^{27}	9^{22}	3^{20}	7^{26}	1	5^{17}	2^{24}	(6)	(4)
C	2	6	1^3	4	3^{12}	9	5^{15}	7^{14}	8
D	7^{29}	3			4				9
E	6^{30}		4	9	5^{19}	3		2	7
F	9^{16}	2^4		6	7^{18}				3^2
G	3	4^{11}	2^7		6		7	9^9	5
H	5	1^{10}	9^8	3^6	■2^5	7			6
I	1^{31}		6	5	9	4	3	1	2

图 23（b）

解：

∵A9＝1^1　⇒　F9＝3^2

∵A9＝1　B5＝1　⇒　C3＝1^3　⇒　七马1，且㊶，七宫空格写2、9。

∵C1＝2　七马2　E8＝2　⇒　F2＝2^4　⇒　五马2

∵C1＝2　⇒　A4、B4、B6皆有待定数2，又五马2　⇒　异骑马2　⇒

H5＝■2^5　⇒　H4＝3^6　⇒　G3＝2^7　⇒　H3＝9^8　⇒　G8＝9^9，

八宫空格写 1、8，九宫空格写 4、8。

∵七马 1　八马 1　⇒　H2＝1^{10}　⇒　G2＝4^{11}　∵I7＝3　⇒　三马 3

∵H4＝3　E6＝3　⇒　C5＝3^{12}　⇒　A8＝3^{13}

∵G7＝7　⇒　C8＝7^{14}　⇒　C7＝5^{15}　⇒　六马 5，三宫空格写 2、9。

∵D9＝9　E4＝9　H3＝9　⇒　F1＝9^{16}　⇒　一马 9

∵I4＝5　⇒　B6＝5^{17}　⇒　五马 5

∵B6＝5　⇒　一马 5，二宫空格写 2、7。

∵二马 7　五马 7　⇒　F5＝7^{18}　⇒　E5＝5^{19}

∵E5＝5　H1＝5　⇒　四马 5　　∵E9＝7　F5＝7　⇒　四马 7

∵G1＝3　D2＝3　A8＝3　⇒　B3＝3^{20}

∵四马 5　一马 5　⇒　A2＝5^{21}　⇒　B2＝9^{22}　⇒　A7＝9^{23}　⇒　B7＝2^{24}　⇒　A4＝2^{25}　⇒　B4＝7^{26}　⇒　B1＝8^{27}　⇒　A3＝7^{28}　⇒　D1＝7^{29}　⇒　E1＝6^{30}　⇒　I 列九缺一　⇒　I1＝1^{31}

此与 H2＝1 矛盾，因此假设不成立　⇒　A9＝1 被否定　⇒　A9＝3 成立。

已知 A9＝3^{1}

	1	2	3	4	5	6	7	8	9
A	4	1^{38}	5^{37}	2^{34}	8	6	9^{36}	7^{21}	3^{1}
B	7^{22}	9^{39}	8^{12}	3^{14}	1	5^{40}	2^{35}	6	4
C	2	6	3^{13}	4	7^{20}	9	1^{27}	5^{28}	8
D	6^{6}	3	2^{26}	7^{17}	4	1^{18}	5^{29}	8^{30}	9
E	1^{5}	8^{9}	4	9	5^{19}	3	6^{7}	2	7
F	9^{23}	5^{25}	7^{24}	6	2^{16}	8^{8}	4^{3}	3^{2}	1^{4}
G	3	4^{43}	1^{46}	8^{32}	6	2^{41}	7	9^{45}	5
H	5	2^{42}	9^{47}	1^{33}	3^{15}	7	8^{31}	4^{44}	6
I	8^{10}	7^{11}	6	5	9	4	3	1	2

图 23（c）（上接图 23（a））

解：

∵A9＝3[1] ⇒ F8＝3[2] ⇒ F7＝4[3] ⇒ F9＝1[4]

∵F9＝1　B5＝1 ⇒ 五马1 ⇒ 四马1

∵B5＝1 ⇒ A2、A3、C3皆有待定数1，又G2、G3、H2、H3也皆有待定数1 ⇒ 异骑马1，又四马1 ⇒ E1＝■1[5] ⇒ D1＝6[6] ⇒ E7＝6[7]

∵D2＝3　G1＝3　A9＝3 ⇒ 一马3

∵A9＝3　E6＝3 ⇒ 二马3

∵F7＝4 ⇒ 九马4，六宫空格写5、8。

∵六马8　A5＝8 ⇒ F6＝8[8] ⇒ 八马8

∵F6＝8　六马8 ⇒ E2＝8[9] ⇒ I1＝8[10] ⇒ I2＝7[11]

∵I1＝8　E2＝8　A5＝8　C9＝8 ⇒ B3＝8[12] ⇒ C3＝3[13] ⇒ B4＝3[14] ⇒ H5＝3[15]

∵C1＝2 ⇒ 二马2，又G4、G6、H4皆有待定数2 ⇒ 异骑马2，又E8＝2 ⇒ F5＝■2[16] ⇒ D4＝7[17] ⇒ D6＝1[18] ⇒ E5＝5[19] ⇒ C5＝7[20]

∵C5＝7　G7＝7 ⇒ A8＝7[21]

∵A8＝7　I2＝7 ⇒ B1＝7[22] ⇒ F1＝9[23]

∵I2＝7 ⇒ F3＝⁻7[24] ⇒ F2＝5[25] ⇒ D3＝2[26]

∵B5＝1 ⇒ 一马1

∵I8＝1 ⇒ C7＝⁻1[27] ⇒ C8＝5[28] ⇒ D7＝5[29] ⇒ D8＝8[30]

8列空格写4、9，且在九宫㊽ ⇒ H7＝8[31] ⇒ G4＝8[32]

∵B5＝1 ⇒ A4≠1 ⇒ H4＝∣1[33] ⇒ A4＝2[34] ⇒ B7＝2[35] ⇒ A7＝9[36]

∵F2＝5 ⇒ A3＝5[37] ⇒ A2＝1[38] ⇒ B2＝9[39] ⇒ B6＝5[40] ⇒ G6＝2[41]

∵G6＝2　D3＝2 ⇒ H2＝2[42] ⇒ G2＝4[43] ⇒ H8＝4[44] ⇒ G8＝9[45] ⇒ G3＝1[46] ⇒ H3＝9[47]

～第23题完～

第 24 题

解：已知左圈（G2）＝6　右圈（G3）＝4

	1	2	3	4	5	6	7	8	9
A	1^{1}	8	7	9^{16}	2^{24}	3	6^{2}	5^{11}	4^{25}
B	4^{9}			1	6	7^{3}	9^{15}	2^{19}	8^{18}
C	6^{5}				5		1	7	3^{23}
D	2					6^{6}	3	1	5^{10}
E	5					9^{17}		4^{21}	6
F		4	6		1^{8}	5^{7}		8^{22}	9
G		6	4		3		5^{12}	9^{13}	
H				6^{4}	9	2	4^{20}	3^{26}	
I	■9^{14}			5			8	6	

图 24（a）

∵B4=1　C7=1　⇒　A1=1^{1}　　∵I8=6　E9=6　B5=6　⇒　A7=6^{2}

∵A3=7　C8=7　⇒　B6=7^{3}　　∵G2=6　I8=6　⇒　H4=6^{4}

∵G2=6　F3=6　B5=6　⇒　C1=6^{5}

∵E9=6　F3=6　H4=6　B5=6　⇒　D6=6^{6}

∵C5=5　I4=5　E1=5　⇒　F6=5^{7}

∵D8=1　A1=1　⇒　四马1　　∵D8=1　四马1　B4=1　⇒　F5=1^{8}

∵G3=4　F2=4　⇒　B1=4^{9}　　∵G3=4　⇒　八马4

∵E1=5　I4=5　⇒　七马5　　∵E1=5　F6=5　⇒　D9=5^{10}

∵C5=5　⇒　一马5　　　　　　∵一马5　D9=5　⇒　A8=5^{11}

∵D9＝5　A8＝5　七马 5　⇒　G7＝5^{12}

∵H5＝9　F9＝9　⇒　G8＝9^{13}

∵F9＝9　⇒　D2、D3、E2、E3 皆有待定数 9，又 B2、B3、C2、C3 也皆有待定数 9　⇒　异骑马 9，又 G8＝9　H5＝9　⇒　I1＝■9^{14}

∵F9＝9　⇒　三马 9　⇒　一马 9

∵G8＝9　三马 9　⇒　B7＝9^{15}

∵H5＝9　一马 9　⇒　A4＝9^{16}　∵A4＝9　H5＝9　⇒　E6＝9^{17}

∵E6＝9　F9＝9　⇒　四马 9　∵I7＝8　⇒　八马 8

∵八马 8　I7＝8　A2＝8　⇒　七马 8

∵I7＝8　⇒　六马 8　　　∵六马 8　A2＝8　⇒　三马 8

∵A2＝8　⇒　二马 8　⇒　B9＝8^{18}

∵C8＝7　⇒　六马 7

∵H6＝2　⇒　九马 2　⇒　B8＝2^{19}　⇒　六马 2，且六宫⑦②　⇒　H7＝4^{20}，六宫空格写 4、8，又 F2＝4　⇒　E8＝4^{21}　⇒　F8＝8^{22}

∵A6＝3　⇒　C9＝3^{23}　⇒　一马 3，且一宫③⑤，一宫空格写 2、9，C 行空格写 4、8，且在二宫④⑧　⇒　A5＝2^{24}　⇒　A9＝4^{25}

∵8 列九缺一　⇒　H8＝3^{26}

下面我们重新编号进行解题。

	1	2	3	4	5	6	7	8	9
A	1	8	7	9	2	3	6	5	4
B	4	5^{24}	3^{25}	1	6	7	9	2	8
C	6	2^{28}	9^{29}	4^{9}	5	8^{8}	1	7	3
D	2	9^{30}	8^{31}	7^{15}	4^{10}	6	3	1	5
E	5	7^{20}	1^{21}	3^{16}	8^{14}	9	2^{18}	4	6
F	ǀ3^{1}	4	6	2^{17}	1	5	7^{19}	8	9
G	7^{3}	6	4	8^{7}	3	1^{6}	5	9	2^{11}
H	ǀ8^{2}	1^{22}	5^{23}	6	9	2	4	3	7^{12}
I	9	3^{26}	2^{27}	5	7^{4}	4^{5}	8	6	1^{13}

图 24（b）

∵G5＝3　H8＝3　⇒　七马 3　⇒　F1＝ǀ3^{1}

∵八马　8　⇒　H1＝ǀ8^{2}　⇒　G1＝7^{3}

∵G1＝7　B6＝7　⇒　I5＝7^{4}　⇒　I6＝4^{5}

∵B4＝1　⇒　G6＝1^{6}　⇒　G4＝8^{7}　⇒　C6＝8^{8}　⇒　C4＝4^{9}　⇒　五马 4

∵五马 4　E8＝4　⇒　D5＝4^{10}　∵G 行九缺一　⇒　G9＝2^{11}

∵I5＝7　⇒　H9＝7^{12}　⇒　I9＝1^{13}

∵5 列九缺一　⇒　E5＝8^{14}　⇒　四马 8，且四宫(89)　⇒　D4＝7^{15}

∵F1＝3　⇒　E4＝3^{16}　⇒　F4＝2^{17}　⇒　E7＝2^{18}　⇒　F7＝7^{19}

∵A3＝7　⇒　E2＝7^{20}　⇒　E3＝1^{21}

∵E3＝1　I9＝1　⇒　H2＝1^{22}　⇒　H3＝5^{23}　⇒　B2＝5^{24}　⇒　B3＝3^{25}　⇒　I2＝3^{26}　⇒　I3＝2^{27}　⇒　C2＝2^{28}　⇒　C3＝9^{29}　⇒　D2＝9^{30}　⇒　D3＝8^{31}

～第 24 题完～

第 2 轮　第 10 组　标准数独

在空格内填入数字 1~9，使得每行、每列和每宫内的数字不重复。

第 28 题

	1	2	3	4	5	6	7	8	9
A	8				3		7		
B		5	4						1
C	9			5		1			
D		8				3			
E	1			2		7			6
F				6			9		
G			9		5				3
H	3						○	○	
I			2		8				7

第 29 题

	1	2	3	4	5	6	7	8	9
A		2			1	8			
B							4		
C			9			5	2	6	
D	1				4	7			
E		9			1				5
F		8	3	7					
G			○	○	9				
H			9	3		6			
I			3				2		7

第 30 题

	1	2	3	4	5	6	7	8	9
A	4		2				7		
B		7		3	8				
C	5								6
D	1				7		8	9	
E		8					2		
F	○	○				5			3
G	7								1
H				4	6			7	
I			9				5		2

解：我们先分析一下两个圆圈在各题中所含的待定数：

	第 28 题	第 29 题	第 30 题
左圈待定数	1、2、4、5、6、8、9	1、2、4、5、6、8	2、4、6、9
右圈待定数	1、2、4、5、6、8	2、4、5、6、8	4、6、7

找出各题中待定数的共同数字：左圈＝2、4、6　　右圈＝4、6

由此五个数字可产生有效组合四种，即：

	第一种	第二种	第三种	第四种
左圈＝2、4、6	2	2	4	6
右圈＝4、6	4	6	6	4

以上四种组合，可以任意选择一种、任选一题来进行验算。

我们在此先选择第 29 题按第一种组合进行试验。

第一种组合：左圈＝2　右圈＝4

第 29 题

解：左圈（G4）＝2　右圈（G5）＝4

	1	2	3	4	5	6	7	8	9
A		2			1	8	7^6		³⁄₉
B				7	2	3	㉛	4	㉛
C				9			5	2	6
D		1		8	5	9	4	7	2
E			9	4		1		6	5
F		5	8	3	7	49			2
G				(2)	(4)	7		5	
H	2		2	9	3	5^5	6		4^1
I	4		3	1^2	8^3	6^4	2	5	7

∵G5＝4　B8＝4　⟹　H9＝4^1　∴七马4　∵A5＝1　⟹　三马1
∵C8＝2　I7＝2　⟹　六马2　∵C8＝2　A2＝2　G4＝2　⟹　二马2
∵G4＝2　I7＝2　A2＝2　⟹　七马2
∵A5＝1　E6＝1　⟹　I4＝1^2　∴H7＝6　⟹　八马6
∵A6＝8　⟹　I5＝8^3　⟹　I6＝6^4　⟹　H6＝5^5
∵H6＝5　E9＝5　⟹　五马5　⟹　四马5
∵G5＝4　D7＝4　⟹　五马4　∴A6＝8　I5＝8　⟹　五马8
∵H4＝9　C5＝9　⟹　五马9　∴F4＝3　H5＝3　⟹　二马3
∵I9＝7　D8＝7　⟹　三马7

∵A6=8 ⟹ 　三马8，且三宫㉛ ⟹ 　A7=7^6

∵A7=7　F5=7　G6=7 ⟹ 　二马7，三宫空格写3、9。

∵C9=6　H7=6 ⟹ 　六马6　∵C7=5　E9=5　H6=5 ⟹ 　九马5

估计在此假设下，很难得出结论，抓紧时间对第二种组合进行试验。

我们选择第28题来进行。

第二种组合：左圈＝2　右圈＝6

第28题

解：左圈（H7）＝2　右圈（H8）＝4

	1	2	3	4	5	6	7	8	9
A	8			4^5	3		7		
B		5	4	8^4					1
C	9			5		1			
D		8		1^{10}		3		7^{12}	
E	1			2		7			6
F				6		8^3	1^{11}	9	
G				9	2^1	5			3
H	3			7^8	1^9	4^7	2	6	
I			2	3^2	8	6^6			7

∵B9=1　C6=1 ⟹ 　一马1　　　　　∵H7=2　I3=2 ⟹ 　G5=2^1

∵G5=2　E4=2 ⟹ 　二马2　　　　　∵H1=3　D6=3 ⟹ 　I4=3^2

∵H1=3　A5=3 ⟹ 　一马3 ⟹ 　三马3

∵B2=5　C4=5 ⟹ 　三马5

∵G4＝9　F8＝9　⇒　五马 9　⇒　二马 9，且二宫㉙

∵F4＝6　⇒　二马 6　　　　　　　　∵E6＝7　⇒　八马 7

∵I5＝8　⇒　二马 8　⇒　F6＝8³　　∵D2＝8　F6＝8　⇒　六马 8

∵C1＝9　F8＝9　⇒　三马 9　　　　∵G4＝9　F8＝9　⇒　九马 9

∵A1＝8　D2＝8　⇒　七马 8　　　　∵A1＝8　二马 8　⇒　B4＝8⁴

∵A7＝7　⇒　二马 7，且二宫㉖⑦　⇒　A4＝4⁵

∵C6＝1　⇒　八马 1，且八宫①⑦

八宫空格写 4、6。

∵H8＝6　八马 6　⇒　I6＝6⁶　⇒　H6＝4⁷

∵二马 7　八马 7　⇒　H4＝7⁸　⇒　H5＝1⁹

∵4 列九缺一　⇒　D4＝1¹⁰

∵D4＝1　E1＝1　B9＝1　⇒　F7＝1¹¹　⇒　九马 1

∵D6＝3　G9＝3　⇒　六马 3，且六宫㉛⑧

∵A7＝7　I9＝7　⇒　D8＝7¹²　　∵H8＝6　E9＝6　⇒　三马 6

∵三马 6　二马 6　⇒　破骑马 6　⇒　一马 6，且一宫①⑥

∵I3＝2　⇒　一马 2

下面我们重新编号进行解题。

	1	2	3	4	5	6	7	8	9
A	8	6²⁷	1²⁶	4	3	■2¹⁰	7	5⁴	9³
B	2⁴²	5	4	8	7²⁴	9¹¹	6²²	3¹⁹	1
C	9	3³¹	7³⁰	5	6²³	1	4²¹	2²⁰	■8⁹
D	6⁴¹	8	9⁴⁰	1	4³⁶	3	5⁶	7	2³⁴
E	1	▲4¹²	5⁴³	2	9³⁷	7	3¹⁸	8¹⁷	6
F	7³⁹	2³²	3³³	6	5³⁸	8	1	9	4³⁵
G	4¹³	7²⁹	6²⁸	9	2	5	8¹⁶	1¹⁵	3
H	3	▲9¹	8⁸	7	1	4	(2)	(6)	5⁵
I	5⁷	1²⁵	2	3	8	6	9²	4¹⁴	7

∵H7＝2 ⇒ 六马 2，观察 H2 格的网络，H 行有 1、2、3、4、6、7

　2 列有 5、8 ⇒ 网独 H2＝▲9^1，▲代表网独

∵H2＝9 九马 9 ⇒ I7＝9^2

∵I7＝9 三马 9 ⇒ A9＝9^3 ⇒ A8＝5^4

∵A8＝5 G6＝5 ⇒ H9＝5^5 ⇒ D7＝5^6 ⇒ 五马 5

∵G6＝5 H9＝5 B2＝5 ⇒ I1＝5^7

∵H 行九缺一 ⇒ H3＝8^8

∵I5＝8 ⇒ 九马 8，又六马 8 ⇒ 破骑马 8 ⇒ C9＝■8^9

9 列空格写 2、4。

∵H7＝2 ⇒ 三马 2，又一马 2 ⇒ 异骑马 2 ⇒ A6＝■2^{10}

　⇒ B6＝9^{11}

∵D6＝3 六马 3 H1＝3 ⇒ 四马 3 ∵C1＝9 H2＝9 F8＝9

　⇒ 四马 9

观察 E2 格网络，E 行有 1.2.3.6.7　2 列有 5.8.9 ⇒网独 E2＝▲4^{12}

⇒ 五马 4

∵E2＝4 B3＝4 ⇒ G1＝4^{13} ⇒ I8＝4^{14} ⇒ G8＝1^{15} ⇒ G7＝8^{16}

∵G7＝8 六马 8 ⇒ E8＝8^{17} ⇒ E7＝3^{18} ⇒ B8＝3^{19} ⇒ C8＝2^{20}

∵B3＝4 ⇒ C7＝4^{21} ⇒ B7＝6^{22} ⇒ C5＝6^{23} ⇒ B5＝7^{24}，C 行

　空格写 3、7。

∵I 行九缺一 ⇒ I2＝1^{25} ⇒ A3＝1^{26} ⇒ A2＝6^{27}

∵A2＝6 ⇒ G3＝6^{28} ⇒ G2＝7^{29} ⇒ C3＝7^{30} ⇒ C2＝3^{31} ⇒

　F2＝2^{32} ⇒ F3＝3^{33}

∵F2＝2 六马 2 ⇒ D9＝2^{34} ⇒ F9＝4^{35} ⇒ D5＝4^{36} ⇒

　E5＝9^{37} ⇒ F5＝5^{38} ⇒ F1＝7^{39}

∵E5＝9 ⇒ D3＝9^{40} ⇒ D1＝6^{41}

∵一宫九缺一 ⇒ B1＝2^{42} ∵四宫九缺一 ⇒ E3＝5^{43}

　　　　　　　　　　　　　　　　　　　　～第 28 题完～

第29题

续解：从第28题，已知左圈（G4）＝2　右圈（G5）＝6

	1	2	3	4	5	6	7	8	9
A		2		4	1	8	7^3	3 9	
B	㊴			7	252	3	㉛	4	㉛
C	18		1	4	9	▲3^5	5	2	6
D	36	1		36 8	5 25	9	4	7	2
E	■2^6	7^7	9	8	4^4 4	1		6	5
F	㊺		8	3	7	9			2
G				②2	⑥6	7			4
H	2		2	9	3	45	6		
I	6		3	1^1	8^2		2		7

∵A5=1　E6=1　⇒　I4=1^1　　∵A6=8　⇒　I5=8^2，八宫空格写4、5。

∵A5=1　⇒　三马1　　∵三马1　D2=1　⇒　一马1

∵H4=9　C5=9　⇒　五马9　∵A6=8　⇒　三马8，且三宫⑱

∵D8=7　I9=7　⇒　A7=7^3

∵A7=7　F5=7　G6=7　⇒　二马7，三宫空格写3、9。

∵三马9　C5=9　E3=9　⇒　一马9

∵A6=8　I5=8　⇒　五马8

∵A6=8　三马8　F3=8　⇒　一马8

∵D8=7　F5=7　⇒　四马7　∵C9=6　H7=6　⇒　六马6

∵G5=6　H7=6　⇒　七马6

∵E9=5　八马5　⇒　五马5　⇒　四马5

∵B8＝4　D7＝4　⇒　九马 4

∵D7＝4　八马 4　⇒　五马 4　⇒　四马 4，且四宫㊺

∵C8＝2　G4＝2　⇒　二马 2　∵G4＝2　I7＝2　A2＝2　⇒　七马 2

∵I7＝2　C8＝2　⇒　六马 2

∵B8＝4　八马 4　⇒　二马 4　∵F4＝3　H5＝3　⇒　二马 3

∵二马 4　五马 4　⇒　E5＝4^4

　5 列空格写 2、5。观察 C6 格网络，C 行有 2、5、6、9　6 列有 1、4、7、

8　⇒　网独 C6＝▲3^5

∵C6＝3　三马 3　I3＝3　⇒　一马 3，且一宫㊴

∵G4＝2　⇒　D5、D6、F6 皆有待定数 2　六马 2　⇒　异骑马 2，又

　A2＝2　⇒　E1＝■2^6　⇒　E2＝7^7

四宫空格写 3、6。

我们重新编号进行解题。

	1	2	3	4	5	6	7	8	9
A	6^3	2	5^{25}	4^{24}	1	8	7	3^{12}	9^{11}
B	9^8	3^7	7^{22}	5^{48}	2^{40}	6^{47}	1^{35}	4	8^{34}
C	8^{20}	4^{26}	1^{21}	7^{23}	9	3	5	2	6
D	3^1	1	6^2	8^{42}	5^{41}	9^{37}	4	7	2^{39}
E	2	7	9	6^{45}	4	1	3^{13}	8^{43}	5
F	4^{27}	5^{28}	8	3	7	2^{46}	9^{36}	6^{44}	1^{38}
G	1^{30}	9^9	4^{29}	(2)	(6)	7	8^{33}	5^{32}	3^{14}
H	7^6	8^{19}	2^5	9	3	5^{18}	6	1^{16}	4^{15}
I	5^{31}	6^4	3	1	8	4^{17}	2	9^{10}	7

∵I3＝3　四马 3　⇒　D1＝3^1　⇒　D3＝6^2

∵D3＝6　C9＝6　⇒　A1＝6^3　⇒　I2＝6^4

∵A1＝6　C9＝6　G5＝6　⇒　二马6　∵D3＝6　⇒　五马6

∵G6＝7　I9＝7　E2＝7　⇒　七马7，且七宫㉗

∵I4＝1　D2＝1　⇒　七马1　　　　　　∵七马1　I4＝1　⇒　九马1

∵E1＝2　七马2　⇒　H3＝2[5]　⇒　H1＝7[6]

∵H1＝7　E2＝7　A7＝7　⇒　一马7

∵D1＝3　一马3　⇒　B2＝3[7]　⇒　B1＝9[8]

∵D1＝3　F4＝3　⇒　六马3

∵B1＝9　E3＝9　H4＝9　⇒　G2＝9[9]　⇒　I8＝9[10]

∵I8＝9　三马9　⇒　A9＝9[11]　⇒　A8＝3[12]

∵A8＝3　六马3　⇒　E7＝3[13]

∵A8＝3　E7＝3　H5＝3　⇒　G9＝3[14]　⇒　H9＝4[15]　⇒　H8＝1[16]

∵H9＝4　八马4　⇒　I6＝4[17]　⇒　H6＝5[18]　⇒　H2＝8[19]

∵H2＝8　一马8　⇒　C1＝8[20]　⇒　C3＝1[21]　⇒　B3＝7[22]　⇒

C4＝7[23]　⇒　A4＝4[24]　⇒　A3＝5[25]　⇒　C2＝4[26]　⇒　F1＝4[27]

⇒　F2＝5[28]

∵3列九缺一　⇒　G3＝4[29]　⇒　G1＝1[30]　⇒　I1＝5[31]

∵C7＝5　⇒　G8＝5[32]　⇒　G7＝8[33]　⇒　B9＝8[34]　⇒　B7＝1[35]

∵7列九缺一　⇒　F7＝9[36]　⇒　D6＝9[37]　∵D2＝1　E6＝1　H8＝1

⇒　F9＝1[38]　⇒　D9＝2[39]

∵D9＝2　⇒　5列D5≠2　⇒　B5＝2[40]　⇒　D5＝5[41]　⇒　D4＝8[42]

∵F3＝8　⇒　E8＝8[43]　⇒　F8＝6[44]　⇒　E4＝6[45]　⇒　F6＝2[46]

∵E4＝6　⇒　B6＝6[47]　⇒　B4＝5[48]

～第29题完～

第 30 题

解： 从第 28 题，已知左圈（F2）＝2　右圈（F3）＝6

	1	2	3	4	5	6	7	8	9
A	4	2 (93)	2		6³		7	(8)	
B	6⁴	7	1⁶	3	8		2¹³ (2)		■4⁹
C	5	(93)	8⁵	(42)		(4)			6
D	1	(4,7)		6²	3	2¹²	8	9	(75)
E	3¹⁰	8		(49)	1	(49)	6¹	2	
F	9¹¹ (93)	②	⑥	(87)	5	(87)	(1,4)		3
G	7	(6)	(3)	(2)		(3)		(68)	1
H	2⁷	(81)		4	6		7		(8)
I	8⁸	(6)	9			(3)	5	(6)	2

∵F3＝6　C9＝6　⇒　E7＝6¹

∵E7＝6　H6＝6　⇒　D4＝6²　⇒　A5＝6³

∵A5＝6　C9＝6　F3＝6　⇒　B1＝6⁴　∵C9＝6　E7＝6　⇒　九马6

∵B1＝6　F3＝6　H6＝6　⇒　七马6　∵B2＝7　G1＝7　⇒　四马7

∵A7＝7　H8＝7　⇒　六马7　　　∵E2＝8　D7＝8　⇒　五马8

∵E2＝8　B5＝8　⇒　C3＝8⁵　⇒　三马8

∵E2＝8　C3＝8　⇒　七马8

∵I3＝9　D8＝9　⇒　四马9　⇒　一马9

∵F5＝5　⇒　六马5，且六宫㊄，六宫空格写1、4。

∵B4＝3　⇒　一马3，且一宫㊴　⇒　B3＝1⁶

∵E8＝2　I9＝2　⇒　三马 2

∵A3＝2　F2＝2　I9＝2　⇒　H1＝2^{7}　⇒　I1＝8^{8}

∵I1＝8　D7＝8　⇒　九马 8

∵H5＝4　⇒　九宫 G7、G8、I8 皆有待定数 4，又六马 4　⇒　异骑马 4，又 A1＝4　⇒　B9＝■4^{9}

∵A1＝4　B9＝4　H5＝4　⇒　二马 4

∵一马 3　⇒　七马 3　⇒　四马 3

∵F9＝3　四马 3　⇒　E1＝3^{10}　⇒　F1＝9^{11}，F 行空格写 8、7，且在五宫⑧⑦，又 E8＝2　⇒　D6＝2^{12}

∵D6＝2　A3＝2　⇒　二马 2　　∵二马 2　三马 2　⇒　B7＝2^{13}

∵B3＝1　G9＝1　⇒　七马 1

∵B4＝3　D5＝3　⇒　八马 3，五宫空格写 4、9。

∵五马 4　⇒　四马 4　　∵H1＝2　I9＝2　D6＝2　⇒　八马 2

我们重新编号继续解题。

	1	2	3	4	5	6	7	8	9
A	4	9^{25} (93)	2	5^{19} 15	6	1^{18} 15	7	3^{35} 89	8^{36}
B	6	7	1	3	8	■9^{1}	2	5^{7}	4
C	5	3^{26} (93)	8	4^{4} 42	2^{5}	7^{8} 4	9^{24} 91	1^{27}	6
D	1	5^{40} 4	4^{37} 7	6	3	2	8	9	**7**^{39} (75)
E	3	8	7^{38}	9^{2} 49	1	4^{3} 49	6	2	5^{41}
F	9	2	6	7^{9} (87)	5	8^{10} (87)	1^{28} 1 4	4^{29}	3
G	7	6^{32} 6	3^{21} 3	2^{6} 2	9^{17}	5^{13} 3	4^{30}	8^{33} 68	1
H	2 1	1^{12}	5^{20}	**8**^{11}	4	6	3^{22}	7	9^{23} 8
I	8	4^{31} 6	9	1^{15} 1	7^{16}	3^{14} 13	5	6^{34} 6	2

∵D8＝9　⇒　三马9，又一马9　⇒　异骑马9　⇒　B6＝■9[1]

∵B6＝9　⇒　E4＝9[2]　⇒　E6＝4[3]　⇒　C4＝4[4]　⇒　C5＝2[5]
　　⇒　G4＝2[6]

∵C1＝5　⇒　二马5　⇒　B8＝5[7]

∵A7＝7　⇒　C6＝7[8]，又五马7　⇒　F4＝7[9]　⇒　F6＝8[10]

∵B5＝8　F6＝8　I1＝8　⇒　H4＝8[11]

∵E5＝1　G9＝1　⇒　八马1　⇒　H2＝1[12]

二宫空格写1、5　⇒　三马1

∵F5＝5　I7＝5　⇒　G6＝5[13]　⇒　I6＝3[14]　⇒　I4＝1[15]

∵G1＝7　⇒　I5＝7[16]　⇒　G5＝9[17]

∵I4＝1　二马1　⇒　A6＝1[18]　⇒　A4＝5[19]

∵G6＝5　I7＝5　⇒　H3＝5[20]　⇒　G3＝3[21]

∵G3＝3　I6＝3　F9＝3　⇒　H7＝3[22]　⇒　H9＝9[23]　⇒　C7＝9[24]
　　⇒　A2＝9[25]　⇒　C2＝3[26]　⇒　C8＝1[27]　⇒　F7＝1[28]　⇒　F8＝4[29]
　　⇒　G7＝4[30]　⇒　I8≠4　⇒　I2＝4[31]　⇒　G2＝6[32]　⇒　G8＝8[33]
　　⇒　I8＝6[34]　⇒　A8＝3[35]　⇒　A9＝8[36]

∵I2＝4　四马4　⇒　D3＝4[37]　⇒　E3＝7[38]　⇒　D9＝7[39]　⇒　D2＝5[40]

∵六宫九缺一　⇒　E9＝5[41]

～第30题完～

第3轮个人赛 白雪公主和七个小矮人
(SNOW WHITE AND THE SEVEN DWARFS)

这一轮中的 8 道题相互关联，每道题单独都不是唯一解，并且和七个小矮人有关。每个小矮人代表数字 1~7 中的 1 个数字，不同的小矮人代表的数字不同。前 7 道题每道题中的两个圆圈代表两个小矮人，圆圈位置和矮人并不对应。每个小矮人会出现在两道题中。

题号	1	2	3	4	5	6	7	8
评分	7	7	8	9	9	10	10	30

第 3 轮　第 1 题　不规则数独

在空格内填入数字 1～6，使得每行、每列和每个不规则宫内的数字不重复。

解：按由上而下、由左而右，将不规则的区域命名如下：

∵ C4＝4　C5＝2　⇒　一宫⑳　　　　∵ 一宫⑳　A2＝1　⇒　C1＝1[1]

∵一宫六缺一 ⇒ C2=5^2　　　∵A2=1　C1=1 ⇒ 三马1

∵C2=5 ⇒ 三马5，且三宫⑮　　∵C5=2 ⇒ 三马2

	1	2	3	4	5	6
A	6	1	4^{20} ³	2^{11} ³	3^{21} ⁵	5^{22}
B	3	2^{14} ²	1^{10} ⑮	5^8	4^{13} ㊶	6^5
C	1^1	5^2	6^6 ³	4	2	3^7
D	2^{27} ㉔	3^{15} ㉓	5^9 ⑮	6^{17} ㊱	1^{12} ㊶	4^{31}
E	4^{28}	6^{25} ⁴⁶	2^{19} ²	3^{16}	5^{23} ⁶⁵	1^{30}
F	5^3	4^{26}	3^{18}	1^4	6^{24}	2^{29}

∵B1=3 ⇒ 三马3，C行空格写3、6。　∵1列六缺一 ⇒ F1=5^3

∵C4=4 ⇒ 四马4

∵A2=1 三马1 ⇒ F4=1^4 ⇒ 四马1，且四宫⑭

∵B1=3 ⇒ 四马3 ∵三马2 ⇒ 五马2 ∵A1=6 ⇒ B6=6^5

∵B6=6 C行骑马6 ⇒ C3=6^6 ⇒ C6=3^7 ∵B6=6 ⇒ 六马6

∵B6=6 ⇒ 四马6，且四宫㊱ 四宫六缺一 ⇒ B4=5^8

∵B4=5 三马5 ⇒ D3=5^9 ⇒ B3=1^{10}

∵D3=5 B4=5 ⇒ 二马5　∵C6=3 四马3 ⇒ 二马3

∵4列六缺一 ⇒ A4=2^{11}

∵B3=1 四马1 ⇒ D5=1^{12} ⇒ B5=4^{13} ⇒ B2=2^{14} ⇒ D2=3^{15}

∵D2=3 四马3 ⇒ E4=3^{16} ⇒ D4=6^{17}

∵E4=3 D2=3 ⇒ F3=3^{18} ⇒ E3=2^{19} ⇒ A3=4^{20} ⇒

　A5=3^{21} ⇒ A6=5^{22}，2列空格写4、6，5列空格写6、5。

∵F1=5 六马5 ⇒ E5=5^{23} ⇒ F5=6^{24}

∵F5＝6　五马 6　⇒　E2＝6²⁵　⇒　F2＝4²⁶

∵E3＝2　一马 2　⇒　D1＝2²⁷　⇒　E1＝4²⁸

∵F 行六缺一　⇒　F6＝2²⁹

∵E 行六缺一　⇒　E6＝1³⁰　⇒　D6＝4³¹

结论：小矮人 GR＝5 或 6　小矮人 DOC＝5 或 6

～第 1 题完～

第 3 轮　第 2 题　不等号数独

在空格内填入数字 1～6，使得每行、每列和每宫内的数字不重复。数字大小满足题目中的不等号要求。

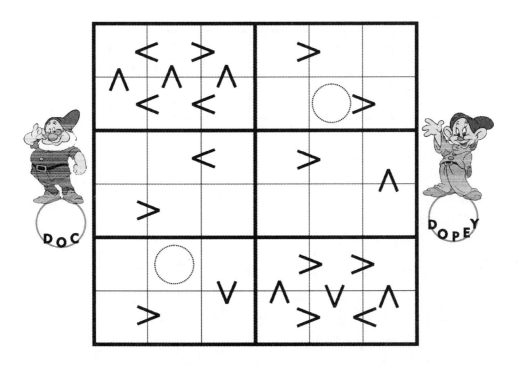

解：

按由上而下、由左而右，将各宫命名如下：

	1	2	3	4	5	6
A		一			二	
B		宫			宫	
C		三			四	
D		宫			宫	
E		五			六	
F		宫			宫	

一宫、六宫符号多，显然 $B3 = 6^1$，六宫 F4、F6 有六马 6。

∵ $B3 = 6$ ⟹ $B2 = 5^2$，A2、B1 有骑马 4，A1、A3 有骑马 1。

由第 1 题的结论知圆圈内为 5 或 6 ⟹ B5≠5 或 B5≠6 ⟹ E2＝5 或 6

∵ $B2 = 5$ ⟹ $E2 = 6^3$

下面研究六宫。

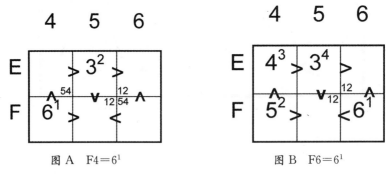

图 A $F4 = 6^1$ 图 B $F6 = 6^1$

图 A：若 $F4 = 6^1$ ⟹ E4、F6 有骑马 4、骑马 5 ⟹ $E5 = 3^2$ ⟹ E6、F5 有骑马 1、骑马 2

图 B：若 $F6 = 6^1$ ⟹ $F4 = 5^2$ ⟹ $E4 = 4^3$ ⟹ $E5 = 3^4$ ⟹ E6、F5

有骑马 1、骑马 2

比较：图 A 不确定性较多，应该采用图 B，如下图 ⇒ $F6 = 6^4$ ⇒
$F4 = 5^5$ ⇒ $E4 = 4^6$ ⇒ $E5 = 3^7$，E6、F5 有其，骑马数 1、骑马数 2。

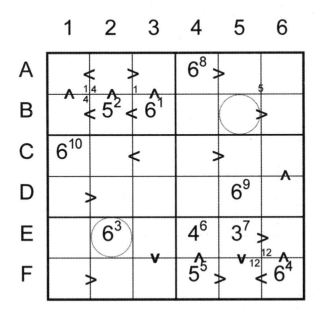

∵ $B3 = 6$ $F6 = 6$ $A5 \neq 6$ ⇒ $A4 = 6^8$

∵ $F6 = 6$ $A4 = 6$ $C5 \neq 6$ ⇒ $D5 = 6^9$

∵ $B3 = 6$ $E2 = 6$ $D5 = 6$ ⇒ $C1 = 6^{10}$

∵ $B2 = 5$ ⇒   二马 5

下面按一马 4、九马 2 进行组合，衍生出下述四道题，我们将逐一验证，得出正确答案。

	第 1 组	第 2 组	第 3 组	第 4 组
一马 4	$B1 = 4^1$	$B1 = 4^1$	$A2 = 4^1$	$A2 = 4^1$
九马 2	$E6 = 2^2$	$F5 = 2^2$	$E6 = 2^2$	$F5 = 2^2$

第1组：B1＝4[1]　E6＝2[2]

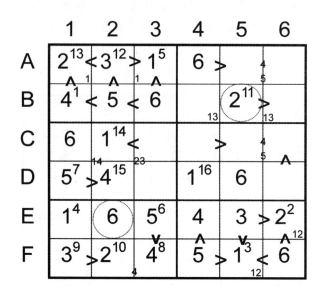

解：

∵六宫六缺一 ⇒ F5＝1[3]　　　∵F5＝1 ⇒ E1＝1[4] ⇒ A3＝1[5]

∵E行六缺一 ⇒ E3＝5[6]　　　∵E3＝5 B2＝5 ⇒ D1＝5[7]

∵B1＝4 ⇒ 五马4

∵五宫F横有2、3、4 ⇒ F2≠4 ⇒ F3＝4[8] ⇒ F1＝3[9] ⇒ F2＝2[10]

∵B1＝4 ⇒ 二马4

∵E5＝3 F5＝1 ⇒ 二马1、二马3，且二宫⑬ ⇒ B5＝2[11]

∵D1＝5 F4＝5 ⇒ 四马5，一宫空格为2、3。

∵F1＝3 ⇒ A2＝3[12] ⇒ A1＝2[13]

2列空格写1、4，3列空格写2、3。

∵C3格为2或3 ⇒ C2≠4 ⇒ C2＝1[14] ⇒ D2＝4[15]

∵C2＝1 ⇒ D6≠1 ⇒ D4＝1[16]　∵D2＝4 E4＝4 ⇒ 四马4

∵C4格只能填2或3，但2或3绝不可能进入C4格，因题目要求C4＞C5，矛盾 ⇒ 第1组无解。

第 2 组： B1＝4^1　F5＝2^2

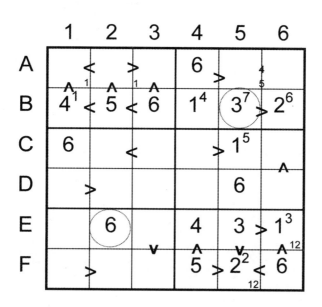

解：

∵六宫六缺一　⇒　E6＝1^3　∵E6＝1 －马1　⇒　B5≠1　⇒　B4＝1^4

∵B4＝1　E6＝1　⇒　C5＝1^5　∵B1＝4　⇒　二马4，二宫空格写2、3。

B5＝3^7，此与E5＝3矛盾　⇒　第 2 组无解。

第 3 组： A2＝4^1　E6＝2^2

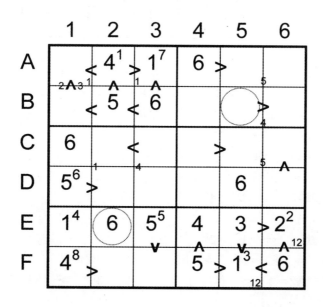

解：

∵六宫六缺一 ⇒ F5＝1^3 ∵A2＝4 E4＝4 ⇒ 五马4

∵F5＝1 E3≠1 ⇒ E1＝1^4

∵E行六缺一 ⇒ E3＝5^5 ∵E3＝5 B2＝5 ⇒ D1＝5^6

∵E1＝1 一马1 ⇒ A3＝1^7 ⇒ 三马1，一宫空格写2、3 ⇒

1列六缺一 ⇒ F1＝4^8

∵A2＝4 ⇒ 三马4

∵D1＝5 F4＝5 ⇒ 四马5 ⇒ C5＝5 或 C6＝5 ⇒ 不论 C5＝5

或 C6＝5，D6 格都无数可填，矛盾 ⇒ 第 3 组无解。

第 4 组：A2＝4^1 F5＝2^2

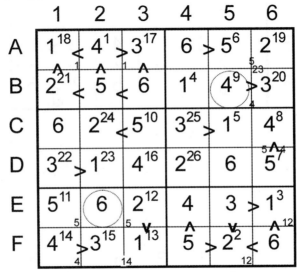

解：

∵六宫六缺一 ⇒ E6＝1^3 ∵E6＝1 F1≠1 ⇒ 五马1

∵E4＝4 A2＝4 ⇒ 五马4   ∵F4＝5 B2＝5 ⇒ 五马5

∵A2＝4 E4＝4 ⇒ 二马4   ∵E6＝1 一马1 B5≠1 ⇒ B4＝1^4

∵B4＝1 E6＝1 ⇒ C5＝1^5

∵F4＝5 ⇒ 四马5，又二马5 ⇒ A5＝5^6

∵E4＝4 ⇒ 四马4 ⇒ D6＝5^7 ⇒ C6＝4^8，6 列空格写2、3。

∵二宫六缺一 ⇒ B5＝4^9

∵D6＝5 B2＝5 ⇒ C3＝5^{10} ∵C3＝5 五马5 ⇒ E1＝5^{11}

∵E行六缺一 ⇒ E3＝2^{12}

∵F3≠4 ⇒ F3＝1^{13} ⇒ F1＝4^{14} ⇒ F2＝3^{15}

∵F1＝4 A2＝4 ⇒ D3＝4^{16} ⇒ A3＝3^{17} ⇒ A1＝1^{18} ⇒

A6＝2^{19}　⇒　B6＝3^{20}　⇒　B1＝2^{21}　⇒　D1＝3^{22}

∵C5＝1　⇒　D2＝1^{23}　⇒　C2＝2^{24}　⇒　C4＝3^{25}　⇒　D4＝2^{26}

结论：小矮人 DOC＝6　　DOP＝4

～第 2 题完～

第 3 轮　第 3 题　不完全数独

在空格内填入数字 1～6，使得每行和每列的数字都是 1～6，每宫内要求数字不重复。

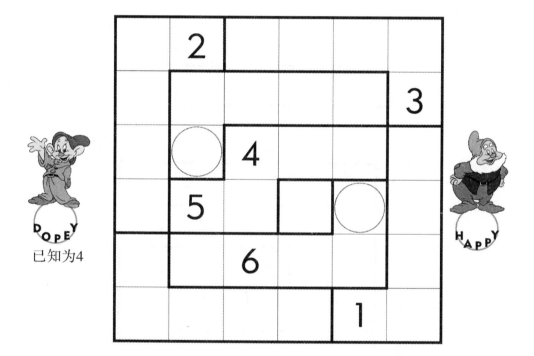

解：

按由上而下、由左而右，将不规则的宫命名如下：

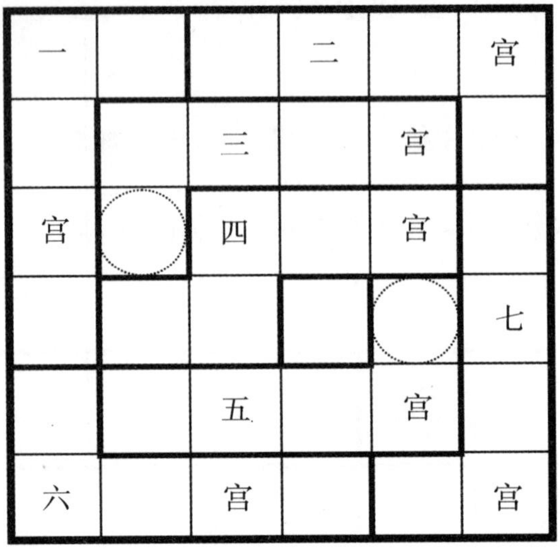

一			二		宫
		三		宫	
宫	○	四		宫	
				○	七
		五		宫	
六		宫			宫

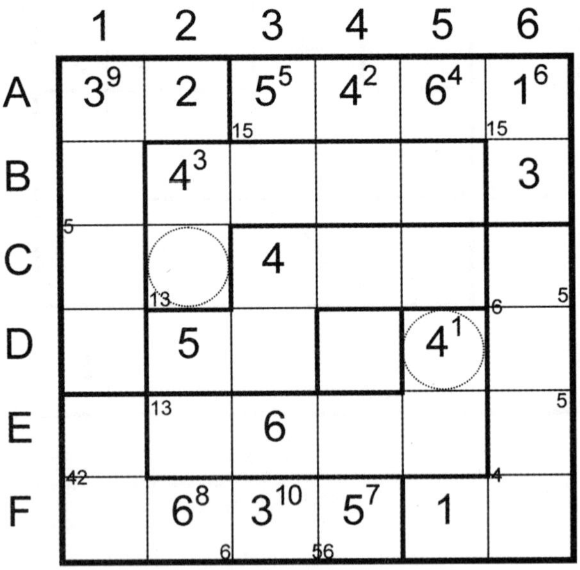

	1	2	3	4	5	6
A	3^9	2	5^5	4^2	6^4	1^6
B		4^3				3
C		○	4			
D		5			4^1 ○	
E			6			
F		6^8	3^{10}	5^7	1	

按第2题结论得知，DOP=4

∵C3=4 ⇒ C2≠4 ⇒ $D5=4^1$ ∵B6=3 ⇒ 七宫无3

∵C3=4 D5=4 ⇒ 七马4   ∵A2=2 ⇒ 二宫无2

∵C3=4 D5=4 七马4 ⇒ $A4=4^2$

∵D5=4　A4=4　C3=4　⇒　B2=4³

∵A4=4　B2=4　C3=4　D5=4　⇒　一宫无4　⇒　六马4

∵一宫左竖有1、3、5、6　⇒　六马2、六马4　∵D2=5　⇒　六马5

∵E3=6　⇒　六马6，又F5=1　⇒　六宫无1

∵六马6　E3=6　⇒　七马6　　　　∵E3=6　七马6　⇒　A5=6⁴

∵二宫无2　⇒　二宫空格写1、5。

∵七宫无3　⇒　七宫右竖必有5　⇒　A3=5⁵　⇒　A6=1⁶

∵A3=5　六马5　⇒　F4=5⁷　⇒　F2=6⁸

∵A行六缺一　⇒　A1=3⁹　　　　∵六宫无1　A1=3　⇒　F3=3¹⁰

∵七宫无3　F4=5　D2=5　⇒　七马5，2列空格写1、3。

∵一宫无4　D2=5　⇒　一马5

∵七宫骑马5　⇒　C6=5或E6=5，下面分别检验。

假设 C6=5¹

	1	2	3	4	5	6
A	3	2	5	4	6	1
B	5³	4				3
C	6⁴	◯	4			5¹
D	1⁵	5			4	6²
E			6			
F		6	3	5	1	

解：

∵C6=5　⇒　D6=6²　　　　∵C6=5　一马5　⇒　B1=5³

∵一宫无4　D6=6　⇒　C1=6⁴

∵1列六缺一　⇒　D1=1⁵，6列空格写2、4，又1列E1、F1也是2、4

　⇒　此时至少有双解

∵赛题解必须唯一，矛盾　⇒　C6≠5　⇒　E6=5

已知 E6＝5[1]

解：

∵E6＝5 ⇒ F6＝4^2　　∵七宫无 3 ⇒　七宫空格写 6、2。

∵E6＝5 ⇒ 五宫无 5　∵F5＝1 ⇒　五马 1

∵F 行六缺一 ⇒　F1＝2^3 ⇒　E1＝4^4

∵A2＝2 ⇒　五马 2，3 列空格写 1、2。　∵B6＝3 ⇒　5 列骑马 3

∵2 列骑马 3　5 列骑马 3 ⇒　C 行骑马 3，且 E 行骑马 3，又 B6＝3

　F3＝3　A1＝3 ⇒　D4＝3^5

∵D2＝5　A3＝5　F4＝5 ⇒　B5＝5^6　∵F2＝6　E3＝6 ⇒　B4＝6^7

请读者注意"∵B6＝3 ⇒　C2＝3"对吗？不行，现在还不知道三宫缺何数！

∵F1＝2 ⇒　B1≠2 ⇒　B3＝$^-2^8$ ⇒　B1＝1^9⇒　C1＝5^{10} ⇒　D1＝6^{11}

∵D1＝6　七马 6 ⇒　C6＝6^{12} ⇒　D6＝2^{13} ⇒　D3＝1^{14}

结论：小矮人 DOP＝4　小矮人 HA＝1 或 3

注：当第 7 题解完时，七个小矮人代表的各个数字已定，那时知 HA＝1，即 C2＝1。

本题剩余的各个答案数，不难得到，留给读者吧！

$\sim$第 3 题完$\sim$

第 3 轮　第 4 题　变异不规则数独

在空格内填入数字 1～6，使得每行、每列、每宫数字都不重复。在这种变异中，某些单元格被对角线分割成两半，每个这样的单元格中只能包含一个数字，数字填在某个三角形中，这个数字被认为属于该行和列，以及属于被黑线框起来的宫内。

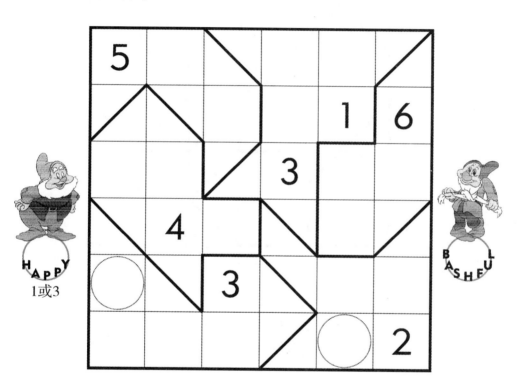

1或3

解：

按由上而下、由左而右，将不规则的宫命名如下：

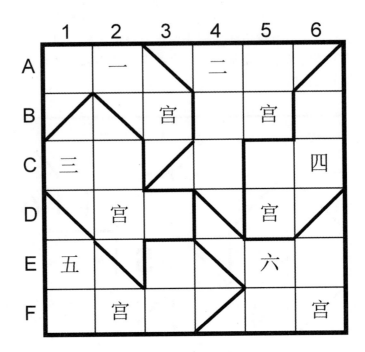

由题已知 HA＝1 或 3，但目前尚不能定论。本题经观察，已知数最多者为 3，我们从六宫入手。

∵E3＝3　C4＝3　⇒　六宫 F5 及 D6 下有骑马 3。

假设 D6 下＝3[1]　⇒　四宫无 3，矛盾　⇒　D6 下≠3　⇒　F5＝3

已知 F5＝3

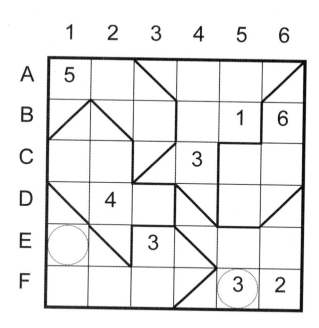

解：

F5＝3　C4＝3　⇒　四马 3　⇒　D6 上 ＝3 或 A6 下 ＝3，下面分别进行
验算。

假设 D6 上 ＝3^1

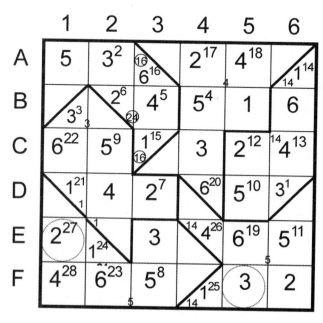

解：

∵C4=3 D6 上 =3 E3=3 ⇒ 三宫骑马 3（B1 下、B2 下）

∵C4=3 E3=3 ⇒ A2=3^2，又三马 3 ⇒ B1 下 =3^3

∵B6=6 ⇒ 一马 6

∵B5=1 ⇒ 一马 1，且一宫⑯ ⇒ 一马 2、一马 4，且一宫㉔ ⇒
B4=5^4 ⇒ 六马 5

∵A1=5 六马 5 B4=5 ⇒ 五马 5

∵D2=4 一马 4 ⇒ B3=4^5 ⇒ B2 上 =2^6

至此可以断定 A6 下 属四宫，D4 上 属二宫。

∵D2=4 ⇒ 二马 4 　　　　∵B5=1 ⇒ 四马 1 ⇒ 六马 1

∵3 列骑马 1 6 列骑马 1 ⇒ A 行骑马 1 C 行骑马 1 ⇒
三马 1（现在尚不能断定 D1、E2 中哪个半格属于三宫）。

∵3 列⑯ F6=2 ⇒ F3≠2 ⇒ D3=2^7 ⇒ F3=5^8

∵A1=5 六马 5 ⇒ C2=5^9 　∵C2=5 A1=5 ⇒ D5=5^{10}

∵D5=5 六马 5 ⇒ E6=5^{11}

∵F6=2 ⇒ C5=2^{12}，四宫空格写 1、4。

∵D2=4 C1≠4 ⇒ C6=4^{13} ⇒ A6 下 =1^{14}

∵A6 下 =1 一马 1 ⇒ C3 上 =1^{15} ⇒ A3 下 =6^{16}

∵C5=2 ⇒ A4=2^{17} ⇒ A5=4^{18} ⇒ E5=6^{19}

∵二宫六缺一 ⇒ D4 上 =6^{20}，六宫空格写 1、4。

∵D 行六缺一 ⇒ D1 上 =1^{21} ⇒ E2 上 不属于三宫 ⇒
E2 下 属于五宫。

∵C 行六缺一 ⇒ C1=6^{22} 　　∵E5=6 C1=6 ⇒ F2=6^{23}

∵2 列六缺一 ⇒ E2 下 =1^{24}

∵E2 下 =1 六马 1 ⇒ F4 下 =1^{25} ⇒ E4 上 =4^{26} ⇒
E1=2^{27} ⇒ F1=4^{28}

此为第 4 题第 1 解。

假设 A6 下＝3

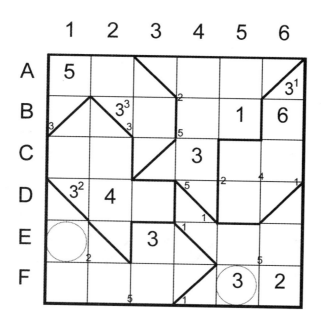

解：

∵ A6 下 ＝3　E3＝3　⇒　一马 3

∵ C4＝3　E3＝3　一马 3　⇒　D1 上 ＝3^2

∵ D1 上 ＝3　一马 3　⇒　B2 上 ＝3^3

∵ D2＝4　⇒　四马 4，可以断定 D6 上属于四宫，D6 下为空。

∵ B5＝1　⇒　四马 1　⇒　六宫三个待定数 1（目前不知六宫范围），由
这三个待定数 1 的分布可知 D4 下不应该属于六宫，应属二宫　⇒　五
宫范围确定　⇒　二宫范围确定

∵ F6＝2　⇒　四马 2、五马 2　　　∵ 四马 2　⇒　二马 2

∵ A1＝5　⇒　二马 5　⇒　六马 5

∵ 六马 5　A1＝5　⇒　五马 5

∵ 六马 5　⇒　E5＝5 或 E6＝5，下面分别验证。

假设 E5＝5[1]

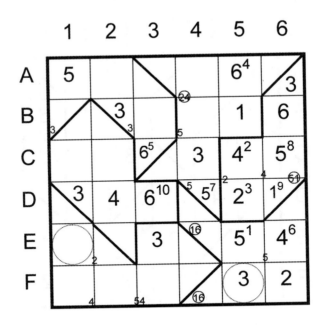

解:

∵E5＝5 ⇒ 四马5,且四宫⑮ ⇒ C5＝4[2] ⇒ D5＝2[3] ⇒ A5＝6[4]

∵A5＝6 B6＝6 ⇒ C3＝6[5]

∵B6＝6 ⇒ 六马6,且六宫⑯ ⇒ E6＝4[6]

∵E6＝4 D2＝4 ⇒ 五马4

∵D2＝4 ⇒ 二马4,且二宫㉔ ⇒ D4＝5[7]

∵D4＝5 四马5 ⇒ C6＝5[8] ⇒ D6＝1[9] ⇒ D3＝6[10]

∴此与C3上＝6矛盾,假设错误 ⇒ E5≠5 ⇒ E6＝5。

已知 E6＝5[1]

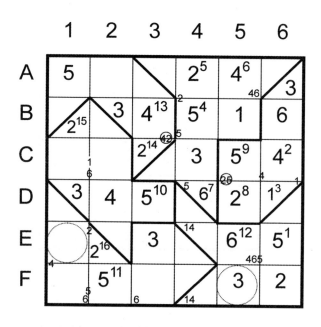

解：

∵E6＝5　⇒　四马 5，且四宫㉕　⇒　C6＝4[2]　⇒　D6 上　＝1[3]

5 列空格写 4、6。五宫范围可以确定包含 E2 下，在 B1 下应属三宫。

∵A1＝5　⇒　B1 下 ≠5，且 B3≠5　⇒　B4＝5[4]　⇒　A4＝2[5]

∵D2＝4　⇒　D4 上 ≠4　⇒　A5＝4[6]　⇒　D4＝6[7]

∵A4＝2　⇒　一马 2

∵A5＝4　⇒　一马 4，且一宫㊷，一宫空格写 1、6。

∵一马 2　⇒　D3 ≠2　⇒　D5＝2[8]　⇒　C5＝5[9]

∵D 行六缺一　⇒　D3＝5[10]

∵D3＝5　五马 5　⇒　F2＝5[11]　∵5 列六缺一　⇒　E5＝6[12]

六宫空格写 1、4。　　　　　　　∵D2＝4　一马 4　⇒　五马 4

∵E5＝6　⇒　五马 6　　　　　　∵B5＝1　⇒　三马 1

∵C6＝4　一马 4　⇒　B3＝4[13]　⇒　C3 上 ＝2[14]

∵B 行六缺一　⇒　B1 下 ＝2[15]

∵B1 下 ＝2　五马 2　⇒　E2 下 ＝2[16]

C 行空格写 1、6。

显然有下述三解：

第 2、3 解

	1	2	3	4	5	6
A	5	1 6		2	4	3
B	2	3	4	5	1	6
C	1 6		2	3	5	4
D	3	4	5	6	2	1
E	4	2	3	1	6	5
F	16	5	16	4	3	2

第 4 解

	1	2	3	4	5	6
A	5	6	1	2	4	3
B	2	3	4	5	1	6
C	6	1	2	3	5	4
D	3	4	5	6	2	1
E	1	2	3	4	6	5
F	4	5	6	1	3	2

此三解连同 P.58 的一解，本题共有四解。为了按原题的本意执行，故以第 4 解为准。

结论：HA＝1 或 3　BA＝1 或 3

~第 4 题完~

第 3 轮　第 5 题　数和数独

在空格内填入数字 1～6，使得每行、每列和每个不规则的粗线围成的宫内数字不重复。灰格里的数字表示该行或者列内连续的白格（未被灰格隔断）内数字的和。

已知为
1或3

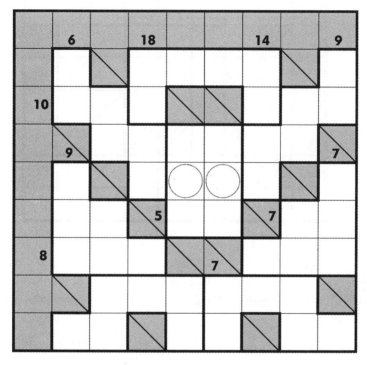

解：

按由上而下、由左而右，将不规则的宫命名。

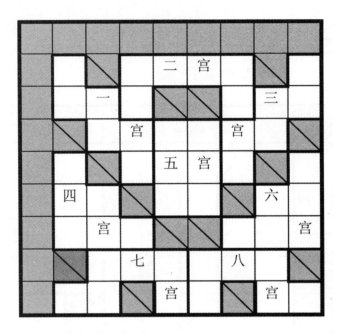

假设 BA＝1

由第 4 题已知 BA＝1 或 3，现假设 BA＝1，暂记在 E5 与 E6 间（图略）。

$\because$ D9＝7 $\Rightarrow$ 唯一的 7＝1＋2＋4 $\Rightarrow$ A9＝9 $\Rightarrow$ 唯一的 9＝3＋6 $\Rightarrow$ I9＝5[1]

$\because$ G1＝8 $\Rightarrow$ 8＝1＋2＋5 和 1＋3＋4 $\Rightarrow$ 公共加数为 1，暂时记在 G3 格。

$\because$ E 行有 1 G 行有 1 $\Rightarrow$ F9＝1[2]

$\because$ F7＝7 $\Rightarrow$ 唯一的 7＝1＋6 $\Rightarrow$ F8＝6[3]

$\because$ F 行有 1 $\Rightarrow$ F4＝5，唯一的 5＝2＋3 $\Rightarrow$ F 行有骑马 2、骑马 3

F 行空格写 4、5 $\Rightarrow$ 四马 4、四马 5 $\Rightarrow$ G8 只有两种表示法，即 8＝1＋2＋5 和 1＋3＋4，由于四宫已有 4 和 5 $\Rightarrow$ 此两种表示失效 $\Rightarrow$ 矛盾 $\Rightarrow$ 原假设 BA＝1 错误 $\Rightarrow$ BA＝3

已知 BA＝3

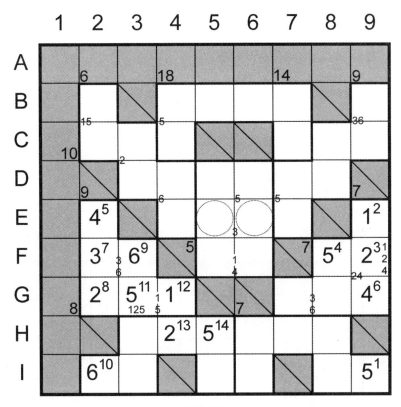

图 5（a）

∵BA＝3　⇒　E 行骑马 3

∵D9＝7　⇒　唯一的 7＝1＋2＋4，将 1、2、4 暂记在 F9 格。

∵A9＝9　⇒　唯一的 9＝3＋6　⇒　三马 3、三马 6　⇒　I9＝5¹

∵五马 3　F4＝5　⇒　唯一的 5＝1＋4　⇒　五马 1、五马 4

∵G1＝8　⇒　8＝1＋2＋5 和　1＋3＋4　⇒　有公共数 1，暂记在 G3 格。

∵G 行有 1，F 行有 1　⇒　E9＝1²　⇒　六马 2、六马 4

∵F 行有 1、4，又 F7＝7　⇒　唯一的 7＝2＋5，又六马 2　⇒

　F9＝2³　⇒　F8＝5⁴　⇒　F 行空格写 3、6。

∵四马 3，又 G1＝8　⇒　唯一的 8＝1＋2＋5

将 1、2、5 暂记在 G3 格　⇒　四宫六缺一　⇒　E2＝4⁵

∵F9＝2　⇒　G9＝4⁶

G 行两空格写 3、6。

∵D2=9　9－4=5　唯一的 5=3+2　⇒　F2=3[7]　⇒　G2=2[8]　⇒
F3=6[9]　⇒　一马6

∵2列六缺一　⇒　I2=6[10]　，G 行空格写1、5。

∵4列骑马6、A4=18、18－6=12，应分解为不含6的三数和　⇒　唯一的 12=3+4+5　⇒　4列上四格中总有5，又四马5　⇒　G3=5[11]　⇒　G4=1[12]

∵4列六缺一　⇒　H4=2[13]　　∵I9=5　G3=5　⇒　H5=5[14]

∵I9=5　F8=5　⇒　三马5　　∵H5=5　⇒　五马5

∵H5=5　五马5　三马5　⇒　二马5

∵H4=2　G2=2　⇒　一马2，2列空格写1、5。

观察7列，14－5=9　⇒　9=1+2+6 和 2+3+4

假设 9=2+3+4

图 5（b）

∵7列上四格之一有3　六马3　⇒　G8=3[1]　⇒　G7=6[2]

∵7列六缺一　⇒　H7=1[3]　　∵H7=1　⇒　三马1

∵H7＝1　G4＝1　⇒　二马 1，又一马 1　⇒　C2＝1[4]　⇒　B2＝5[5]

∵B2＝5　二马 5　⇒　C4＝5[6]　∵C2＝1　三马 1　⇒　D8＝1[7]

∵二马 1　五马 1　⇒　I5≠1，又 H7＝1　⇒　I3＝1[8]，又 H4＝2　⇒

　　一马 2

∵E2＝4　五马 3　⇒　E4≠3　E4≠4　⇒　4 列骑马 3、骑马 4，且　㉞

　　⇒　E4＝6[9]

∵G8＝3　⇒　八马 3，又五马 3　⇒　E5＝3[10]　⇒　H3＝3[11]　⇒　I5＝4[12]

∵I5＝4　五马 4　⇒　F6＝4[13]　⇒　F5＝1[14]

∵H3＝3　八马 3　⇒　I6＝3[15]

∵I 行六缺一　⇒　I8＝2[16]　⇒　三马 2　⇒　7 列空格写 3、4。

∵三宫六缺一　⇒　C8＝4[17]

∵C8＝4　7 列骑马 4　⇒　B7＝4[18]　⇒　C7＝3[19]

∵H3＝3　⇒　D4＝3[20]　⇒　4 列六缺一　⇒　B4＝4[21]

∴此与 B7＝4 矛盾　⇒　9＝2＋3＋4 这个表达式不适合　⇒　9＝1＋2＋6

已知 9＝1＋2＋6（7 列）

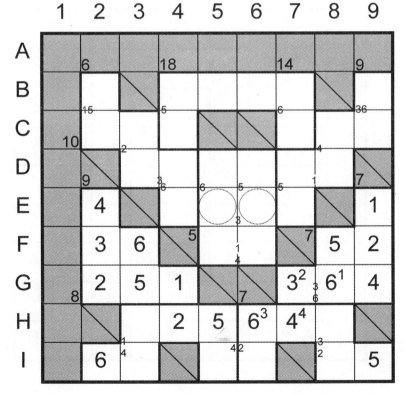

图 5（c）（上接图 5（a））

∵6 在上四格 ⇒ 7 列有 6，又六马 6 ⇒ G8=6^1 ⇒ G7=3^2

∵G8=6 7 列有 6 I2=6 ⇒ H6=6^3

∵三宫有 3 ⇒ C8≠3 D8≠3 ⇒ 八马 3

∵7 列六缺一 ⇒ H7=4^4 ⇒ 三马 4

∵一马 1 五马 1 ⇒ 三马 1

∵H6=6 ⇒ 五马 6

∵4 列、5 列、6 列都有 6 ⇒ D7≠6 E7≠6 ⇒ 二马 6

∵一马 1 ⇒ C3≠1 D3≠1 ⇒ 七马 1

∵H7=4 ⇒ 七马 4

∵H4=2 ⇒ 八马 2

∵三宫骑马 1 ⇒ D7=1 或 D8=1，下面分别解之。

假设 D7=1

图 5（d）

∵D7=1 ⇒ E7=5^2 ⇒ D6=5^3，三宫空格写 2、4，7 列空格写 6、2。

∵ 一马 2　三马 2　⇒　C7≠2　⇒　B7＝2[4]　⇒　C7＝6[5]，又三马 6

　⇒　B9＝6[6]　⇒　C9＝3[7]

∵ 三马 2　八马 2　⇒　I6＝2[8]　⇒　五马 2

∵ 一马 2　三马 2　⇒　D5≠2　⇒　E5＝2[9]　⇒　E6＝3[10]　⇒　D5＝6[11]

∵ D5＝6　一马 6　⇒　E4＝6[12]

∵ G4＝1　⇒　二马 1

∵ C9＝3　E6＝3　⇒　二马 3

∵ 二马 1　一马 1　⇒　C2＝1[13]　⇒　B2＝5[14]

∵ B2＝5　二马 5　⇒　C4＝5[15]

∵ 二马 3　⇒　B4＝3 或 B5＝3

由下面两图可以看出一为双解，另一个为多解，赛题不允许出现双解（事先有声明的除外），矛盾　⇒　假设 D7＝1 不成立　⇒　D8＝1 成立。

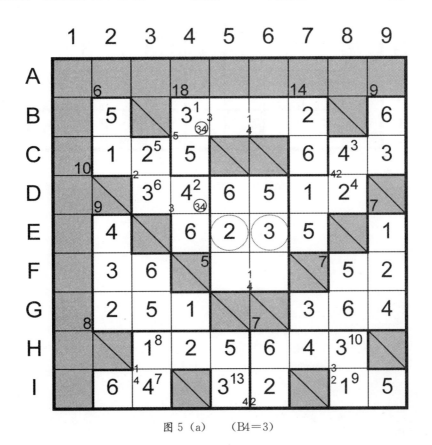

图 5（a）　（B4＝3）

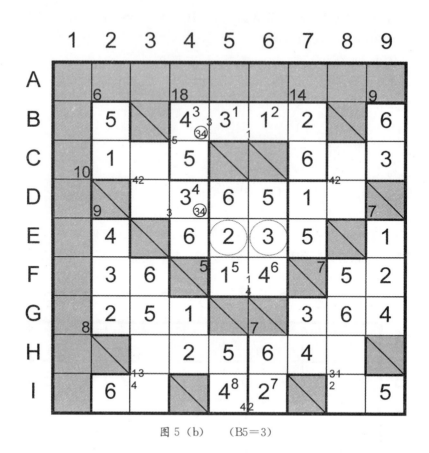

图 5（b）　（B5＝3）

已知 $D8=1^1$

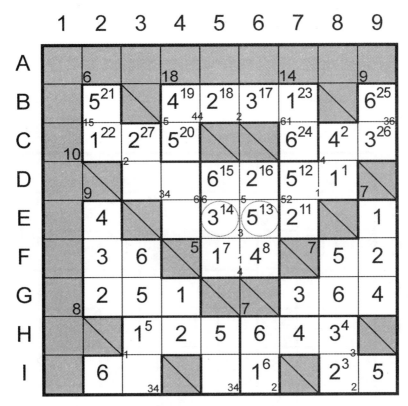

图 5（e）（上接图 5（c））

解：

∵ $D8=1^1$ ⇒ $C8=4^2$

∵ $H4=2$ ⇒ $H8\neq2$ ⇒ $I8=2^3$ ⇒ $H8=3^4$ ⇒ $H3=1^5$

∵ 八宫六缺一 ⇒ $I6=1^6$

∵ $I6=1$ 五马 1 ⇒ $F5=1^5$ ⇒ $F6=4^8$

三宫空格写 5、2，7 列空格写 6、1。

∵ $H4=2$ 三马 2 ⇒ 二马 2

∵ $C8=4$ $F6=4$ ⇒ 二马 4，I 行空格写 4、3。

∵ $E2=4$ $C8=4$ ⇒ 4 列骑马 4 ∵三马 2 ⇒ $E7=2$ 或 $D7=2$

这里出现了两种可能，我们先假设 $E7=2$（如图 5（e），我们从 11 号开始编号）。

$\because E7 = 2^{11} \Rightarrow D7 = 5^{12} \Rightarrow E6 = 5^{13} \Rightarrow E5 = 3^{14} \Rightarrow D5 = 6^{15} \Rightarrow$

$D6 = 2^{16} \Rightarrow B6 = 3^{17} \Rightarrow B5 = 2^{18} \Rightarrow B4 = 4^{19} \Rightarrow C4 = 5^{20} \Rightarrow$

$B2 = 5^{21} \Rightarrow C2 = 1^{22} \Rightarrow B7 = 1^{23} \Rightarrow C7 = 6^{24} \Rightarrow B9 = 6^{25} \Rightarrow$

$C9 = 3^{26} \Rightarrow C3 = 2^{27}$

$\because C1 = 10 \neq 1 + 2 + 5 \Rightarrow$ 矛盾，假设 $E7 = 2$ 错误 $\Rightarrow D7 = 2$

已知 $D7 = 2^1$

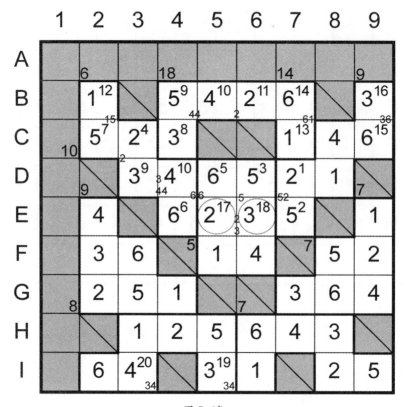

图 5（f）

解： 本题上接图 5（e），且 1 至 8 的答案数编号有效。

$\because D7 = 2 \Rightarrow E7 = 5^2 \Rightarrow D6 = 5^3 \quad \because D7 = 2$ 一马 2 $\Rightarrow C3 = 2^4$

$\because D7 = 2 \Rightarrow$ 五马 2，且五宫 ㉓ $\Rightarrow D5 = 6^5$

$\because D5 = 6$ 一马 6 $\Rightarrow E4 = 6^6$

D 行空格写 3、4。

观察 $C1 = 10$，又 $C8 = 4$、$C3 = 2$ $\Rightarrow$ 题目要求 10 表达为三个数之和，

且和数必有 2 而不含 4 $\Rightarrow$ 唯一的 $10=2+3+5$

$\because F2=3$ $\Rightarrow$ $C2=5^7$ $\Rightarrow$ $C4=3^8$ $\Rightarrow$ $D3=3^9$ $\Rightarrow$ $D4=4^{10}$ $\Rightarrow$

$B4=5^{11}$ $\Rightarrow$ $B5=4^{12}$ $\Rightarrow$ $B6=2^{13}$ ，又一宫 $\Rightarrow$ $B2=1^{14}$

$\because B2=1$ 二马 1 $\Rightarrow$ $C7=1^{15}$ $\Rightarrow$ $B7=6^{16}$ $\Rightarrow$ $C9=6^{17}$ $\Rightarrow$

$B9=3^{18}$

$\because B6=2$ 五马 2 $\Rightarrow$ $E5=2^{19}$ $\Rightarrow$ $E6=3^{20}$

$\because 5$ 列六缺一 $\Rightarrow$ $I5=3^{21}$ $\Rightarrow$ $I3=4^{22}$

结论：小矮人 BA＝3　小矮人 SN＝2

～第 5 题完～

第 3 轮　第 6 题　雪花数独

在空格内填入数字 1～7，使得每行、每左斜列、每右斜列和每个雪花内 6 个格里所有的数字不重复。

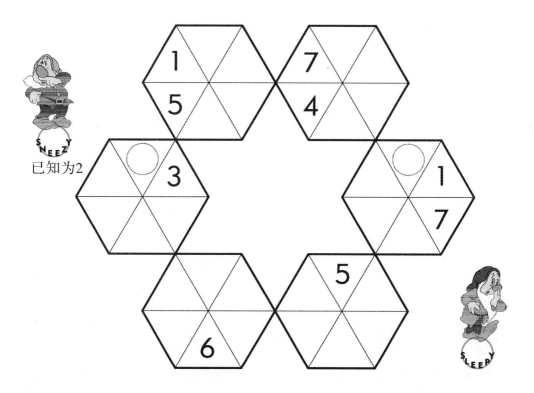

解：按顺时针习惯分宫。

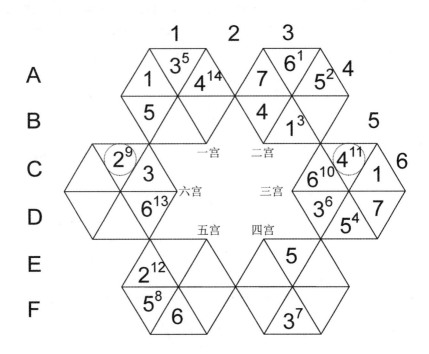

$\because$ F4 左 = 6 $\Rightarrow$ A3 右 = 6^1

$\because$ B1 = 5 $\Rightarrow$ A4 = 5^2 　　　　$\because$ C6 = 1 $\Rightarrow$ B4 左 = 1^3

$\because$ E5 右 = 5 $\Rightarrow$ D6 左 = 5^4

$\because$ C2 = 3 $\Rightarrow$ A1 右 = 3^5 　　$\because$ C2 = 3 $\Rightarrow$ D5 = 3^6

$\because$ A1 左 = 1 C6 = 1 $\Rightarrow$ 四宫无 1

$\because$ A1 右 = 3 D5 = 3 $\Rightarrow$ F6 左 = 3^7

$\because$ A4 = 5 E5 右 = 5 $\Rightarrow$ F3 = 5^8

由上题已知本题两个圆圈中必有一个为 2。

若 C1 右 = 2^9 $\Rightarrow$ 三宫无 2 $\Rightarrow$ 空格为 4、6。

$\because$ A3 右 = 6 B3 = 4 $\Rightarrow$ C5 左 = 6^{10} $\Rightarrow$ C5 右 = 4^{11}

$\because$ C1 右 = 2 $\Rightarrow$ E3 左 = 2^{12}

$\because$ F4 左 = 6 $\Rightarrow$ D2 右 = 6^{13} $\Rightarrow$ 一宫无 6

$\because$ B3 = 4 $\Rightarrow$ A2 = 4^{14}

$\because$ A2 = 4 C5 右 = 4 $\Rightarrow$ 四宫无 4，又 四宫无 1 $\Rightarrow$ 矛盾 $\Rightarrow$
　　　　C1 右 = 2^9 不成立 $\Rightarrow$ C5 右 = 2

所以，以上 9~14 编号答案作废，1~8 号有效，继续解题。

已知 C5 右 $=2^9$

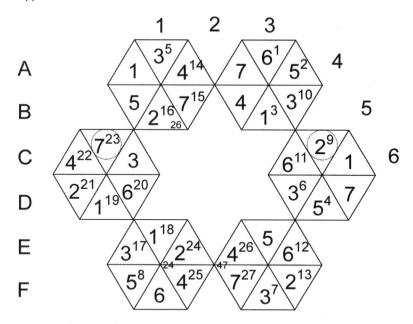

∵二宫 B4 右 $=2$ 或 3，又 C5 右 $=2$ ⇒　B4 右 $=3^{10}$

∵B3 $=4$ ⇒　三宫无 4　⇒　C5 左 $=6^{11}$

∵C5 左 $=6$　F4 左 $=6$ ⇒　E6 $=6^{12}$

∵B1 $=5$　D6 $=5$ ⇒　六宫无 5

∵C5 右 $=2$ ⇒　F6 右 $=2^{13}$　∵B3 $=4$ ⇒　A2 $=4^{14}$

∵四宫无 1 ⇒　四宫空格写 4、7　⇒　B2 右 $=7^{15}$ ⇒　一宫空格写 2、6

∵二宫已填满 ⇒　二宫无 2 ⇒　一宫 B2 左 $=2^{16}$

∵C2 $=3$ ⇒　E3 左 $=3^{17}$　∵B4 左 $=1$ ⇒　E3 右 $=1^{18}$

∵A1 左 $=1$　E3 右 $=1$ ⇒　D2 左 $=1^{19}$

∵2 左斜列空格可填 5 或 6，但已知六宫无 5 ⇒　D2 右 $=6^{20}$

∵4 左斜列二空格可填 $2.4.7$，因二宫缺 2，三宫缺 4 ⇒　五宫必缺 7
　⇒　五宫空格应填 2、4。

∵C5 右 $=2$ ⇒　D1 $=2^{21}$　∵五宫骑马 4 ⇒　C1 左 $=4^{22}$

∵六宫已知无 5 ⇒　C1 右 $=7^{23}$

∵F6 右 $=2$ ⇒　E4 $=2^{24}$ ⇒　F4 右 $=4^{25}$ ⇒　E5 左 $=4^{26}$ ⇒
　F5 $=7^{27}$

结论：小矮人 SL $=7$

～第 6 题完～

第 3 轮 第 7 题 六宫九数数独

在空格内填入数字 1～9，使得每行、每列和每宫内的数字不重复，每条斜线上面的数字必须小于下面的数字。

已知为 7

已知为 5或6

解： 由上题已知小矮人 SL＝7，由第 1 题已知小矮人 GR＝5 或 6。

	1	**2**	**3**	**4**	**5**	**6**
A	26/	2/	/	8	$4^5/5^4$	⟨7^1⟩
B	$7^3/8^2$	5	4	2/	/	6
C	4/	8	5/	1/	/	
D	/9	/	6	5^{12}	7	8/8^6
E	/	4	8$8^9$/9^8		2	/5
F	⟨5^{10}⟩	2$2^{11}$/	1	7/9	8^7	/

∵B6＝6　E6＝5　⇒　A6≠5 或 6　⇒　A6≠小矮人 GR　⇒　F1＝小

矮人 GR　⇒　A6＝小矮人 SL，由上题已知 SL＝7　⇒　A6＝7^1

∵A4＝8　A6＝7　⇒　B1 下 ＝8^2　⇒　B1 上 ＝7^3

	1	**2**	**3**	**4**	**5**	**6**
A	1^{21}	69$6^{14}$/9^{10}	2^{23}/3^{22}	8	$4^5/5^4$	⟨7^1⟩
B	$7^3/8^2$	5	4	2^{18}/3^{17}	9$1^{16}$/9^{15} 1	6
C	2^{38}	8	7$5^{34}$/7^{33} 2	1^{54}/4^{36}	6$3^{20}$/6^{19}	9^{11}
D	4^{37}/9 4	1^{40}/3^{39}	6	5^{35}	7	8$2^{32}$/8^6
E	6$3^{26}$/6^{25}	4	8$8^9$/9^8	7^{12}	2	1^{24}/5
F	⟨5^{27}⟩ 7	2$2^{29}$/7^{28}	5^{33}	7$6^{13}$/9	8^7	3^{31}/4^{30} 4

∵B2=5 B3=4 ⇒ A5下=5[4] ⇒ A5上=4[5]

∵B3=4 E2=4 ⇒ 三马4 ∵A6=7 D5=7 ⇒ 六马7

∵D3=6 ⇒ 一马6 ∵C2=8 A4=8 ⇒ D6=8

∵D1=9 ⇒ D6≠9 ⇒ D6下=8[6]，又A4=8 ⇒ F5=8[7]

∵F5=8 B1=8 ⇒ E3=8

∵F4=9 D1=9 ⇒ E3=9 ⇒ E3下=9[8] ⇒ E3上=8[9]

∵D1下=9 E3下=9 ⇒ A2=9 ⇒ A2下=9[10]

∵F4=9 ⇒ B5=9 ∵B5=9 F4=9 D1=9 ⇒ C6=9[11]

∵D5=7 B1=7 ⇒ C3=7 ∵B1=7 C3=7 ⇒ F2=7

∵F2=7 六马7 ⇒ E4=7[12] ∵B6=6 ⇒ F4上=6[13] ⇒ E1=6

∵E1=6 一马6 ⇒ A2上=6[14] ∵D3=6 F4=6 ⇒ C5=6

∵C4=1 ⇒ B5=1 ⇒ B5下=9[15] ⇒ B5上=1[16]

∵二宫余2、3 ⇒ B4下=3[17] ⇒ B4上=2[18]

∵5列余3、6 ⇒ C5下=6[19] ⇒ C5上=3[20]，4列空格写5、4。

∵F3=1 ⇒ A1=1[21] ∵一宫余2、3 ⇒ A3下=3[22] A3上=3[23]

∵F3=1 ⇒ E6上=1[24] ∵五宫余3、6 ⇒ E1下=6[25] E1上=3[26]

∵DR=5或6 E1下=6 ⇒ F1=5[27]

∵五宫余2、7 ⇒ F2下=7[28] F2上=2[29]

∵六宫余3、4 ⇒ F6下=4[30] F6上=3[31]

∵6列六缺一 ⇒ D6上=2[32]

∵3列余5、7 ⇒ C3下=7[33] C3上=5[34]

∵C3下=7 C3上=5 四马5 ⇒ D4=5[35] ⇒ C4下=4[36]，又三马4 ⇒ D1上=4[37]

∵C行六缺一 ⇒ C1=2[38]

∵三宫缺1、3 ⇒ D2下=3[39] D2上=1[40]

结论：SL=7 GR=4

~第7题完~

至此可以小结小矮人所代表的数字确定过程如下：

	第1题	第2题	第3题	第4题	第5题	第6题	第7题
小矮人代码	GR=5或6	DOC=6	DOP=4	HA=1或3	BA=3	SN=2	SL=7
	DOC=5或6	DOP=4	HA=1或3	BA=1或3	SN=2	SL=7	GR=5

结论：小矮人 BA＝3、HA＝1、GR＝5、SL＝7、SN＝2、DOP＝4、DOC＝6。

第 3 轮　第 8 题　不规则对角线数独

本题包含七个小矮人，当完成前 7 道题后找到本轮每个小矮人代表的数字后，将 1~7 的数字填入对应的圆圈内。

在宫格内填入数字 1~9，使得每行、每列、两条对角线和每个不规则宫内的数字不重复。含圆圈的行和列外分别有两个小矮人，其中一个表示该行或列的数字，另一个表示该行或列内不含的数字。

解：

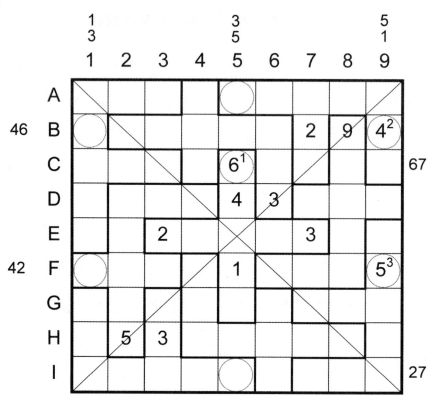

∵C5 只能填入 6 或 7，我们分别来分析。

若 $C5=6^1$ ⟹ $B9=4^2$ 或 $B1=4^2$，又出现两种可能。

若 $B9=4^2$ ∵$F5=1$ ⟹ $F9=5^3$

∵$B9=4$ $E3=2$ ⟹ F1 无数可填，矛盾 ⟹ $B9=4^2$ 被否定 ⟹ $B1=4^2$ 应该成立

以后若出现 $B1=4^2$ 不成立 ⟹ $C5=6$ 被否定 ⟹ $C5=7$ 会成立

后面我们来证明是哪一种可能。

小窍门：若 A 或 B 成立 ⟹ B $\begin{cases} \begin{cases} B_1 \text{ 不成立} \\ B_2 \text{ 不成立} \\ \vdots \quad \vdots \\ B_n \text{ 不成立} \end{cases} \Rightarrow A \text{ 成立} \\ B \end{cases}$

请注意，"或"有两意：①或此或彼或两者；②或此或非两者。本书中的或字之意一概为或此或彼非两者。

若 B1＝4^2

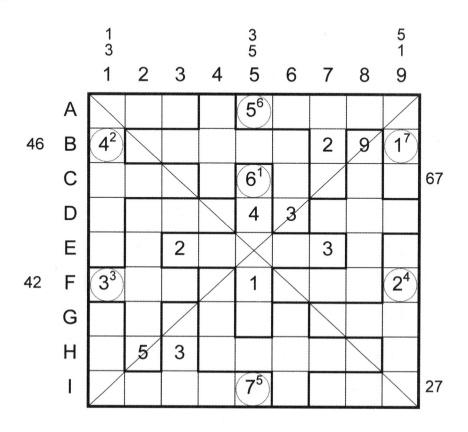

∵F5＝1 ⇒ F1＝3^3 ⇒ F9＝2^4 ⇒ I5＝7^5 ⇒ A5＝5^6 ⇒
B9＝1^7

我们重新编号来解题。

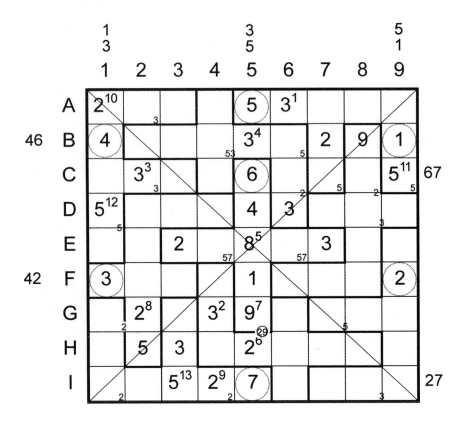

∵F1=3　H3=3　⇒　一马 3

∵E7=3　⇒　二宫 A6、A8、A9、C9 皆有待定数 3，又一马 3　⇒
　　异骑马 3　⇒　二宫中横（B 行）有 3

∵F1=3　E7=3　C 行有 3　⇒　六马 3

∵E7=3　H3=3　⇒　九宫 G8、G9、I8、I9 皆有待定数 3，又六马 3
　　⇒　异骑马 3　⇒　A8、A9、C9≠3　⇒　A6=3¹　⇒　二马 3

∵F1=3　H3=3　A6=3　⇒　G4=3²　⇒　九马 3

∵A6=3　一马 3　⇒　C2=3³　∵G4=3　二马 3　⇒　B5=3⁴

∵F9=2　E3=2　B7=2　⇒　六马 2

∵B8=9　E3=3　⇒　5 列㉙　⇒　E5=8⁵

∵E3=2　⇒　G5≠2　⇒　H5=2⁶　⇒　G5=9⁷

∵F9=2　H5=2　E3=2　⇒　G 行骑马 2

∵F9=2　H5=2　⇒　七宫的 2 在下横　⇒　G1≠2　⇒　G2=2⁸

∵G2＝2　E3＝2　⟹　七马 2，且一宫的 2 在左竖　⟹　I4＝2[9]

∵G2＝2　E3＝2　I4＝2　B7＝2　⟹　二马 2

∵B7＝2　I4＝2　E3＝2　G2＝2　⟹　A1＝2[10]

∵A5＝5　⟹　三马 5　∵H2＝5　三马 5　⟹　C9＝5[11]

∵A5＝5　C9＝5　⟹　一马 5

五宫空格写 5、7，又一马 5　⟹　D1＝5[12]

∵D1＝5　H2＝5　⟹　I3＝5[13]　∵I3＝5　C9＝5　⟹　九马 5

∵A5＝5　H2＝5　I3＝5　C9＝5　D1＝5　⟹　二马 5

∵二马 5　五马 5　H2＝5　⟹　八宫无 5，矛盾　⟹　B1＝4 被否定

因 B9＝4 和 B1＝4 均被否定　⟹　C5＝6 也被否定　⟹　C5＝7 成立

已知 C5＝7[1]

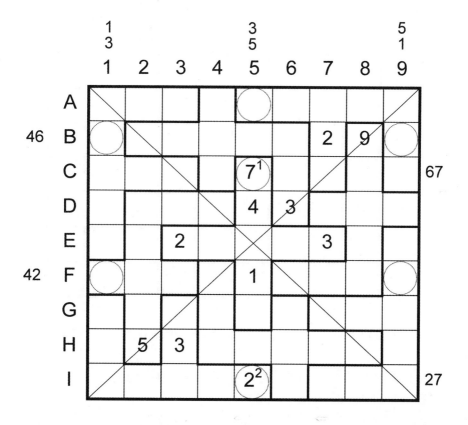

∵C5＝7[1]　⟹　I5＝2[2]　⟹　F1＝4 或 F9＝4　⟹　B1＝6 或 B9＝6

将之进行组合，可得下列四题：

$$① \begin{cases} B1=6 \\ F9=4 \end{cases} \quad ② \begin{cases} B9=6 \\ F1=4 \end{cases} \quad ③ \begin{cases} B1=6 \\ F1=4 \end{cases} \quad ④ \begin{cases} B9=6 \\ F9=4 \end{cases}$$

实际上，第③题与第④题是不成立的，否则，1列与9列上沿的1、3与1、5就无法有一数进入该列的圆圈中了。

后面我们只分析第①题和第②题。

第①题：$B1=6^1$ $F9=4^2$

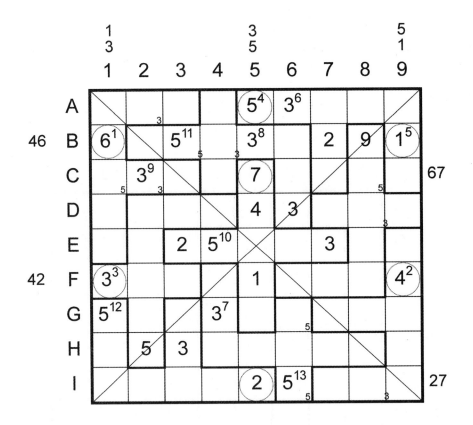

观察1列上沿有1、3，只有一个圆圈 F1，但 $F5=1 \Rightarrow F1 \neq 1 \Rightarrow F1=1^3$

5列上沿有3、5 $\Rightarrow$ 唯一的 $A5=5^4$ $\Rightarrow$ 唯一的 $B9=1^5$

∵$F1=3$ $H3=3 \Rightarrow$ 一马3

∵$F1=3$ $E7=3$ C行已被3占据 $\Rightarrow$ 六马3

∵$E7=3$ $H3=3 \Rightarrow$ G8、G9、I8、I9 皆有待定数3，又六马3 $\Rightarrow$

异骑马3 $\Rightarrow$ 8列和9列都已被六宫和九宫的3占据 $\Rightarrow$ $A6=3^6$

$\Rightarrow$ 二马3

∵H3＝3　A6＝3　F1＝3　⇒　G4＝3^7　⇒　B5＝3^8，且九马 3

∵A6＝3　一马 3　⇒　C2＝3^9　∵H2＝5　⇒　八马 5

观察 B 行。

∵H2＝5　八马 5　⇒　B 行骑马 5

∵A5＝5　八马 5　⇒　E4＝5^{10}　⇒　B3＝5^{11}

∵A5＝5　B3＝5　⇒　C 行骑马 5

∵E4＝5　B3＝5　H2＝5　⇒　G1＝5^{12}

∵G1＝5　八马 5　⇒　I6＝5^{13}

∵E4＝5　G1＝5　H2＝5　I6＝5　⇒　九宫无 5，矛盾　⇒　第①题无解

第②题：B9＝6^1　F1＝4^2

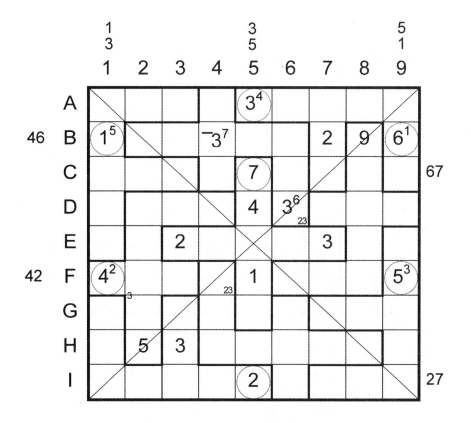

∵F9＝1 或 5，又 F5＝1　⇒　F9＝5^3　⇒　A5＝3^4　⇒　B1＝1^5

∵F9＝5　H2＝5　⇒　三宫的 5 在上横（A 行）、二宫的 5 在 B 行

观察右上对角线。

∵A9、C7、E5、G3、I1 皆不等于 2 或 3　⇒　右上对角线有骑马 2、骑

085

马 3 在 F4 与 D6 格 ⇒ D6＝3 或 2

若 D6＝3^6，又 H3＝3 ⇒ 2 列骑马 3

∵D6＝3 2 列骑马 3 H3＝3 A5＝3 ⇒ B4＝$^-3^7$ ⇒ 八宫无 3，

矛盾 ⇒ D6＝3 被否定 ⇒ D6＝2 成立

下面我们来探讨 D6＝2 的情形。

已知 D6＝2^1

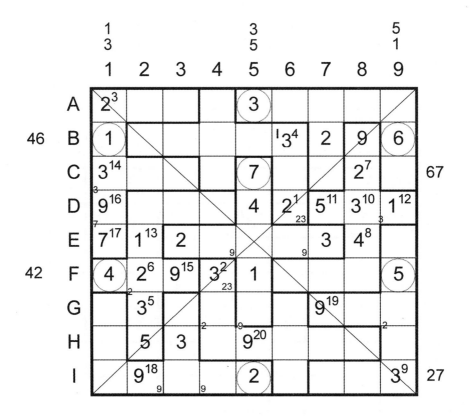

∵D6＝2^1 ⇒ F4＝3^2

∵C5＝7 ⇒ A 行右四格有待定数 7 ⇒ 1 列骑马 7

∵D6＝2 E3＝2 ⇒ 四宫骑马 2

∵B7＝2 ⇒ A 行右四格都无 2，又 D6＝2 ⇒ A4≠2，又 E3＝2

⇒ A3≠2 2 列骑马 2 ⇒ A1＝2^3

∵H3＝3 E7＝3 ⇒ 1 列骑马 3

∵F4＝3 E7＝3 ⇒ C8、D8、D9 皆有待定数 3 1 列骑马 3 ⇒

异骑马 3 ⇒ C 行、D 行皆被 3 占领 ⇒ C6≠3，又 A5＝3 ⇒

$A6 \neq 3$

$\because E7 = 3 \Rightarrow E6 \neq 3$　$\because F4 = 3 \Rightarrow F6 \neq 3$

$\because F4 = 3 \Rightarrow G6$、$H6$、$I6 \neq 3 \Rightarrow B6 = {}^{|}3^4$

观察 2 列。

$\because A5 = 3$　$B6 = 3$　$E7 = 3$　$F4 = 3$　C 行和 D 行已被 3 占据　$\Rightarrow G2 = 3^5$

　　$\Rightarrow F2 = 2^6$

寻找 4 列的 2 在何处?

$\because D6 = 2$　$E3 = 2$　$I5 = 2 \Rightarrow$　4 列骑马 2

$\because F2 = 2$　$E3 = 2$　$D6 = 2 \Rightarrow C8 = 2^7$

$\because D5 = 4$　$F1 = 4 \Rightarrow E8 = 4^8$　　$\because F4 = 3$　$E7 = 3 \Rightarrow$　D 行骑马 3

寻找左上对角线上的 3。

$\because B6 = 3$　$H3 = 3$　$F4 = 3$　$E7 = 3 \Rightarrow I9 = 3^9$

$\because I9 = 3$　D 行骑马 3　$\Rightarrow D8 = 3^{10}$

$\because F9 = 5 \Rightarrow D7 = 5^{11}$　　　　$\because F5 = 1 \Rightarrow D9 = 1^{12}$

$\because D9 = 1$　$F5 = 1 \Rightarrow E2 = 1^{13}$

$\because A1 = 2$　$E3 = 2$　$C8 = 2 \Rightarrow$　9 列骑马 2

$\because D8 = 3$　1 列骑马 3　$\Rightarrow C1 = 3^{14}$

$\because$ F 行 F6、F7、F8 三格 6、7、8 封闭　$\Rightarrow$　F 行九缺一　$\Rightarrow F3 = 9^{15}$

$\because$ D 行 D2、D3、D4 三格 6、7、8 封闭　$\Rightarrow$　D 行九缺一　$\Rightarrow D1 = 9^{16}$

　　$\Rightarrow E1 = 7^{17}$

$\because D1 = 9$　$F3 = 9 \Rightarrow$ I 行骑马 9　$\because B8 = 9 \Rightarrow$　5 列骑马 9

$\because D1 = 9 \Rightarrow D2 \neq 9$　$A2 \neq 9$　$C2 \neq 9$

$\because B8 = 9 \Rightarrow B2 \neq 9 \Rightarrow I2 = 9^{18}$

寻找左上对角线上的 9。

$\because D1 = 9 \Rightarrow D4 \neq 9$　$C3 \neq 9$

$\because B8 = 9 \Rightarrow B2 \neq 9$　$H8 \neq 9$　$E5 \neq 9$

$\because F3 = 9 \Rightarrow F6 \neq 9 \Rightarrow$　左上对角线上九缺一　$\Rightarrow G7 = 9^{19}$

$\because G7 = 9$　5 列骑马 9　$\Rightarrow H5 = 9^{20} \Rightarrow$　E 行骑马 9

下面我们重新编号解题。

	1	2	3	4	5	6	7	8	9
A	2	6^{37}	4^{36}	9^2	3	1^{23}	8^{24}	5^6	7^{18}
B	1	4^{35}	8^{43}	7^{44}	5^{14}	3	2	9	6
C	3	8^{16}	5^{12}	1^{25}	7	6^{26}	4^{15}	2	9^1
D	9	7^{38}	6^{40}	8^{39}	4	2	5	3	1
E	7	1	2	5^7	6^8	9^3	3	4	8^9
F	4	2	9	3	1	7^{33}	6^{34}	8^{32}	5
G	5^4	3	1^{17}	6^{27}	8^{13}	4^{30}	9	7^{19}	2^{45}
H	6^{11}	5	3	2^{28}	9	8^{29}	7^{31}	1^{20}	4^{46}
I	8^{10}	9	7^{42}	4^{41}	2	5^5	1^{21}	6^{22}	3

寻找 9 列的 9 在何处？

$\because$ G7＝9 E 行骑马 9 B8＝9 $\Rightarrow$ C9＝9^1

$\because$ C9＝9 D1＝9 $\Rightarrow$ A 行九缺一 $\Rightarrow$ A4＝9^2

$\because$ A4＝9 E 行骑马 9 $\Rightarrow$ E6＝9^3

$\because$ B9＝6 $\Rightarrow$ C 行骑马 6，且 A 行骑马 6

$\because$ B9＝6 $\Rightarrow$ E 行骑马 6 $\quad\quad$ $\because$ H2＝5 $\Rightarrow$ 1 列骑马 5

$\because$ H2＝5 $\Rightarrow$ I1≠5 $\Rightarrow$ G1＝5^4 $\Rightarrow$ 1 列空格写 6、8。

$\because$ G1＝5 H2＝5 $\Rightarrow$ I6＝5^5 $\because$ I6＝5 F9＝5 D7＝5 $\Rightarrow$ A8＝5^6

$\because$ H2＝5 $\Rightarrow$ E5≠5，又 F9＝5 $\Rightarrow$ E4＝5^7 $\Rightarrow$ E5＝6^8 $\Rightarrow$ E9＝8^9

$\because$ E5＝6 $\Rightarrow$ I1≠6 $\Rightarrow$ I1＝8^{10} $\Rightarrow$ H1＝6^{11}

$\because$ A8＝5 H2＝5 $\Rightarrow$ C3＝5^{12}

$\because$ 中间十字宫九缺一 $\Rightarrow$ G5＝8^{13} $\Rightarrow$ B5＝5^{14}，B 行空格写 4、7、8。

$\because$ B1＝1 $\Rightarrow$ C 行骑马 1，且⑯ $\Rightarrow$ C 行空格写 4、8。

$\because$ I1＝8 $\Rightarrow$ C7≠8 $\Rightarrow$ C7＝4^{15} $\Rightarrow$ C2＝8^{16}

$\because$ D9＝1 $\Rightarrow$ A9≠1 $\Rightarrow$ G3＝1^{17} $\Rightarrow$ A9＝7^{18}

∵I 行 I3、I4 在左下角不规则宫有骑马 4、骑马 7。

∵I 行骑马 7　A9＝7　⇒　G8＝7[19]

9 列空格写 2、4，I 行空格写 1、6，右上角不规则宫内空格写 1、8，左上角一宫空格写 4、6。

∵H1＝6　⇒　G 行骑马 6　　∵F1＝4　⇒　6 列骑马 4

观察左上对角线。

∵B1＝1　D9＝1　F5＝1　⇒　H8＝1[20]

∵H8＝1　I 行骑马 1　⇒　I7＝1[21]　⇒　I8＝6[22]

∵I7＝1　A 行骑马 1　⇒　A6＝1[23]　⇒　A7＝8[24]

∵A6＝1　C 行骑马 1　⇒　C4＝1[25]　⇒　C6＝6[26]

∵C6＝6　G 行骑马 6　⇒　G4＝6[27]　⇒　H4＝2[28]

∵A7＝8　G5＝8　⇒　H6＝8[29]　⇒　G6＝4[30]　⇒　H7＝7[31]

∵H6＝8　A7＝8　⇒　F8＝8[32]　∵H7＝7　⇒　F6＝7[33]　⇒　F7＝6[34]

∵D5＝4　⇒　D4≠4　⇒　B2＝4[35]　⇒　A3＝4[36]　⇒　A2＝6[37]　⇒
　D2＝7[38]

∵左上对角线九缺一　⇒　D4＝8[39]　⇒　D3＝6[40]

∵A3＝4　I 行骑马 4　⇒　I4＝4[41]　⇒　I3＝7[42]　⇒　B3＝8[43]　⇒
　B4＝7[44]

∵H4＝2　9 列骑马 2　⇒　G9＝2[45]　⇒　H9＝4[46]

~第 8 题完~

~第 3 轮完~

第 4 轮个人赛　木偶秀
（THE　MUPPET　SHOW）

本轮有 15 道题，每道题目中有 9 个不同的木偶，每个木偶代表一个不同的数字，所有题目中相同的木偶，代表的数字都相同。

题号	1	2	3	4	5	6	7	8	9	10	11	12	13	14	15
评分	6	6	6	6	8	8	8	10	10	10	6	6	8	10	12

注：本轮题目与前面各轮题目大同小异，为了使本书不致冗长，则选择题型新颖、评分最高者（即难度系数较高者）的第 15 题解之。

第 4 轮　第 15 题　不规则数独

在空格内填入数字 1～9，使每行、每列、每条对角线、每个不规则宫内的数字都不相同。

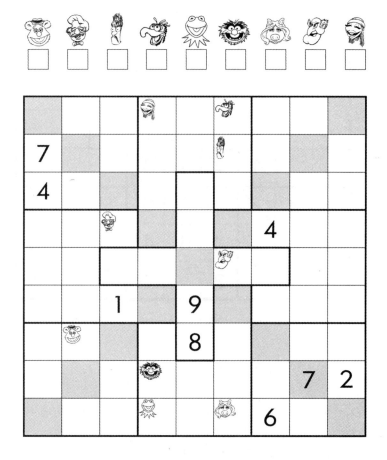

木偶									
代表数字	1	2	3	4	5	6	7	8	9

注：前面已做了 1～14 道题，作正确的情况下，上述各木偶所代表的数字就已确定了。

解:

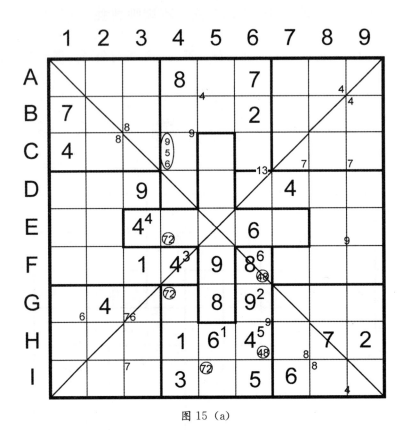

图 15（a）

∵A6=7　B6=2　H8=7　H9=2　⇒　八马7、八马2，且八宫㉗

∵F5=9　⇒　八马9　　　∵E6=6　⇒　H5=6¹

∵G2=4　⇒　八马4　　　∵G2=4　D7=4　⇒　九马4

∵G5=8　⇒　八马8，且八宫㊽　⇒　G6=9²

∵A6=7　B1=7　H8=7　⇒　三马7

∵G6=9　F5=9　D3=9　⇒　二马9

∵C1=4　G2=4　⇒　F4=4³

∵F4=4　D7=4　C1=4　⇒　三马4

∵C1=4　D7=4　F4=4　⇒　E3=4⁴

∵F4=4　C1=4　⇒　二马4，6列空格写1、3。

∵B1=7　⇒　四宫中竖有7，又 H8=7　⇒　七马7

∵F4=4　6列骑马4　⇒　H6=4⁵　⇒　F6=8⁶

∵F6＝8　G5＝8　⇒　九马8 ∵A4＝8　F6＝8　⇒　一马8

∵D3＝9　F5＝9　⇒　六马9 ∵I7＝6　H5＝6　⇒　七马6

∵A6＝7　B6＝2　⇒　4列骑马7、骑马2，且4列㉗　⇒　4列5、6、

9也封闭，6列骑马1　⇒　D6＝1与C6＝1两者有且只有一个成立，

下面逐一验证。

若 D6＝1[1]

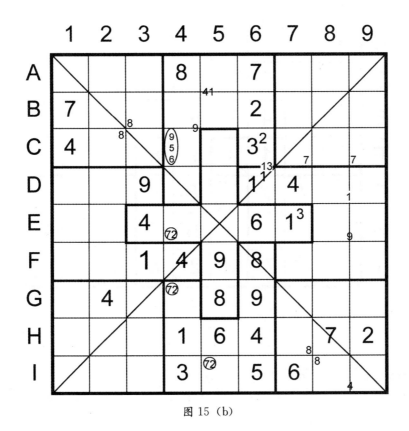

图 15 （b）

解：

∵D6＝1[1]　⇒　C6＝3[2]，二宫空格写4、1。

∵二马1　⇒　E7＝1[3]

∵E7＝1　F3＝1　⇒　六马1，此与D6＝1矛盾　⇒　D6＝1被否定。

∴D6≠1　⇒　C6＝1

已知 C6＝1^1

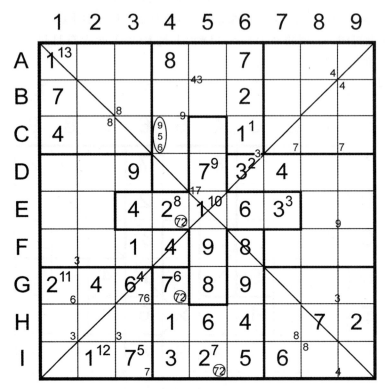

图 15（c）（上接图 15（a））

解：

∵C6＝1^1 ⇒ D6＝3^2，二宫空格写 4、3。

∵二马 3 ⇒ E7＝3^3　　　∵D6＝3　E7＝3 ⇒ 四马 3

∵C6＝1 ⇒ 五马 1　　　∵E7＝3　I4＝3 ⇒ 九马 3

∵九马 3　I4＝3　D6＝3 ⇒ 七马 3

∵七马 6 ⇒ G3＝6 或 G1＝6

若 G3＝6^4 ⇒ I3＝7^5，又八马 7 ⇒ G4＝7^6 ⇒ I5＝2^7

∵G4＝7 ⇒ E4＝2^8　　　∵三马 7 ⇒ 五马 7，且五宫⑰

∵H8＝7　五马 7 ⇒ D5＝7^9 ⇒ E5＝1^{10}

∵H9＝2　I5＝2 ⇒ G1＝2^{11}　∵E5＝1　H4＝1 ⇒ I2＝1^{12}

∵I2＝1　F3＝1 ⇒ A1＝1^{13}，此与 E5＝1 矛盾 ⇒ G3＝6 被否定。

∴G3≠6 ⇒ G1＝6

已知 G1＝6

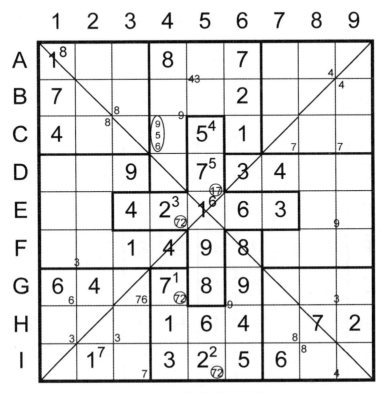

图 15（d）（上接图 15（c））

解： 本题上接图 15（c），但图 15（c）内只有 1 至 3 号答案数有效。

∵八马 7　⇒　G4＝7 或 I5＝7

假设　G4＝7^1　⇒　I5＝2^2，且 E4＝2^3

∵C6＝1　三马 7　⇒　五宫⑰　⇒　C5＝5^4

∵H8＝7　⇒　D5＝7^5　⇒　E5＝1^6

∵F3＝1　H4＝1　E5＝1　⇒　I2＝1^7

∵I2＝1　F3＝1　⇒　A1＝1^8　⇒　此与 E5＝1 矛盾　⇒　G4＝7 被否定。

∴G4≠7　⇒　I5＝7

已知 $I5=7^1$

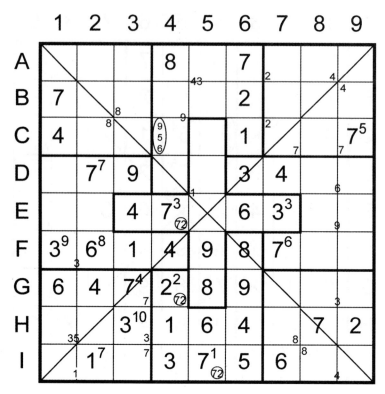

图 15（e）（上接图 15（d））

解：本题上接图 15（d），但图 15（d）所有答案数都无效弃之。

∵$I5=7^1$ ⇒ $G4=2^2$ ⇒ $E4=7^3$

∵$I5=7$ 七马 7 ⇒ $G3=7^4$ ⇒ $C7\neq7$ ⇒ $C9=7^5$

∵$C9=7$ $H8=7$ ⇒ $F7=7^6$ ∵$F7=7$ $B1=7$ $E4=7$ ⇒ $D2=7^7$

∵$G1=6$ $E6=6$ ⇒ $F2=6^8$ ⇒ $F1=3^9$

∵$F3=1$ $H4=1$ ⇒ 七马 1 ∵$F1=3$ 七马 3 ⇒ $H3=3^{10}$

∵$I6=5$ ⇒ 七马 5

∵$H9=2$ ⇒ 六宫中竖有 2，又 $B6=2$ ⇒ 三马 2

∵$E6=6$ $F2=6$ ⇒ 六马 6

十字中心宫骑马 1 ⇒ $E5=1$ 或 $D5=1$

假设 E5＝1^1

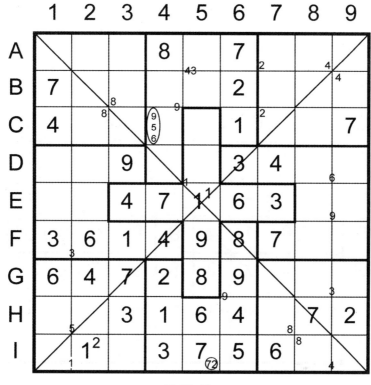

图 15（f）

解：

∵E5＝1　七马1　⇒　I2＝1^2

∵I2＝1　F3＝1　E5＝1　⇒　一宫无1　⇒　矛盾　⇒　E5＝1 被否定。

∴E5≠1　⇒　D5＝1

已知 D5＝1¹

	1	2	3	4	5	6	7	8	9
A	9²³	1²¹	■5¹²	8	3²⁷	7	2⁷	4²⁰	6²⁸
B	7	3²²	8⁹	6¹⁶	4²⁶	2	5³³	9³⁷	1³⁶
C	4	2⁸⁸	6¹⁵	9¹⁷	5⁶	1	8¹⁴	■3¹³	7
D	2¹⁰	7	9	5⁴	1¹	3	4	6²⁹	8³⁰
E	5⁴³	8⁴²	4	7	2⁵	6	3	1³⁹	9³⁸
F	3	6	1	4	9	8	7	⁻2²	5³
G	6	4	7	2	8	9	1²⁰	⁻5¹⁹	3¹⁸
H	8⁴¹	5⁴⁰	3	1	6	4	9³²	7	2
I	1³⁵	9³⁴	2¹¹	3	7	5	6	8³¹	4²⁴

图 15（g）（上接图 15（f））

解： 本题上接图 15（f），但图 15（f）内 1、2 号答案数无效，重新编号解题。

∵D5＝1 F3＝1 ⇒ 六马 1，且六宫⑲

∵F6＝8 ⇒ 六马 8，且六宫⑧⑥

∵H9＝2 ⇒ F8＝⁻2² ⇒ F9＝5³

∵G5＝8 ⇒ E5≠8 ⇒ 四马 8，又 5 列空格写 2、5。

∵六马 6 4 列(9/5/6) ⇒ 二马 6，且二宫⑥⑨ ⇒ D4＝5⁴

∵D4＝5 ⇒ E5≠5 ⇒ E5＝2⁵ ⇒ C5＝5⁶

∵E5＝2 三马 2 ⇒ A7＝2⁷

∵A7＝2 B6＝2 E5＝2 ⇒ C2＝2⁸ ⇒ B3＝8⁹

∵E5＝2 ⇒ D1＝2¹⁰，四宫空格写 5、8。

∵C2＝2 H9＝2 E5＝2 ⇒ I3＝2¹¹

∵七马5　四马5　⇒　破骑马5，又 D4＝5　⇒　A3＝■5[12]

∵A3＝5　C5＝5　F9＝5　⇒　三马5　∵H3＝3　F1＝3　⇒　一马3

∵一马3　二马3　⇒　破骑马3，又 E7＝3　⇒　C8＝■3[13]

∵B3＝8　⇒　C3≠8　⇒　C7＝8[14]　⇒　C3＝6[15]

∵C3＝6　二马6　⇒　B4＝6[16]　⇒　C4＝9[17]　∵C7＝8　⇒　七马8

∵C8＝3　九马3　⇒　G9＝3[18]

∵D4＝5　⇒　G7≠5　⇒　G8＝‾5[19]　⇒　G7＝1[20]　⇒　A2＝1[21]　⇒

B2＝3[22]　⇒　A1＝9[23]　⇒　七马9、九马9，且九宫⑧⑨　⇒　I9＝4[24]

∵I9＝4　三马4　⇒　A8＝4[25]

∵A8＝4　二马4　⇒　B5＝4[26]　⇒　A5＝3[27]　⇒　A9＝6[28]

∵A9＝6　六马6　⇒　D8＝6[29]　⇒　D9＝8[30]

∵C7＝8　九马8　⇒　I8＝8[31]　⇒　H7＝9[32]　⇒　B7＝5[33]

∵H7＝9　七马9　⇒　I2＝9[34]　⇒　I1＝1[35]　⇒　B9＝1[36]　⇒　B8＝9[37]

∵B8＝9　六马9　⇒　E9＝9[38]　⇒　E8＝1[39]

∵右上对角线九缺一　⇒　H2＝5[40]　⇒　H1＝8[41]

∵H1＝8　四马8　⇒　E2＝8[42]　⇒　E1＝5[43]

～第 4 轮完～

第5轮个人赛　教授巴尔萨泽
（PROFESSOR　BALTHAZAR）

题号	1	2	3	4	5	6	7	8	9	10	11	12	13	14
评分	5	6	14	9	7	7	8	15	10	5	12	9	7	6

第5轮　第1题　汉尼拔的和

在空格内填入数字 1～9，使得每行、每列和每宫内的数字不重复。方框里的小数字表示相邻的两个数字的和。

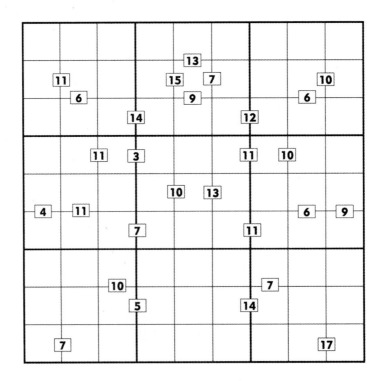

解：

∵9＋8＝17　⇒　九马 9、九马 8　∵B5 格为 4 个加式，有公共格，又

∵7＝1＋6　2＋5　3＋4、9＝1＋8　2＋7　3＋6　4＋5、13＝4＋9

5＋8　6＋7、15＝6＋9　7＋8，其公共加数为 6　⇒　B5＝6^1、

B6＝1^2、C5＝3^3、A5＝7^4、B4＝9^5

一宫和为 11，加数除去 6、9，又和数为 6，6＝1＋5　2＋4，找其公共加

数　⇒　唯一的 B2＝4^6　⇒　B1＝7^7　⇒　C2＝2^8　∵D 行有和数 3

⇒　唯一的 3＝1＋2

∵1 列有和数 4　⇒　唯一的 4＝1＋3

∵B 行已有 1、4、6、7、9　⇒　唯一的 10＝2＋8

∵和为 6，加数有 2 者　⇒　唯一的 6＝2＋4　⇒　B8＝2^9、B9＝8^{10}、

C8＝4^{11}

∵C 行有和数 12，其加数不含 3、4 者　⇒　唯一的 12＝7＋5　⇒　C 行

骑马 5、骑马 7

∵C 行有和数 14，其加数不含 5 者　⇒　唯一的 14＝6＋8　⇒　C 行骑

马 6、骑马 8

∵四马 1　⇒　D4＝1^{12}　⇒　D3＝2^{13}

∵四马 1　⇒　C9＝1^{14}　⇒　C1＝9^{15}　，B 行空格写 3、5。

∵A5＝7　⇒　C6≠7　⇒　C7＝7^{16}　⇒　C6＝5^{17}

∵B5＝6　⇒　C4≠6　⇒　C3＝6^{18}　⇒　C4＝8^{19}

∵D3＝2　和数为 11，其加数含 2 者　⇒　唯一的 11＝2＋9　⇒　D2＝9^{20}

∵六宫有和数 6，上面已有 2、4　⇒　唯一的 6＝1＋5　⇒　六马 1、六马 5

∵四宫有和数 11，四宫已有 3、9，又 B2＝4　⇒　唯一的 11＝5＋6　⇒

四马 5、四马 6

∵四马 1　六马 1　四马 5　六马 5　⇒　唯一的 F 行 7＝3＋4，又四宫有

3　⇒　F4＝3^{21}、F3＝4^{22}

	1	2	3	4	5	6	7	8	9
A					7^4				
B	7^7	4^6		9^5	6^1	1^2		2^9	8^{10}
C	9^{15}	2^8	6^{18}	8^{19}	3^3	5^{17}	7^{16}	4^{11}	1^{14}
D	8^{30}	9^{20}	2^{13}	1^{12}		[11]	[10]		
E	3^{23}	5^{27}	7^{29}	[10]	[13]			1^{25}	
F	1^{24}	6^{28}	4^{22}	3^{21}				5^{26}	
G			[10]				[7]		
H			[5]			[14]			
I	[7]								

∵F 行有和数 11，加数不含 3 或 4，又四马 5、六马 5 ⇒ 加数不含 5

⇒ 唯一的 11＝2＋9 ⇒ F 行骑马 2、骑马 9

∵F4＝3 四马 3 ⇒ E1＝3^{23} ⇒ F1＝1^{24}

∵F1＝1 六马 1 ⇒ E8＝1^{25} ⇒ F8＝5^{26}

∵F8＝5 四马 5 ⇒ E2＝5^{27} ⇒ F2＝6^{28}

∵B1＝7 ⇒ E3＝7^{29} ⇒ D1＝8^{30}

观察五宫。

和数为 10，其加数不含 1、3、5、7 ⇒ 10＝2＋8 4＋6

和数为 13，其加数不含 1、3、5、7 ⇒ 唯一的 13＝4＋9

两者公共加数为 4 ⇒ E5＝4^{31} ⇒ E6＝9^{32}，且 E4＝6^{33}

观察 D 行。

和数为 11，其加数不含 1、2、8、9 ⇒ 11＝4＋7 5＋6

和数为 10，其加数不含 1、2、8、9、5 ⇒ 10＝3＋7 4＋6

11 及 10 的四个加式有公共加数为 7、6、4

∵C7＝7 ⇒ 公共加数 7 被否定

∵C8＝4 ⇒ 公共加数 6 被否定 ⇒ 公共加数为 4 ⇒ 唯一的

$10=4+6$　$11=4+7$　$\Rightarrow$　$D7=4^{34}$　$\Rightarrow$　$D8=6^{35}$，且 $D6=7^{36}$

$\because C5=3$　$\Rightarrow$　$D9=-3^{37}$　$\Rightarrow$　$D5=5^{38}$

$\because E6=9$　$\Rightarrow$　$F7=9^{39}$　$\Rightarrow$　$F6=2^{40}$

$\because B9=8$　$\Rightarrow$　$E7=-8^{41}$　$\Rightarrow$　$E9=2^{42}$

$\because B9=8$　$\Rightarrow$　$F5=-8^{43}$　$\Rightarrow$　$F9=7^{44}$

观察七宫。和数为 10，其加数不含 2、4、6、7　$\Rightarrow$　唯一的 $10=1+9$，又 $5=1+4$　$2+3$　$\Rightarrow$　唯一的公共加数为 1　$\Rightarrow$　$H3=1^{45}$　$\Rightarrow$　$G3=9^{46}$，且 $H4=4^{47}$

七宫内，和数为 7　$\Rightarrow$　$7=1+6$　$2+5$　$3+4$

$\because H3=1$　$C2=2$　$E2=5$　$\Rightarrow$　唯一的 $7=3+4$

$\because E1=3$　$\Rightarrow$　$I1=4^{48}$、$I2=3^{49}$

观察九宫和八宫。

$\because 14=5+9$　$6+8$，又 $7=1+6$　$2+5$　$3+4$　$\Rightarrow$　公共加数有 5、6

$\because E6=9$　$F7=9$　$\Rightarrow$　公共加数 5 被否定　$\Rightarrow$　唯一的公共加数为 6

$\Rightarrow$　$H7=6^{50}$　$\Rightarrow$　$H6=8^{51}$，且 $G7=1^{52}$

$\because B9=8$　九马 8　$\Rightarrow$　$I8=8^{53}$　$\Rightarrow$　$I9=9^{54}$

	1	2	3	4	5	6	7	8	9
A	5^{66}	1^{69}	8^{70}	2^{63}	7	4^{64}	3^{76}	9^{78}	6^{79}
B	7	4	3^{68}_{35}	9	6	1	5^{67}_{35}	2	8
C	9	2	6	8	3	5	7	4	1
D	8	9	2	1	5^{38}	7^{36}	4^{34}	6^{35}	-3^{37}
E	3	5	7	6^{33}	4^{31}	9^{32}	-8^{41}	1	2^{42}
F	1	6	4	3	-8^{43}	$2^{40}\frac{2}{9}$	9^{39}	5	7^{44}
G	6^{60}	8^{56}	9^{46}	5^{72}_{57}	2^{62}	3^{58}	1^{52}	7^{77}	4^{57}
H	2^{65}	7^{74}	1^{45}	4^{47}	9^{61}	8^{51}	6^{50}	3^{81}	5^{80}
I	4^{48}	3^{49}	5^{71}	7^{73}_{57}	1^{55}	6^{59}	2^{75}	$8^{53}\frac{8}{9}$	9^{54}

$\because G7=1$　$H3=1$　$D4=1$　$B6=1$　$\Rightarrow$　$I5=1^{55}$

∵I8＝8 H6＝8 D1＝8 ⇒ G2＝8[56]

∵I1＝4 H4＝4 C8＝4 ⇒ G9＝4[57]

∵I2＝3 F4＝3 C5＝3 ⇒ G6＝3[58]

∵B5＝6 E4＝6 ⇒ I6＝6[59]　　∵I6＝6 H7＝6 ⇒ G1＝6[60]

∵G3＝9 I9＝9 ⇒ H5＝9[61]

∵A5＝7 D5＝5 ⇒ 八马5、八马7，且八宫㊶ ⇒ G5＝2[62]

∵4列九缺一 ⇒ A4＝2[63] ⇒ A6＝4[64]

∵C2＝2 D3＝2 ⇒ H1＝2[65] ⇒ A1＝5[66] ⇒ B7＝5[67] ⇒ B3＝3[68]

∵H3＝1 ⇒ A2＝1[69] ⇒ A3＝8[70] ⇒ I3＝5[71] ⇒ G4＝5[72] ⇒
I4＝7[73]

∵七宫九缺一 ⇒ H2＝7[74] ∵I行九缺一 ⇒ I7＝2[75] ⇒ A7＝3[76]

∵G行九缺一 ⇒ G8＝7[77] ∵I9＝9 ⇒ A8＝9[78] ⇒ A9＝6[79]

∵9列九缺一 ⇒ H9＝5[80] ⇒ H8＝3[81]

～第1题完～

第5轮　第2题　霍雷肖的积

在空格内填入数字1～9，使得每行、每列和每宫内数字都不重复。每个方框里的小数表示斜线方向两侧两个数字的积。

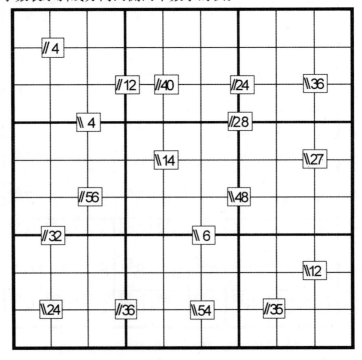

解：

上述规则中所言"两侧两个数字"是指平行线两头所指的两格内的数字。例如，一宫的 4，是指右上格和左下格内的数字，即 A2 格和 B1 格内数字的积为 4。

∵一宫有　$\boxed{/\!/4}$　⟹　一马 1　一马 4

又　∵一宫和四宫间有　$\boxed{\backslash\!\backslash4}$　一宫已有 1.4　⟹　$C2=2^1$　$D3=2^2$

∵九宫有　$\boxed{/\!/35}$　⟹　九马 5　九马 7

∵八宫有　$\boxed{\backslash\!\backslash54}$　⟹　八马 6　八马 9

∵四宫有　$\boxed{/\!/56}$　⟹　四马 7　四马 8，又

∵四宫和七宫间有　$\boxed{/\!/32}$　$=4\times8=32$　⟹　公共数为 8　⟹　$F2=8^3$

　　⟹　$E3=7^4$　$G1=4^5$

∵七宫已有 4　七宫　$\boxed{\backslash\!\backslash24}$　⟹　$3\times8=24$

∵F2=8　⟹　$H1=8^6$　$I2=3^7$

∵G1=4　一马　4　⟹　$A2=4^8$　⟹　$B1=1^9$

∵二宫有　$\boxed{/\!/40}$　⟹　二马 8　二马 5

∵三宫有　$\boxed{\backslash\!\backslash36}$　⟹　唯一的三马 4　三马 9

∵六宫有　$\boxed{\backslash\!\backslash27}$　⟹　唯一的六马 3　六马 9

∵七宫和八宫间有　$\boxed{/\!/36}$，又

∵八宫已有 6　⟹　唯一的 H4、I3 有骑马 4、骑马 9

∵五宫有　$\boxed{\backslash\!\backslash14}$　E3=7　⟹　唯一的 $D4=7^{10}$　⟹　$E5=2^{11}$

∵五宫和六宫间有　$\boxed{\backslash\!\backslash48}$　⟹　唯一的 $6\times8=48$

∵F2=8　⟹　$F7=6^{12}$　$E6=8^{13}$

∵二宫、三宫、五宫、六宫四个宫交界处有　$\boxed{\backslash\!\backslash28}$　⟹　唯一的 $7\times4=28$

∵D4=7　⟹　$C7=7^{14}$　$D6=4^{15}$

∵二宫、三宫间有　$\boxed{/\!/24}$　⟹　6×4　3×8

∵F7=6　三马 4　⟹　6×4 被否定，又 E6=8　⟹　$B7=8^{16}$　⟹　$C6=3^{17}$

∵一宫、二宫间有　$\boxed{/\!/12}$　⟹　4×3　2×6

∵C6=3　⟹　B4≠3　C3≠3　⟹　4×3 被否定　⟹　唯一的 2×6

∵C2＝2 ⇒ B4＝2^{18} ⇒ C3＝6^{19}

∵五宫、八宫间有 │ ＼6 │ ⇒ 1×6 2×3

∵F7＝6 八马 6 ⇒ 1×6 被否定 ⇒ 唯一的 6＝2×3

∵E5＝2 ⇒ G6＝2^{20} ⇒ F5＝3^{21}

∵六马9 三马9 ⇒ 8列、9列已有9

∵八马9 H4与I3有骑马9 ⇒ H行、I行也已有9 ⇒
两对异骑马9 ⇒ G7＝■9^{22}

	1	2	3	4	5	6	7	8	9
A		4^8 $_{14}$ $_3$					2^{41}	3^{43}	⑮
B	1^9 $_{14}$			2^{18}	5^{28} $_{58}$		8^{16}	4^{34} $_{49}$	6^{44}
C		2^1	6^{19}	8^{27} $_{58}$	4^{33}	3^{17}	7^{14} ⑮		9^{35} $_{49}$
D	3^{42} $_3$		2^2	7^{10}		4^{15}		9^{36} $_{39}$	
E			7^4 $_{78}$		2^{11}	8^{13}			3^{37} $_{39}$
F		8^3 $_{78}$			3^{21}		6^{12}	2^{40} $_2$	
G	4^5		3^{32}			2^{20}	■9^{22} $_6$	6^{45}	
H	8^6			4^{24} $_{49}$	9^{26} $_{69}$		3^{38} ㉓	7^{30} $_{75}$	2^{39} ㉓
I	2^{31}	3^7	9^{23} $_{49}$			6^{25} $_{69}$	5^{29} $_{75}$		

∵G1＝4 ⇒ I3≠4 ⇒ I3＝9^{23} ⇒ H4＝4^{24} ⇒ I6＝6^{25} ⇒
H5＝9^{26}

∵B7＝8 二马8 ⇒ C4＝8^{27} ⇒ B5＝5^{28}

∵C7＝7 九马7 ⇒ I7＝5^{29} ⇒ H8＝7^{30}

∵C2＝2 D3＝2 ⇒ I1＝2^{31} ∵I1＝2 G6＝2 ⇒ 九马2

∵D3＝2 E5＝2 ⇒ 六马2 ∵C6＝3 F5＝3 I2＝3 ⇒ G4＝3^{32}

∵I2＝3 F5＝3 ⇒ 四马3，又I2＝3 ⇒ 一马3

∵G4＝3 I2＝3 ⇒ 九马3，且九宫㉓

∵I6=6 ⇒ 九马6　　　　∵A2=4　D6=4 ⇒ C5=4³³

∵C5=4　三马4 ⇒ B8=4³⁴ ⇒ C9=9³⁵

∵C9=9　六马9 ⇒ D8=9³⁶ ⇒ E9=3³⁷

∵E9=3　九马3 ⇒ H7=3³⁸ ⇒ H9=2³⁹

∵H9=2　六马2 ⇒ F8=2⁴⁰ ⇒ A7=2⁴¹

∵E9=3　四马3 ⇒ D1=3⁴²　∵E9=3　C6=3 ⇒ A8=3⁴³

∵B1=1　B5=5 ⇒ 三马1、三马5，且三宫⑮ ⇒ B9=6⁴⁴

∵B9=6　九马6 ⇒ G8=6⁴⁵

	1	2	3	4	5	6	7	8	9
A	7⁸	4	8²	6¹⁴	1³³	9³²	2	3	5²¹ ₁₅
B	1	9²⁸	3¹	2	5	7⁹	8	4	6
C	5²⁷	2	6	8	4	3	7	1²² ₁₅	9
D	3	5²⁶	2	7	6¹³	4	1²⁵	9	8³
E	6¹²	1²⁹	7	9³⁵	2	8	4²⁴	5²³	3
F	9²⁰	8	4³¹	5²⁶	3	1³⁴	6	2	7¹⁰
G	4	7⁷	5¹⁹	3	8⁵	2	9	6	1¹⁷
H	8	6¹¹	1¹⁸	4	9	5¹⁵	3	7	2
I	2	3	9	1¹⁶	7⁶	6	5	8⁴	4²⁰

∵A8=3　一马3 ⇒ B3=3¹　∵H1=8　F2=8 ⇒ A3=8²

∵F2=8　E6=8　B7=8 ⇒ D9=8³　∵D9=8 ⇒ I8=8⁴

∵I8=8　H1=8 ⇒ G5=8⁵　∵H8=7　D4=7 ⇒ I5=7⁶

∵H8=7　E3=7 ⇒ G2=7⁷

∵G2=7　C7=7 ⇒ A1=7⁸ ⇒ B6=7⁹

∵C7=7　H8=7 ⇒ F9=7¹⁰　∵C3=6 ⇒ H2=6¹¹

∵H2=6　F7=6 ⇒ E1=6¹² ⇒ D5=6¹³

∵D5＝6 I6＝6 ⇒ A4＝6[14]

∵I7＝5 ⇒ H6＝5[15] ⇒ I4＝1[16] ⇒ G9＝1[17] ⇒ H3＝1[18] ⇒
G3＝5[19]

∵九宫九缺一 ⇒ I9＝4[20] ⇒ A9＝5[21] ⇒ C8＝1[22] ⇒ E8＝5[23]

∵D6＝4 ⇒ E7＝4[24] ⇒ D7＝1[25] ⇒ D2＝5[26] ⇒ C1＝5[27] ⇒
B2＝9[28] ⇒ E2＝1[29]

∵1列九缺一 ⇒ F1＝9[30] ⇒ F3＝4[31]

∵H5＝9 ⇒ A6＝9[32] ⇒ A5＝1[33] ⇒ F6＝1[34]

∵E行九缺一 ⇒ E4＝9[35] ⇒ F4＝5[36]

～第 2 题完～

第 5 轮　第 3 题　法比安的 XV

在空格内填入数字 1～9，使得每行、每列和每宫内数字都不重复。如果相邻两个数和为 5，它们之间必须标 V；如果相邻两个数和为 10，它们之间必须标 X。之间没有标 V 和 X 的两个数，和一定不能为 5 或 10。

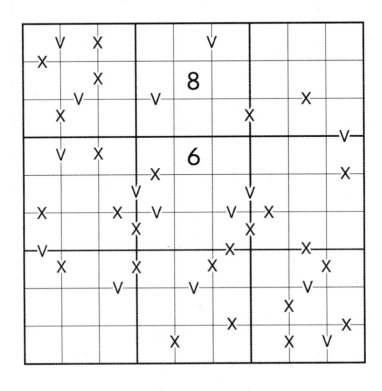

解：

同一宫内，若有两个 V，则必然为 1V4、2V3，下面按五宫内的两个 V 字分类，再按 1 与 2 的上下位置分类，可得下面八组形式：

$$
五宫
\begin{cases}
1V4\ 在左竖（4 列）
\begin{cases}
1\ 在上位（E4）
\begin{cases}
2\ 在上位（E6）\cdots\cdots（1）\\
2\ 在下位（F6）\cdots\cdots（2）
\end{cases}\\
1\ 在下位（F4）
\begin{cases}
2\ 在上位（E6）\cdots\cdots（3）\\
2\ 在下位（F6）\cdots\cdots（4）
\end{cases}
\end{cases}\\
1V4\ 在右竖（6 列）
\begin{cases}
1\ 在上位（E6）
\begin{cases}
2\ 在上位（E4）\cdots\cdots（5）\\
2\ 在下位（F4）\cdots\cdots（6）
\end{cases}\\
1\ 在上位（E6）
\begin{cases}
2\ 在上位（E4）\cdots\cdots（7）\\
2\ 在下位（F4）\cdots\cdots（8）
\end{cases}
\end{cases}
\end{cases}
$$

从而本题衍生出 8 道题，我们依次将之命名为第（1）题，第（2）题，…，第（8）题，逐一解之。

第（1）题　1V4 在 4 列　E4＝1^1　E6＝2^2

解：

$\because$ E4＝1 $\Rightarrow$ D4＝9^3 $\Rightarrow$ F4＝4^4 $\Rightarrow$ F3＝6^5 $\Rightarrow$ E3＝4^6

∵E6＝2 ⇒ E7＝3^7 ⇒ F7＝7^8 ⇒ F6＝3^9 ⇒ G6＝7^{10} ⇒ G5＝3^{11}

∵E4＝1 ⇒ 二马2 二马3 ∵B5＝8 ⇒ C4＝2^{12} ⇒ B4＝3^{13}

∵4列有1、2、3、4、9 G行有7 F4＝4 G4≠5、6 ⇒ G4＝8，即 网独 G4＝▲8^{14}

∵G6＝7 ⇒ H4、I4 ≠7 ⇒ A4＝$|7^{15}$，此与B4＝3矛盾。

∴第（1）题无解。

第（2）题 1V4 在 4 列 E4＝1^1 F6＝2^2

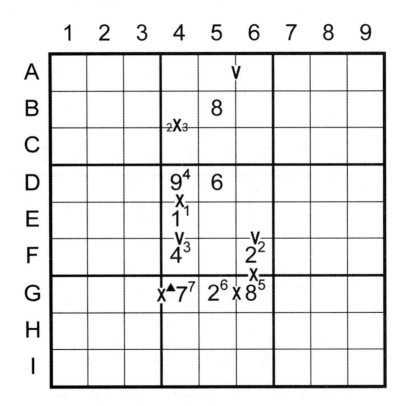

解：

∵E4＝1 ⇒ F4＝4^3 ⇒ D4＝9^4 ⇒ 二马2 二马3

∵F6＝2 ⇒ G6＝8^5 ⇒ G5＝2^6

∵4列有1、2、3、4、9 G行有8 G4≠5、6 ⇒ 网独 G4＝▲7^7

∵B5＝8 G6＝8 ⇒ 4列无8，矛盾。

∴第（2）题无解。

第 (3)、(4) 题　1V4 在 4 列　$F4=1^1$　$E6=2^2$ 或 $F6=2^2$

解:

　　∵$F4=1^1$　⇒　$E4=4^3$　⇒　$D4=6^4$，此与　$D5=6$ 矛盾。

　　∴第（3）、（4）题无解。

第 (5) 题 1V4 在 6 列 E6＝1^1 E4＝2^2

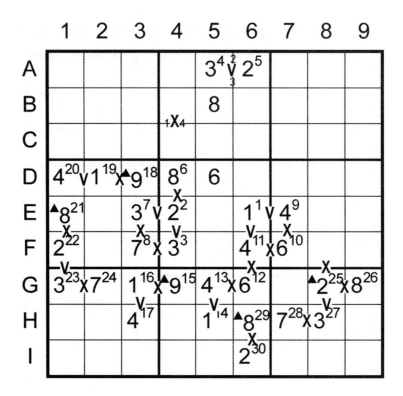

解：

∵E4＝2 ⇒ F4＝3^3 ⇒ 二马1、二马4 ⇒ 二马2、二马3

∵B5＝8 ⇒ A5≠2 ⇒ A5＝4^4 ⇒ A6＝2^5

∵E4＝2 ⇒ D4＝8^6 ⇒ E3＝3^7 ⇒ F3＝7^8

∵E6＝1 ⇒ E7＝4^9 ⇒ F7＝6^{10} ⇒ F6＝4^{11} ⇒ G6＝6^{12} ⇒
　　　G5＝4^{13} ⇒ H5＝1^{14}

∵4 列有 1、2、3、4、8 G 行有 6 F4＝3 ⇒ G4≠5、7 ⇒
　　　网独 G4＝▲9^{15} ⇒ G3＝1^{16} ⇒ H3＝4^{17}

∵3 列有 1、3、4、7 D 行有 6、8 ⇒ D3≠2、5 ⇒ 网独 D3＝▲9^{18}
　　　⇒ D2＝1^{19} ⇒ D1＝4^{20}

∵E 行有 1、2、3、4 四宫有 7、9 E1≠5

∵D1＝4 ⇒ E1≠6 ⇒ 网独 E1＝▲8^{21} ⇒ F1＝2^{22} ⇒ G1＝3^{23}
　　　⇒ G2＝7^{24}

∵G 行有 1、3、4、6、7、9 G8≠5

∵F1＝2　⇒　F8≠2　⇒　G8≠8　⇒　网独 G8＝▲2[25]　⇒　G9＝8[26]

　　⇒　H8＝3[27]　⇒　H7＝7[28]

∵八宫有 1、4、6、9　H 行有 3、7　6 列有 2　H6≠5　⇒

　　网独 H6＝▲8[29]　⇒　I6＝2[30]，此与 A6＝2 矛盾。

∴第（5）题无解。

第（6）题　1∨4 在 6 列　E6＝1[1]　F4＝2[2]

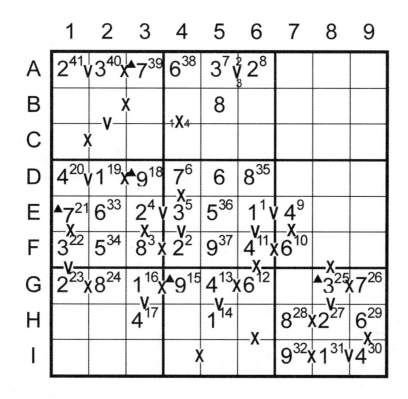

解：

∵F4＝2　⇒　F3＝8[3]　⇒　E3＝2[4]　⇒　E4＝3[5]　⇒　D4＝7[6]　⇒

　　二马 1　二马 4　⇒　二马 2　二马 3

∵B5＝8　⇒　A5≠2　⇒　A5＝3[7]　⇒　A6＝2[8]

∵E6＝1　⇒　E7＝4[9]　⇒　F7＝6[10]　⇒　F6＝4[11]　⇒　G6＝6[12]　⇒

　　G5＝4[13]　⇒　H5＝1[14]

∵4 列有 1、2、3、4、7　G 行有 6

∵F4＝2　⇒　G4≠5、8　⇒　网独 G4＝▲9[15]　⇒　G3＝1[16]　⇒

　　H3＝4[17]　⇒　网独 D3＝▲9[18]　⇒　D2＝1[19]　⇒　D1＝4[20]　⇒

网独 $E1=▲7^{21}$ ⇒ $F1=3^{22}$ ⇒ $G1=2^{23}$ ⇒ $G2=8^{24}$

∵$F1=3$ ⇒ $F8≠3$ ⇒ $G8≠7$ ⇒ 网独 $G8=▲3^{25}$ ⇒ $G9=7^{26}$

∵$G8=3$ ⇒ $H8=2^{27}$ ⇒ $H7=8^{28}$

∵H9 为二元格，其待定数为 6、9。

若 $H9=9$（图略）⇒ $I9=1$ ⇒ $I8=4$ ⇒ $I7=6$ 与 $F7=6$ 矛盾 ⇒ $H9≠9$ ⇒ $H9=6^{29}$（如上图）⇒ $I9=4^{30}$ ⇒ $I8=1^{31}$ ⇒ $I7=9^{32}$

∵$F7=6$ ⇒ $E2=6^{33}$ ⇒ $F2=5^{34}$ ∵$B5=8$ ⇒ $D6=8^{35}$

∵$F2=5$ ⇒ $E5=5^{36}$ ⇒ $F5=9^{37}$ ∵$D5=6$ $G6=6$ ⇒ $A4=6^{38}$

∵3 列有 1、2、4、8、9 A 行有 3、6 $A3≠5$ ⇒ 网独 $A3=▲7^{39}$ ⇒ $A2=3^{40}$ ⇒ $A1=2^{41}$，此与 $G1=2$ 矛盾。

∴第（6）题无解。

第（7）题 1V4 在 6 列 $F6=1^{1}$ $E4=2^{2}$

	1	2	3	4	5	6	7	8	9
A					3^{11} V 2^{10}				
B					8				
C				₁X₄					
D	4^{20} V 1^{19} ▲X 9^{18}			8^{12}	6				
E	▲8^{21} X		3^{13} V 2^{2}			4^{3} V 1^{4} X			
F	2^{22}		7^{14} X 3^{9}			1^{1} X 9^{5}			
G	3^{23} X 7^{24}		4^{16} X ▲6^{15}		1^{7} X 9^{6}			▲2^{25} X	
H			1^{17}		4^{8}	▲8^{28}	7^{27} X 3^{26}		
I						2^{29}			

解：

∵$F6=1$ ⇒ $E6=4^{3}$ ⇒ $E7=1^{4}$ ⇒ $F7=9^{5}$ ⇒ $G6=9^{6}$ ⇒

$G5=1^{7}$ ⇒ $H5=4^{8}$

∵E4＝2　⇒　F4＝3[9]　⇒　二马1　二马4　⇒　二马2　二马3

∵B5＝8　⇒　A5≠2　⇒　A6＝2[10]　⇒　A5＝3[11]

∵E4＝2　⇒　D4＝8[12]　⇒　E3＝3[13]　⇒　F3＝7[14]

∵4列有1、2、3、4、8　G6＝9　⇒　G4≠5、7　⇒　网独G4＝▲6[15]
　　⇒　G3＝4[16]　⇒　H3＝1[17]

∵D4＝8　⇒　D3≠2、5　⇒　网独D3＝▲9[18]　⇒　D2＝1[19]　⇒　D1＝4[20]

注意到E1≠6　⇒　网独E1＝▲8[21]　⇒　F1＝2[22]　⇒　G1＝3[23]　⇒
G2＝7[24]

注意到F1＝2　⇒　F8≠2　⇒　G8≠8　⇒　网独G8＝▲2[25]　⇒
H8＝3[26]　⇒　H7＝7[27]

∵H行有1、3、4、7　6列有2、9　H6≠5　八宫有6　⇒
　　网独H6＝▲8[28]　⇒　I6＝2[29]，此与A6＝2矛盾。

∴第（7）题无解。

第（8）题　1V4 在 6 列　F6＝1[1]　F4＝2[2]

解：

∵F6＝1　⇒　E6＝4[3]　⇒　E7＝1[4]　⇒　F7＝9[5]　⇒　G6＝9[6]　⇒

$G5=1^7 \Rightarrow H5=4^8$

$\because F4=2 \Rightarrow F3=8^9 \Rightarrow E3=2^{10} \Rightarrow E4=3^{11} \Rightarrow D4=7^{12} \Rightarrow$ 二马1 二马4 $\Rightarrow$ 二马2 二马3

$\because B5=8 \Rightarrow A6=2^{13} \Rightarrow A5=3^{14}$

注意到 $G4\neq5、8 \Rightarrow$ 网独 $G4=\blacktriangle 6^{15} \Rightarrow G3=4^{16} \Rightarrow H3=1^{17}$

注意到 $D3\neq3、5 \Rightarrow$ 网独 $D3=\blacktriangle 9^{18} \Rightarrow D2=1^{19} \Rightarrow D1=4^{20}$

注意到 $E1=5、6 \Rightarrow$ 网独 $E1=\blacktriangle 7^{21} \Rightarrow F1=3^{22} \Rightarrow G1=2^{23}$

$\Rightarrow G2=8^{24}$

$\because B5=8 \Rightarrow D6=8^{25}$

$\because F7=9 \Rightarrow E5=9^{26} \Rightarrow F5=5^{27} \Rightarrow E2=5^{28} \Rightarrow F2=6^{29}$

$\because F1=3 \Rightarrow F8\neq3 \Rightarrow G8\neq5、7 \Rightarrow$ 网独 $G8=\blacktriangle 3^{30} \Rightarrow G9=7^{31}$

$\Rightarrow H8=2^{32} \Rightarrow H7=8^{33}$

$\because$ G 行九缺一 $\Rightarrow G7=5^{34}$

$\because G7=5$ $E2=5$ $F5=5$ $D9\neq5 \Rightarrow D8=5^{35}$

$\because G8=3 \Rightarrow F8=7^{36} \Rightarrow F9=4^{37}$，D行空格写2、3，E行空格写6、8。

$\because D1=4 \Rightarrow E9\neq6 \Rightarrow E9=8^{38} \Rightarrow D9=2^{39} \Rightarrow D7=3^{40} \Rightarrow E8=6^{41}$

$\because D9=2 \Rightarrow C9=3^{42}$

$\because$ 9 列余1、5、6、9 $\Rightarrow$ 只有1 X 9 $\Rightarrow$ 1 X 9 应在九宫，又 $H3=1 \Rightarrow I9=1^{43} \Rightarrow H9=9^{44} \Rightarrow$ 三马5 三马6

$\because I9=1 \Rightarrow I8=4^{45} \Rightarrow I7=6^{46}$

$\because A6=2$ $F4=2 \Rightarrow I5=2^{47} \Rightarrow I4=8^{48}$

$\because H6\neq5$ $I6\neq5 \Rightarrow H4=5^{49} \Rightarrow$ 八宫余3、7 $\Rightarrow$ 八马3 八马7 一宫中与 X 无关者，只有 C3 $\Rightarrow C3=5^{50}$

$\because C3=5$ $H4=5 \Rightarrow B6=5^{51}$

$\because B6=5$ 三马5 $\Rightarrow A9=5^{52} \Rightarrow B9=6^{53}$

	1	2	3	4	5	6	7	8	9
A	1^8	4^7	6^6	9^{17}	3	2	7^{14}	8^{18}	5
B	9^9	3^{12}	7^{13}	4^{15}	8	5	2^{19}	1^{20}	6
C	8^{10}	2^{11}	5	1^{16}	7^3	6^1	4^2	9^{21}	3
D	4	1	9	7	6	8	3	5	2
E	7	5	2	3	9	1	1	6	8
F	3	6	8	2	9	4	9	7	4
G	2	8	4	6	1	9	5	3	7
H	6^5	7^{26}	1	5	4	3^{23}	8	2	9
I	5^4	9^{25}	3^{22}	8	2	7^{24}	6	4	1

∵6 列九缺一 ⇒ C6＝6^1 ⇒ C7＝4^2 ∵5 列九缺一 ⇒ C5＝7^3

∵C3＝5 E2＝5 H4＝5 ⇒ I1＝5^4 ∵F2＝6 I7＝6 ⇒ H1＝6^5

∵H1＝6 F2＝6 B9＝6 ⇒ A3＝6^6 ⇒ A2＝4^7 ⇒ A1＝1^8 ⇒
B1＝9^9

∵1 列九缺一 ⇒ C1＝8^{10}

∵C1＝8 ⇒ C2＝2^{11} ⇒ B2＝3^{12} ⇒ B3＝7^{13}

∵B3＝7 C5＝7 F8＝7 ⇒ A7＝7^{14}

∵C7＝4 二马 4 ⇒ B4＝4^{15} ⇒ C4＝1^{16} ⇒ A4＝9^{17} ⇒ A8＝8^{18}

∵7 列九缺一 ⇒ B7＝2^{19} ⇒ B8＝1^{20} ⇒ C8＝9^{21}

∵3 列九缺一 ⇒ I3＝3^{22}

∵I3＝3 八马 3 ⇒ H6＝3^{23} ⇒ I6＝7^{24} ⇒ I2＝9^{25} ⇒ H2＝7^{26}

〜第 3 题完〜

第5轮 第8题 兹冯科的乘法算式

在空格内填入数字1~9，使得每行、每列、每宫内的数字不重复。每个灰色区域表示一个乘法算式，上面两个数字的乘积等于下面的两位数。

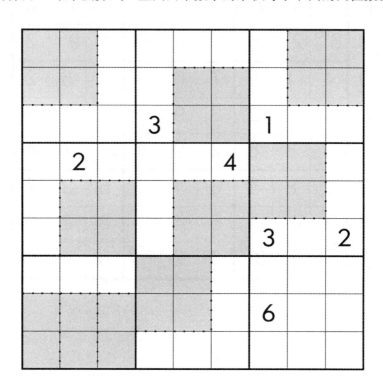

解：

分析六宫

先观察已知数，它们与六宫密切，便由六宫开始，制作灰色方块内上两格中被乘数与乘数的可能数字表，1与5必然排除在外，不必写出，再写乘法算式：

	6	
789	789	
3		2

$7 \times 6 = 42$ × $8 \times 6 = 48$ × $9 \times 6 = 54$ √

$7 \times 8 = 56$ √ $8 \times 7 = 56$ √ $9 \times 7 = 63$ ×

$7 \times 9 = 63$ × $8 \times 9 = 72$ × $9 \times 8 = 72$ ×

可以发现六宫灰色区域，算式有$7 \times 8 = 56$、$9 \times 6 = 54$、$8 \times 7 = 56$

暂时合格，有待验证。

若六宫 $7 \times 8 = 56$

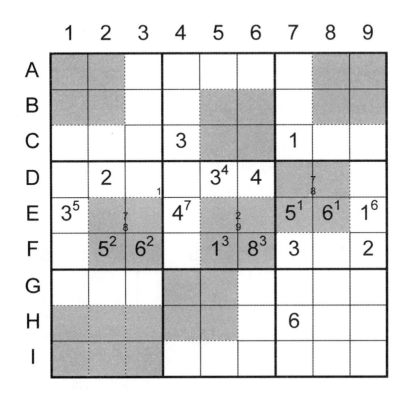

∵四宫唯一的 $7 \times 8 = 56$ ⇒ 四马 7、四马 8、F2＝5^2、F3＝6^2

∵五宫唯一的 $2 \times 9 = 18$ ⇒ 五马 2、五马 9、F5＝1^3、F6＝8^3

∵C4＝3 ⇒ D5＝3^4　　∵D5＝3　F7＝3 ⇒ E1＝3^5

∵F5＝1 ⇒ 四马 1 ⇒ E9＝1^6 ⇒ E4＝4^7，此与 D6＝4 矛盾。

∴六宫灰色区域应该是 $9 \times 6 = 54$。

∵H7＝6 ⇒ D7＝9　D8＝6　E7＝5　E8＝4

已知 D7＝9　D8＝6　E7＝5　E8＝4

再看七宫灰色区域，七宫两个算式方块部分重叠，看似复杂，其实正好提供了寻出答案的机会，如下所示：

左表（3×3宫格）：

23 4 789	3 4 789	23 4 789

右表：

27	43	73	83	93	43	72	82	92
14	12	21	24	27	12	14	16	18
28		74	84	94		78	84	94
16		28	32	36		56	32	36
29			87	97		79	87	97
18			56	63		63	56	63
			89	98			89	98
			72	72			72	72

在上述左、右两边的算式中，寻找能在重叠部分相同者，但应满足不应出现重复数字，且避开 D2＝2 和 H7＝6 的条件 ⇒ 唯一的只有两组，如图，我们得到了部分答案数。（请注意上右表中第 4、7 两列各有两个数字下划有小横线）

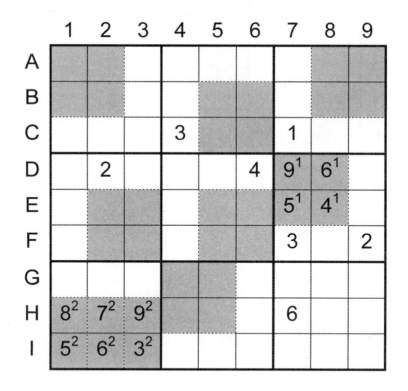

分析四宫

现在该解决四宫灰色区域了，仍是先做被乘数与乘数的可能数表及相应算式：

	2	
	3	
		6
	89	78

$3 \times 6 = 18$　√　$3 \times 7 = 21$　×　$3 \times 8 = 24$　×

$8 \times 6 = 48$　×　$8 \times 7 = 56$　√

$9 \times 6 = 54$　√　$9 \times 7 = 63$　×　$9 \times 8 = 72$　×

　　上述算式有 $3 \times 6 = 18$、$9 \times 6 = 54$、$8 \times 7 = 56$ 暂时合格，有待验证。

假设四宫 $3 \times 6 = 18$ 成立

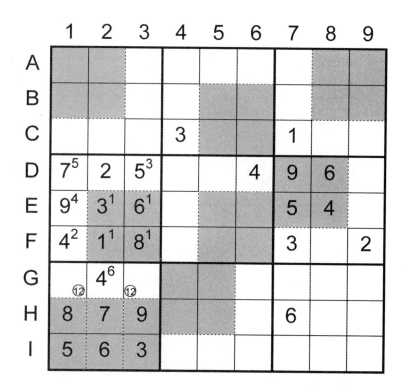

解：

∵ D6＝4　E8＝4　⇒　F1＝4^2　　　　∵ I1＝5　⇒　D3＝5^3

∵ D7＝9　⇒　E1＝9^4　⇒　D1＝7^5

∵ D2＝2　F2＝1　⇒　七马1、七马2，且七宫⑫　⇒　G2＝4^6

∵ 此时一宫灰色区域任一算式都不成立，矛盾。

∴ 四宫 $3 \times 6 = 18$ 不成立。

假设四宫 $9 \times 6 = 54$ 成立

	1	2	3	4	5	6	7	8	9
A									
B									
C				3			1		
D		2	8^2			4	9	6	
E	3	9^1	6^1					5	4
F		5^1	4^1				3		2
G		4^6							
H	8 24	7	9 2				6		
I	5	6	3						

解：

∵ F3 ＝ 4 ⇒ 七马 4　　　　　　∵ D2 ＝ 2 ⇒ 七马 2

∵ I3 ＝ 3　F7 ＝ 3 ⇒ 四马 3　　∵ H1 ＝ 8 ⇒ D3 ＝ 8^2

此时，一宫可能有的算式为

$2 \times 8 = 16$　$4 \times 3 = 12$　$4 \times 8 = 32$　$6 \times 3 = 18$

$6 \times 4 = 24$　$6 \times 8 = 48$　$9 \times 3 = 27$　$9 \times 4 = 36$　$9 \times 8 = 72$

但它们全部都与四宫、七宫有关数字矛盾 ⇒ 此假设不成立。

∴ 四宫 $9 \times 6 = 54$ 不成立。

至此，我们可知 $8 \times 7 = 56$ 成立，可得到部分答案数，如下。

已知四宫 $8 \times 7 = 56$ 成立

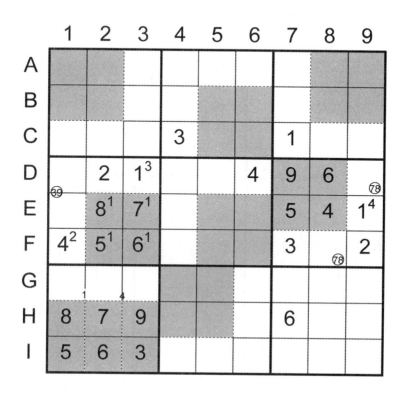

解：

$\because$ D6＝4　E8＝4　$\Rightarrow$　F1＝4^2　$\Rightarrow$　七马 4　$\because$ I3＝3　$\Rightarrow$　四马 3

$\because$ H3＝9　$\Rightarrow$　四马 9，且四宫㊴　$\Rightarrow$　D3＝1^3　$\Rightarrow$　七马 1

$\because$ E2＝8　E3＝7　$\Rightarrow$　六马 7、六马 8，且六宫㊆㊇　$\Rightarrow$　E9＝1^4

分析一宫

制作一宫灰色区域上两格内被乘数与乘数的可能数表如下：

2 6 7	3 4 9	

其算式能成立者，仅有：

$7 \times 9 = 63$　$7 \times 3 = 21$

假设一宫 $7 \times 9 = 63$ 成立

解：

$\because$ C7＝1　D3＝1　$\Rightarrow$　一宫无 1，矛盾　$\Rightarrow$　此假设不成立

$\therefore$ 一宫灰区 $7 \times 9 = 63$ 不成立·

$\therefore$ 一宫灰区 $7 \times 3 = 21$ 成立。

已知一宫 $7 \times 3 = 21$ 成立

	1	2	3	4	5	6	7	8	9
A	7¹	3¹							
B	2¹	1¹	4 5 8						
C	6²	9³		3			1		
D	3⁸	2	1			4	9	6	8¹¹ ⑦⑧
E	9⁷	8	7	2¹⁴			5	4	1
F	4	5	6	9¹³	1⁹	8¹⁰	3	7¹² ⑦⑧	2
G	1⁵	4⁴	2⁶						
H	8	7	9				6		
I	5	6	3						

解：

∵F3=6　I2=6　⇒　C1=6²

∵H3=9　四马9　⇒　C2=9³

∵一宫右竖4.5.8封闭，在B3格暂写4.5.8　⇒　G2=4⁴

∵D3=1　⇒　G1=1⁵　⇒　G3=2⁶

∵F2=5　E7=5　⇒　五马5

∵D7=9　四马9　⇒　E1=9⁷　⇒　D1=3⁸

分析五宫

续上，五宫有关格内被乘数与乘数的可能数表如下：

	23 6	23 6

其算式只有

$3 \times 6 = 18$　$6 \times 3 = 18$

成立。

∵3×6=18　6×3=18　⇒　五马3　五马6　⇒　F5=1[9]　⇒　F6=8[10]

∵F6=8　六马8　⇒　D9=8[11]　⇒　F8=7[12]　⇒　F4=9[13]　⇒

　E4=2[14]　⇒　五马7　五马5

分析三宫

观察三宫，制作有关格内被乘数与乘数的可能数表：

	2 89	4　6 9
1		

其算式仅有：

9×6=54　9×4=36

成立。

假设三宫 9×6=54 成立

	1	2	3	4	5	6	7	8	9
A	7	3						9[1]	6[1]
B	2	1	4 5 8					5[1]	4[1]
C	6	9		3			1		
D	3	2	1	7 5		4	9	6	8
E	9	8	7	2	3 6		5	4	1
F	4	5	6	9	1	8	3	7	2
G	1	4	2						
H	8	7	9				6		
I	5	6	3						

解：

∵C4=3　F7=3　⇒　一宫无3，矛盾　⇒　三宫9×6=54不成立　⇒

　9×4=36成立。

已知三宫 $9 \times 4 = 36$ 成立

	1	2	3	4	5	6	7	8	9
A	7	3					2	9[1]	4[1]
B	2	1	4 5 8				7	3[1]	6[1]
C	6	9		3			1		257
D	3	2	1	7 5		4	9	6	8
E	9	8	7	2	3 6		5	4	1
F	4	5	6	9	1	8	3	7	2
G	1	4	2						
H	8	7	9				6		
I	5	6	3						

解:

∵B1＝2　F9＝2　⇒　三马 2　∵E7＝5　⇒　三马 5

∵A1＝7　F8＝7　⇒　三马 7

分析二宫

观察二宫,制作有关格被乘数与乘数的可能数表如下:

	4 789	7 9
3		

其算式有:

$4 \times 7 = 28$　$4 \times 9 = 36$　$7 \times 9 = 63$

$8 \times 7 = 56$　$8 \times 9 = 72$　$9 \times 7 = 63$

其中仅有 $8 \times 9 = 72$ 合适。

已知二宫 $8\times9=72$ 成立

	1	2	3	4	5	6	7	8	9
A	7	3	8^6	1^{22} ⑮	6^{12}	5^{21} ⑮	2^3	9	4
B	2	1	5^7	4^9	8^1	9^1	7^2	3	6
C	6	9	4^8	3	7^1	2^1	1	8^4	5^5
D	3	2	1	7^{10}	5^{11}	4	9	6	8
E	9	8	7	2	3^{14}	6^{13}	5	4	1
F	4	5	6	9	1	8	3	7	2
G	1	4	2	6^{15}	9^{17}	3^{33}	8^{27}	5^{26}	7^{29}
H	8	7	9	5^{18}	4^{19} ⑭	1^{32}	6	2^{23}	3^{30}
I	5	6	3	8^{16}	2^{20}	7^{31}	4^{26}	1^{24}	9^{28}

解：

$\because$ C5=7　三马7　$\Rightarrow$　A7=7^2　　　$\because$ C6=2　三马2　$\Rightarrow$　A7=2^3

$\because$ D9=8　$\Rightarrow$　C8=8^4　$\Rightarrow$　C9=5^5　$\because$ C8=8　B5=8　$\Rightarrow$　A3=8^6

$\because$ C9=5　$\Rightarrow$　B3=5^7　$\Rightarrow$　C3=4^8　$\because$ B行九缺一　$\Rightarrow$　B4=4^9

$\because$ C5=7　五马7　$\Rightarrow$　D4=7^{10}　$\Rightarrow$　D5=5^{11}

$\because$ F5=1　D5=5　$\Rightarrow$　二马1　二马5，且二宫⑮　$\Rightarrow$　A5=6^{12}

$\because$ A5=6　五马6　$\Rightarrow$　E6=6^{13}　$\Rightarrow$　E5=3^{14}

$\because$ A5=6　E6=6　H7=6　I2=6　$\Rightarrow$　G4=6^{15}

$\because$ C6=2　E4=2　G3=2　$\Rightarrow$　八马2

$\because$ C4=3　E5=3　I3=3　$\Rightarrow$　八马3

$\because$ B4=4　D6=4　G2=4　$\Rightarrow$　八马4，且八宫㉔

$\because$ D4=7　C5=7　H2=7　$\Rightarrow$　八马7

$\because$ B5=8　F6=8　H1=8　$\Rightarrow$　I4=8^{16}　$\because$ 5列九缺一　$\Rightarrow$　G5=9^{17}

显然 $6\times9=54$ 是唯一的选择　$\Rightarrow$　H4=5^{18}　$\Rightarrow$　H5=4^{19}　$\Rightarrow$　I5=2^{20}

∵H4＝5　二马 5　⇒　A6＝5²¹　⇒　A4＝1²²

∵G1＝1　⇒　八马 1　　　∵C7＝1　E9＝1　G1＝1　⇒　九马 1

∵A7＝2　F9＝2　G3＝2　I5＝2　⇒　H8＝2²³　⇒　I8＝1²⁴

∵B8＝3　F7＝3　I3＝3　⇒　九马 3

∵A9＝4　E8＝4　G2＝4　⇒　I7＝4²⁵

∵C9＝5　E7＝5　⇒　G8＝5²⁶　∵D9＝8　⇒　G7＝8²⁷

∵G5＝9　H3＝9　⇒　I9＝9²⁸

∵H2＝7　⇒　G9＝7²⁹　⇒　H9＝3³⁰

∵G9＝7　八马 7　⇒　I6＝7³¹　⇒　H6＝1³²　⇒　G6＝3³³

～第 8 题完～

第 5 轮　第 9 题　莫扎特的小杀手

在空格内填入数字 1～9，使得每行、每列、每宫内的数字不重复。外围的数字表示箭头方向所有数字的和。

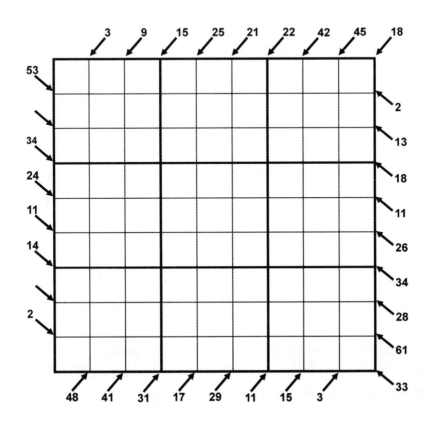

解：

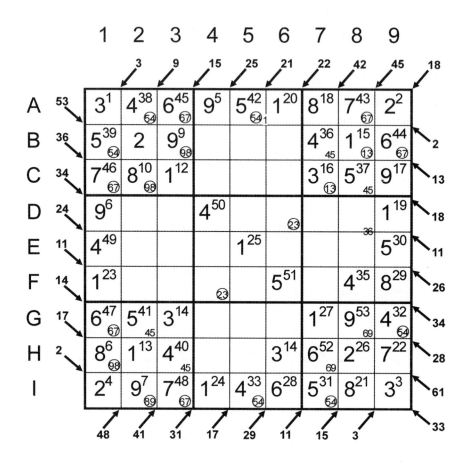

小杀手的"杀手"乃是"金角银边冬瓜肚（围棋界术语），抓大擒小见功夫"。

据此先观四角，显然 A1＝3^1、A9＝2^2、I9＝3^3、I1＝2^4

再观四角。

∵ 17 的和式表达是唯一的 17＝8＋9 ⇒ 七宫⑧⑨

"抓大"——二宫上沿有 35，占四格。

∵ 4×9＝36 ⇒ 35＝9＋9＋9＋8 ⇒ A4＝9^5、D1＝9^6，一宫骑马 9、骑马 8，且一宫⑧⑨ ⇒ I2＝9^7 ⇒ H1＝8^8，又一马 9 ⇒ B3＝9^9 ⇒ C2＝8^{10}

又"抓角"——一宫上沿有 15，应占三格，其加数不含 3.8.9 ⇒ 只有 15＝6＋5＋4 或 7＋6＋2，又上沿还有 9，应占两格，其加数不含 3.8.2 ⇒ 唯一的 9＝4＋5 ⇒ 一宫⑤④ ⇒ 唯一的 15＝7＋6＋2 ⇒ B2＝2^{11}

130

⇒　一宫空格写⑥⑦　⇒　C3＝1[12]

一宫左上对角线呈现 1＋2＋3＝6，此乃三数和的最小者。

"擒小"——三宫上沿 18，应占九格，跨越三个宫的对角线，每宫平均为 6，正巧 6＝1＋2＋3　⇒　三、五、七宫右上对角线均为 1、2、3。

∵A9＝2　⇒　三宫⑬

∵I1＝2　⇒　七宫⑬，又 C3＝1　⇒　H2＝1[13]　⇒　G3＝3[14]

∵C3＝1　⇒　B8＝1[15]　⇒　C7＝3[16]，请注意，五宫右上对角线上为 1、2、3。

再"抓角"——三宫右侧有 18，占三格　⇒　18－1＝17　⇒　唯一的 17＝8＋9

∵A4＝9　⇒　C9＝9[17]　⇒　A7＝8[18]

三宫右侧还有 13，应占两格，其和数不含 8.9　⇒　唯一的 13＝6＋7　⇒　三宫⑥⑦　⇒　三宫空格写 4、5

∵B8＝1　C3＝1　⇒　二马 1

五宫右侧有 11，应占四格，11－（4＋5）＝2，应占两格　⇒　唯一的 2＝1＋1　⇒　D9＝1[19]　⇒　A6＝1[20]　⇒　A 行空格写 4、5

九宫下沿有 15，应占两格　⇒　15＝9＋6 或 15＝8＋7

∵C9＝9　I2＝9　⇒　15＝9＋6 被否定　⇒　唯一的 15＝8＋7

∵H1＝8　⇒　I8＝8[21]　⇒　H9＝7[22]

七宫左侧有 14　⇒　14－1＝13，应占两格，且加数不含 8.9　⇒　唯一的 13＝7＋6　⇒　七宫⑦⑥　⇒　七宫空格写 4、5

四宫右侧有 11，11－（4＋5）＝2，应占两格　⇒　唯一的 2＝1＋1　⇒　F1＝1[23]　⇒　I4＝1[24]

回忆前面，五宫右上对角线为 1.2.3，又 I4＝1、A6＝1　⇒　E5＝1[25]　⇒　五宫②③

九宫下沿有 11，应占三格，其加数不含 8.7.3　⇒　11＝1＋4＋6 或 11＝2＋4＋5，但因 D9＝1、B8＝1、I4＝1　⇒　11＝1＋4＋6 被否定　⇒　唯一的 11＝2＋4＋5

∵A9＝2　I1＝2　⇒　H8＝2[26]　⇒　九宫④⑤

∵H2＝1　B8＝1　D9＝1　⇒　G7＝1[27]，九宫空格写 6、9。

八宫下沿有 29　⇒　29－（6＋9）＝14　⇒　14＝9＋5 或 14＝8＋6

∵I2＝9　C9＝9　⇒　14＝9＋5 被否定　⇒　唯一的 14＝8＋6，又 I8＝8　⇒　I6＝6[28]　⇒　F9＝8[29]　⇒　E9＝5[30]　⇒　I7＝5[31]　⇒　G9＝4[32]　⇒　I5＝4[33]

131

八宫下沿有 17 $\Rightarrow$ 17－（4＋1＋5）＝7，只占两格，加数不含 1.2
$\Rightarrow$ 唯一的 7＝4＋3

∵I5＝4 $\Rightarrow$ H6＝3^{34} $\Rightarrow$ F8＝4^{35}

∵F8＝4 三马4 $\Rightarrow$ B7＝4^{36} $\Rightarrow$ C8＝5^{37}

∵B7＝4 一马4 $\Rightarrow$ A2＝4^{38} $\Rightarrow$ B1＝5^{39}

∵A2＝4 七马4 $\Rightarrow$ H3＝4^{40} $\Rightarrow$ G2＝5^{41}

∵A2＝4 $\Rightarrow$ A5＝5^{42}

∵H9＝1 一马7 $\Rightarrow$ A8＝7^{43} $\Rightarrow$ B9＝6^{44}

∵A8＝7 $\Rightarrow$ A3＝6^{45} $\Rightarrow$ C1＝7^{46} $\Rightarrow$ G1＝6^{47} $\Rightarrow$ I3＝7^{48} $\Rightarrow$
E1＝4^{49}

观察左上对角线，22－（3＋2＋1＋1＋1＋2＋3）＝22－13＝9，占两格
D4、F6，其加数不含 1.2.3 $\Rightarrow$ 唯一的 9＝5＋4

∵F8＝4 $\Rightarrow$ D4＝4^{50} $\Rightarrow$ F6＝5^{51}

∵G1＝6 九马6 $\Rightarrow$ H7＝6^{52} $\Rightarrow$ G8＝9^{53}，8列空格写 3、6。

下面我们重新编号来解题。

	1	2	3	4	5	6	7	8	9	
	↓3	↓9	↓15	↓25	↓21	↓22	↓42	↓45	↘18	
A ↘53	3	4	6	9	5	1	8	7	2	
B ↘36	5	2	9	8^{10}_{78}	3^3	7^8_{78}	4	1	6	→2
C ↘34	7	8	1	6^{24}	2^{25}	4^{26}	3	5	9	↘13
D ↘24	9	3^{12}	5^{21}	4	8^{23}	$2^2_{㉓}$	7^6	6^9	1	↘18
E ↘11	4	6^{13}	8^{22}	7^{28}	1	9^{27}	$2^{18}_{㉙}$	3^{11}_{36}	5	↘11
F ↘14	1	7^7	2^{14}	$3^1_{㉓}$	6^{20}	5	9^{19}	4	8	↘26
G ↘17	6	5	3	2^{15}	7^{16}	8^{17}	1	9	4	↘34
H ↘2	8	1	4	5^4	9^5	3	6	2	7	↘28
I	2	9	7	1	4	6	5	8	3	↘61
	↑48	↑41	↑31	↑17	↑29	↑11	↑15	↑3	↘33	

∵H6＝3　五马 3　⇒　F4＝3^1　⇒　D6＝2^2

∵F4＝3　H6＝3　C7＝3　⇒　B5＝3^3，B 行空格写 7、8。

∵A5＝5　⇒　H5≠5　⇒　H4＝¯5^4　⇒　H5＝9^5

∵D1＝9　D6＝2　⇒　六宫㊾　⇒　D7＝7^6

四宫左侧有 23　⇒　23－（4＋3＋5＋4）＝7　⇒　唯一的 F2＝7^7

六宫右侧有 26　⇒　26－（5＋3＋5）＝13，占两格，其加数只能在 7、8 中择一，3、6 中择一　⇒　唯一的 13＝7＋6　⇒　B6＝7^8　⇒　D8＝6^9　⇒　B4＝8^{10}，且 E8＝3^{11}

在二宫上沿有 21　⇒　21＝5＋8＋1＋D2＋4　⇒　D2＝3^{12}　⇒　E2＝6^{13}

在四宫左沿有 34　⇒　34＝9＋6＋F3＋G4＋9＋6　⇒　F3＋G4＝4　⇒　4＝1＋3 或 4＝2＋2

∵四宫和八宫都已有 1、3　⇒　唯一的 4＝2＋2　⇒　F3＝2^{14}，且 G4＝2^{15}

∵B6＝7　⇒　G5＝7^{16}　⇒　G6＝8^{17}

∵F3＝2　六马 2　⇒　E7＝2^{18}　⇒　F7＝9^{19}　⇒　F5＝6^{20}

∵E9＝5　⇒　D3＝5^{21}　⇒　E3＝8^{22}　⇒　D5＝8^{23}

∵F5＝6　I6＝6　⇒　C4＝6^{24}

∵D6＝2　⇒　C5＝2^{25}　⇒　C6＝4^{26}　⇒　E6＝9^{27}　⇒　E4＝7^{28}

～第 9 题完～

第 5 轮 第 11 题 米卢库的箭头乘积

在空格内填入数字 1～9，使得每行、每列、每宫内的数字不重复。箭头
上两个数字的乘积等于箭头指向的灰色区域内的两位数。

解：

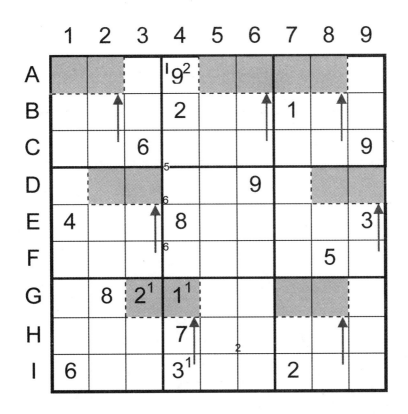

观察八宫，唯一的只有 $7 \times 3 = 21$ 合适　⇒　I4 = 3^1　　G3 = 2^1　　G4 = 1^1

∵D6 = 9　C9 = 9　⇒　A4 = $^19^2$

∵F8 = 5　⇒　4 列骑马 5　∵C3 = 6　⇒　4 列骑马 6

∵G3 = 2　I7 = 2　⇒　八马 2

现将各宫灰色区域代表的可用算式分列于下：

所属的宫	序号	算式	序号	算式	序号	算式	序号	算式
一宫	①	$9 \times 3 = 27$	②	$7 \times 3 = 21$	③	$4 \times 3 = 12$	④	$7 \times 2 = 14$
二宫	①	$6 \times 3 = 18$	②	$8 \times 7 = 56$						
三宫	①	$6 \times 7 = 42$	②	$8 \times 7 = 56$	③	$8 \times 4 = 32$		
四宫	①	$7 \times 3 = 21$	②	$9 \times 3 = 27$	③	$9 \times 7 = 63$		
六宫	①	$3 \times 8 = 24$	②	$7 \times 3 = 21$	③	$6 \times 3 = 18$	④	$4 \times 3 = 12$
九宫	①	$9 \times 4 = 36$	②	$9 \times 6 = 54$	③	$8 \times 7 = 56$	④	$9 \times 7 = 63$

第6轮个人赛　迪斯尼乐园（DISNEYLAND）

题号	1	2	3	4	5	6	7	8	9	10	11	12	13	14	15
评分	7	4	8	7	4	6	6	5	12	5	6	9	10	4	7

第6轮　第2题　米老鼠

在空格填入数字1～9，使每行、每个左斜列、每个右斜列和每个粗线围成的大三角形内数字不重复。

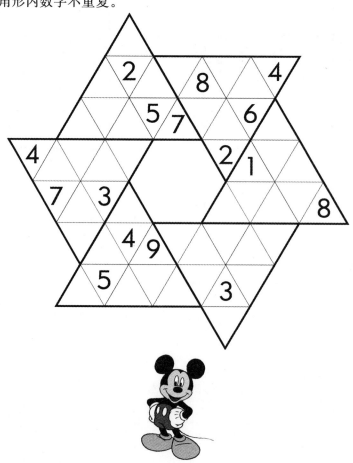

解： 为解题方便，给各行、各列编号如下：

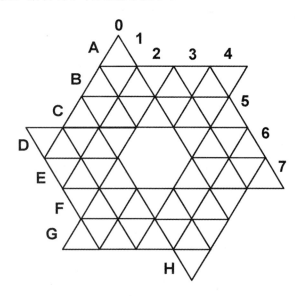

字母 A～H 代表水平线的各行，数字 0～7 代表左斜列。

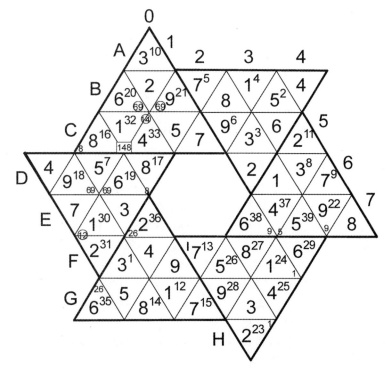

$\because$ E2 右 $= 3$　G7 左 $= 3$　$\Rightarrow$　F3 左 $= 3^1$

∵C2右 ＝5 G3右 ＝5 ⇒ B4左 ＝5^2

∵E2右 ＝3 F3左 ＝3 ⇒ C4左 ＝3^3

∵D5左 ＝1 ⇒ B3右 ＝1^4

∵C3左 ＝7 ⇒ B2右 ＝7^5 ⇒ C3右 ＝9^6

∵C2右 ＝5 G3右 ＝5 ⇒ D1右 ＝5^7

∵G6左 ＝3 E2右 ＝3 C4左 ＝3 ⇒ D5右 ＝3^8

∵E1＝7 C3左 ＝7 ⇒ D6右 ＝7^9

∵E2右 ＝3 G6左 ＝3 ⇒ A1 ＝3^{10}

∵C3右 ＝9 C4右 ＝6 ⇒ 上左△骑马9、骑马6，且⑥⑨ ⇒ 上左△

中 C1左 、C1右 、C2左 三格1、4、8封闭，写为 $\boxed{148}$ ⇒ C5＝2^{11}

∵D4＝2 D5左 ＝1 ⇒ 中左△⑫，又 B3右 ＝1 D5左 ＝1 ⇒

G4右 ＝1^{12}

∵E1＝7 ⇒ 4左斜列"列独" ⇒ 列独F4右 ＝ˡ7^{13} ⇒

G4左 ＝8^{14}

∵C3左 ＝7 ⇒ G5左 ＝7^{15}，下左△空格写2、6。

∵G4左 ＝8 ⇒ 中左△骑马8，C右斜列中，B3左 ＝8 ⇒

C右斜列骑马8

∵D5左 ＝1 G4左 ＝1 ⇒ 下右△骑马1。

观察中右△。

∵C3右 ＝9 ⇒ 中右△骑马9

∵B4左 ＝5 C2右 ＝5 ⇒ 中右△骑马5

∵F3右 ＝4 G4右 ＝1 ⇒ 左上△⑭ ⇒ C1左 ＝1^{16} ⇒

D2右 ＝8^{17} ⇒ 左中△⑥⑨

∵F4左 ＝9 左中△骑马9 ⇒ D1左 ＝9^{18} ⇒ D2左 ＝6^{19}，

又左上△骑马6 ⇒ B1左 ＝6^{20} ⇒ B2左 ＝9^{21}，又右中△骑

马9 ⇒ E6右 ＝9^{22}

∵C5＝2 B1右 ＝2 ⇒ H6＝2^{23} ⇒ F6左 ＝1^{24}

∵F3右 ＝4 左上△骑马4 ⇒ G6右 ＝4^{25}

∵G3右 ＝5 C2右 ＝5 右中△骑马5 ⇒ F5左 ＝5^{26}

∵G4左 ＝8 B3左 ＝8 ⇒ F5右 ＝8^{27}

∵C3右 ＝9 ⇒ G5右 ＝9^{28} ⇒ F6右 ＝1^{29}

∵F6左 ＝1 左中△骑马1 ⇒ E2左 ＝1^{30} ⇒ F2＝2^{31}

∵E2左 ＝1 左上△骑马1 ⇒ C1右 ＝1^{32} ⇒ C2左 ＝4^{33}

∵F5左 ＝5 右中△骑马5 ⇒ E6左 ＝5^{34}

∵D2左 ＝6 左下△骑马6 ⇒ G3左 ＝6^{35} ⇒ E3＝2^{36}

∵G6右 ＝4 ⇒ E5右 ＝4^{37} ⇒ E5左 ＝6^{38}

～第2题完～

第 6 轮　第 4 题　蚂蚁雄兵

在空格内填入数字 1～9，使每行、每列和每宫内的数字不重复。将给出的拼块放到数独题里，每个宫必须放一个大块和一个小块，拼块不能旋转、不能盖住已有的数字。

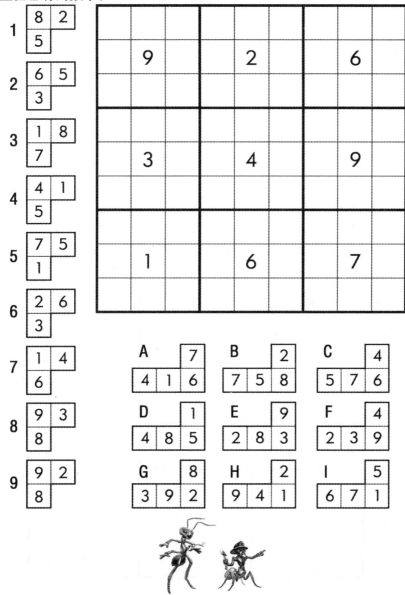

注：原题对模块未编号。本书作者为方便计数自编号。

解：将上述大拼块、小拼块分别编号：大拼块 A～I，小拼块 1～9，并寻找相配者。

以小拼块为主：

1→A	2→H	3→F	4→E 或 G	5→E、F 或 G	6→D	7→B、E 或 G	8→A、C 或 I	9→A、C 或 I
⇒								
1→A	2→H	3→F	4→E 或 G	5→E 或 G	6→D	7→B	8→C 或 I	9→C 或 I

以大拼块为主：

A→1、8 或 9	B→7	C→8 或 9	D→6	E→4、5 或 7	F→3 或 5	G→4、5 或 7	H→2	I→8 或 9
⇒								
	B→7	C→8 或 9	D→6	E→4 或 5	F→3 或 5	G→4 或 5	H→2	I→8 或 9
⇒								
A→1						G→4 或 5		
⇒								
					F→3			

	1	2	3	4	5	6	7	8	9
A	2^5	6^5	7^6				1^3	8^3	5^4
B	3^5	9	1^5		2		7^3	6	4^3
C	4^5	8^5	5^5				2^3	3^3	9^3
D	1^9	4^9	9^{10}				8^7	2^7	3^8
E	6^9	3	2^9		4		5^7	9	7^7
F	7^9	5^9	8^9				4^7	1^7	6^7
G							6^1	5^1	8^2
H		1			6		3^1	7	2^1
I							9^1	4^1	1^1

注意到 "H→2"，已有 1、2、3、4、5、6、9

$\Rightarrow$ H 与 2 唯一的进入九宫

$\Rightarrow$ G7＝6^1 G8＝5^1 H7＝3^1 I7＝9^1 H9＝2^1 I8＝4^1 I9＝1^1

$\Rightarrow$ G9＝8^2

∵B2＝9 E8＝9 B8＝6 H5＝6

$\Rightarrow$ 拼块中有数字 6 或 9 的合适，进行寻找

注意到 "F→3"，已有 1、2、3、4、7、8、9

$\Rightarrow$ 只可进入八宫或三宫，但 3 号小拼块的 8 与 G9＝8 矛盾

$\Rightarrow$ 唯一的 "F→3" 应进入三宫

$\Rightarrow$ A7＝1^3 A8＝8^3 B7＝7^3 B9＝4^3 C7＝2^3 C8＝3^3 C9＝9^3

$\Rightarrow$ A9＝5^4

注意到 "D→6"，已有 1、2、3、4、5、6、8

$\Rightarrow$ 只能进入六宫或一宫，若进入六宫则 6 号小拼块的 6 与 B8＝6 矛盾

$\Rightarrow$ 唯一的 "D→6" 应进一宫

$\Rightarrow$ A1＝2^5 A2＝6^5 B1＝3^5 B3＝1^5 C1＝4^5 C2＝8^5 C3＝5^5

$\Rightarrow$ A3＝7^6

	1	2	3	4	5	6	7	8	9
A	2^5	6^5	7^6	9^{13}	3^{13}	4^{14}	1^3	8^3	5^4
B	3^5	9	1^5	8^{13}	2	5^{13}	7^3	6	4^3
C	4^5	8^5	5^5	6^{13}	7^{13}	1^{13}	2^3	3^3	9^3
D	1^9	4^9	9^{10}				8^7	2^7	3^8
E	6^9	3	2^9		4		5^7	9	7^7
F	7^9	5^9	8^9				4^7	1^7	6^7
G	9^{11}	2^{11}	3^{12}				6^1	5^1	8^2
H	8^{11}	1	4^{11}		6		3^1	7	2^1
I	5^{11}	7^{11}	6^{11}				9^1	4^1	1^1

注意到"A→1"，已有 1、2、4、5、6、7、8

$\Rightarrow$ 唯一的"A→1"只能进入六宫

$\Rightarrow$ D7＝8^7 D8＝2^7 E7＝5^7 E9＝7^7 F7＝4^7 F8＝1^7 F9＝6^7

$\Rightarrow$ D9＝3^8

注意到"B→7"，已有 1、2、4、5、6、7、8

$\Rightarrow$ 唯一的"B→7"只能进入四宫

$\Rightarrow$ D1＝1^9 D2＝4^9 E1＝6^9 E3＝2^9 F1＝7^9 F2＝5^9 F3＝8^9

$\Rightarrow$ D3＝9^{10}

注意到"C→8 或 9"，我们来逐个分析。

若"C→8"，已有 3、4、5、6、7、8、9

$\Rightarrow$ 可进入二宫或七宫

$\Rightarrow$ 若进入二宫，大拼块的 5 与 C3＝5 矛盾

$\Rightarrow$ 若进入七宫，8 号小拼块的 3 与 E2＝3 矛盾

$\Rightarrow$ "C→8"被否定 $\Rightarrow$ "C→9"成立

已知"C→9"，已有 2、4、5、6、7、8、9

$\Rightarrow$ 唯一的只能进入七宫

$\Rightarrow$ G1＝9^{11} G2＝2^{11} H1＝8^{11} H3＝4^{11} I1＝5^{11} I2＝7^{11} I3＝6^{11}

$\Rightarrow$ G3＝3^{12}

注意到"I→8 或 9"，因 9 号小拼块已用于七宫

$\Rightarrow$ "I→8"，已有 1、3、5、6、7、8、9

$\Rightarrow$ 可进入五宫或二宫

若进入五宫 $\Rightarrow$ 小拼块的 9 与 D3＝9 矛盾

$\Rightarrow$ "I→8"不能进入五宫

$\Rightarrow$ "I→8"唯一的只能进入二宫

$\Rightarrow$ A4＝9^{13} A5＝3^{13} B4＝8^{13} B6＝5^{13} C4＝6^{13} C5＝7^{13} C6＝1^{13}

$\Rightarrow$ A6＝4^{14}

现在大拼块余下 E 号、G 号，小拼块余下 4 号、5 号，而题目余下五宫、八宫。

若 G 号进入八宫 $\Rightarrow$ G 号的 9 与 I7＝9 矛盾

$\Rightarrow$ G 号唯一的只能进入五宫

若小拼块 5 号进入八宫

$\Rightarrow$ 小拼块的 5 与 G8＝5 矛盾

$\Rightarrow$ 小拼块 5 号只能进入五宫

$\Rightarrow$ G 号与 5 号进入五宫

$\Rightarrow$ 必然是 E 号与 4 号进入八宫。

其余解答就不做详解了，只给出答案。

	1	2	3	4	5	6	7	8	9
A	2	6	7	9	3	4	1	8	5
B	3	9	1	8	2	5	7	6	4
C	4	8	5	6	7	1	2	3	9
D	1	4	9	7	5	6	8	2	3
E	6	3	2	1	4	8	5	9	7
F	7	5	8	3	9	2	4	1	6
G	9	2	3	4	1	7	6	5	8
H	8	1	4	5	6	9	3	7	2
I	5	7	6	2	8	3	9	4	1

～第 4 题完～

第 6 轮 第 5 题 胡迪

在空格内填入数字 1～9，使得每行、每列和每宫内的数字不重复。一共有 12 行和 12 列，并且 9 个宫左上角的数字、9 个宫正中间的数字和 9 个宫右下角的数字都分别是 1～9。

原书答案如下：

本人对此题的观点是：脱去所谓"12 行和 12 列"的面纱，本来就是一道标准的数独题，上面两图就成了下面两图：

	1	2	3	4	5	6	7	8	9
A			7						
B					4				
C	1				2				7
D								9	1
E					3				
F	2								
G						6		5	
H	8								
I									

	1	2	3	4	5	6	7	8	9
A	3	4	7	1	5	8	9	6	2
B	9	6	2	3	4	7	1	5	8
C	1	5	8	9	6	2	3	4	7
D	7	3	6	5	8	4	2	9	1
E	5	9	4	2	3	1	7	8	6
F	2	8	1	7	9	6	5	3	4
G	4	7	9	8	1	3	6	2	5
H	8	2	3	6	7	5	4	1	9
I	6	1	5	4	2	9	8	7	3

再者，此题不是唯一解，尚有下列七个解：

	1	2	3	4	5	6	7	8	9
A	4	3	7	5	1	8	9	6	2
B	9	6	2	3	4	7	1	5	8
C	1	8	5	9	6	2	3	4	7
D	3	7	6	8	5	4	2	9	1
E	5	9	4	2	3	1	7	8	6
F	2	1	8	7	9	6	5	3	4
G	7	4	9	1	8	3	6	2	5
H	8	2	3	6	7	5	4	1	9
I	6	5	1	4	2	9	8	7	3

	1	2	3	4	5	6	7	8	9
A	4	3	7	1	5	8	9	6	2
B	9	6	2	3	4	7	1	5	8
C	1	8	5	9	6	2	3	4	7
D	3	7	6	5	8	4	2	9	1
E	5	9	4	2	3	1	7	8	6
F	2	1	8	7	9	6	5	3	4
G	7	4	9	8	1	3	6	2	5
H	8	2	3	6	7	5	4	1	9
I	6	5	1	4	2	9	8	7	3

	1	2	3	4	5	6	7	8	9
A	3	4	7	1	5	8	9	6	2
B	9	6	2	3	4	7	1	5	8
C	1	8	5	9	6	2	3	4	7
D	7	3	6	5	8	4	2	9	1
E	5	9	4	2	3	1	7	8	6
F	2	1	8	7	9	6	5	3	4
G	4	7	9	8	1	3	6	2	5
H	8	2	3	6	7	5	4	1	9
I	6	5	1	4	2	9	8	7	3

	1	2	3	4	5	6	7	8	9
A	3	4	7	5	1	8	9	6	2
B	9	6	2	3	4	7	1	5	8
C	1	8	5	9	6	2	3	4	7
D	7	3	6	8	5	4	2	9	1
E	5	9	4	2	3	1	7	8	6
F	2	1	8	7	9	6	5	3	4
G	4	7	9	1	8	3	6	2	5
H	8	2	3	6	7	5	4	1	9
I	6	5	1	4	2	9	8	7	3

	1	2	3	4	5	6	7	8	9
A	4	3	7	5	1	8	9	6	2
B	9	6	2	3	4	7	1	5	8
C	1	5	8	9	6	2	3	4	7
D	3	7	6	8	5	4	2	9	1
E	5	9	4	2	3	1	7	8	6
F	2	8	1	7	9	6	5	3	4
G	7	4	9	1	8	3	6	2	5
H	8	2	3	6	7	5	4	1	9
I	6	1	5	4	2	9	8	7	3

	1	2	3	4	5	6	7	8	9
A	4	3	7	1	5	8	9	6	2
B	9	6	2	3	4	7	1	5	8
C	1	5	8	9	6	2	3	4	7
D	3	7	6	5	8	4	2	9	1
E	5	9	4	2	3	1	7	8	6
F	2	8	1	7	9	6	5	3	4
G	7	4	9	8	1	3	6	2	5
H	8	2	3	6	7	5	4	1	9
I	6	1	5	4	2	9	8	7	3

	1	2	3	4	5	6	7	8	9
A	3	4	7	5	1	8	9	6	2
B	9	6	2	3	4	7	1	5	8
C	1	5	8	9	6	2	3	4	7
D	7	3	6	8	5	4	2	9	1
E	5	9	4	2	3	1	7	8	6
F	2	8	1	7	9	6	5	3	4
G	4	7	9	1	8	3	6	2	5
H	8	2	3	6	7	5	4	1	9
I	6	1	5	4	2	9	8	7	3

这种题目，不必再花时间了！就此搁笔。

~第 5 题完~

第 6 轮　第 9 题　美女与野兽

在空格内填入数字 1～9，使得每行、每列和每宫内的数字不重复。所有相邻的两个数字之差都不为 1。

			3					
	5						8	
					1			
2			8		3			9
			1					
	3						6	
				8				

解：下图中带圈者为已知数。

观察整个题目，看 E 行。左边有 2、?、?、8，右边有 3、?、?、9 ⇒ 好像是等差数列吧？

我们不妨做个猜想：其公差为 2 ⇒ 2、4、6、8；3、5、7、9 ⇒ E1＝2、E2＝4^{1}、E3＝6^{2}、E7＝5^{3}、E8＝7^{4}、E9＝9 ⇒ E 行九缺一 ⇒ E5＝1^{5}

E 行完成了，但整个 E 行并不构成等差数列，因为 E4＝8，8＋2＝10≠1 呀！那 10 为何，如何？变成 1 呢？容后再述。

E 行完成了，其他的 A、B、C、G、H、I 各行，按 E 行的“猜想”有如下排列（也可写为环形，见序言）：

1、3、5、7、9、2、4、6、8、1、3、5、7、9、2、4

这样即可完成 A、B、C、G、H、I 各行，如下图所示：

	1	2	3	4	5	6	7	8	9
A	6	8	1	3	5	7	8	2	4
B	3	5	7	9	2	4	6	8	1
C	9	2	4	6	8	1	3	5	7
D					4^{5}_{47}				
E	2	4^{1}	6^{2}	8	1^{5}	3	5^{3}	7^{4}	9
F					7^{7}_{47}				
G	4	6	8	1	3	5	7	9	2
H	1	3	5	7	9	2	4	6	8
I	7	9	2	4	6	8	1	3	5

图 9（a）

观察 5 列，两空格写 4、7。

$\because C5 = 8 \Rightarrow D5 \neq 7 \Rightarrow D5 = 4^6 \Rightarrow F5 = 7^7 \Rightarrow$ D、F 两行就不

难完成了，答案如下：

	1	2	3	4	5	6	7	8	9
A	6	8	1	3	5	7	8	2	4
B	3	5	7	9	2	4	6	8	1
C	9	2	4	6	8	1	3	5	7
D	5	7	9	2	4	6	8	1	3
E	2	4	6	8	1	3	5	7	9
F	8	1	3	5	7	9	2	4	6
G	4	6	8	1	3	5	7	9	2
H	1	3	5	7	9	2	4	6	8
I	7	9	2	4	6	8	1	3	5

图 9（b）

～第 9 题完～

本书作者告读者的话：

本题解法中有 E4＝8，8＋2＝10≠1 呀！

10 为何变为 1 呢？

读者先看看本书之末的"跋"，可见此事有点深沉。我想在《陈氏解法丛书之三——第 8 届世界数独锦标赛赛题解》的附录中透底告诉读者。

第 6 轮 第 12 题 维尼熊

在空格填入数字 1~9，使得每行、每列和每宫内的数字不重复。字母表示该格里的数字的单词含这个字母。

I		F			A	V	O	I
L	I	T	A	A	L	L	O	
	O	I	A	T		V		
V	O	U	O	T	T			V
		F	O		A	I	I	
O			V				A	I
L	L	T		F			A	U
F	V	V	F	T	T		I	
	L	O		L		A		O

1. TASI **4.** FA **7.** FITU

2. LUA **5.** LIMA **8.** VALU

3. TOLU **6.** ONO **9.** IVA

解：

先将字母翻译成数字：

A	1、2、4、5、8、9	F	4、7	I	1、5、7、9	L	2、3、5、8
M	5	N	6	O	3、6	S	1
T	1、3、7	U	2、3、7、8	V	8、9		

	1	2	3	4	5	6	7	8	9
A	1 5 7 9		4 7			12 45 89	89	3 6	1 5 7 9
B	23 5 8	1 5 7 9	1 3 7	12 45 89	12 45 89	23 5 8	23 5 8	3 6	
C		3 6	1 5 7 9	12 45 89	1 3 7		89		
D	89	3 6	23 78	3 6	1 3 7	1 3 7			89
E		4 7		3 6		12 45 89	1 5 7 9	1 5 7 9	
F	3 6			89			12 45 89	1 5 7 9	
G	23 5 8	23 5 8	1 3 7		4 7		12 45 89	23 78	
H	4 7	89	89		4 7	1 3 7	1 3 7	1 5 7 9	
I		23 5 8	3 6		23 5 8		12 45 89		3 6

下面我们一步一步地来解题，为区分，以斜体数字表示答案。

∵3列4、7封闭，写④⑦ ⇒ 3列1、3封闭，写①③ ⇒ $I3=6$[1]

∵八宫4、7封闭，写④⑦ ⇒ 消去八宫、5列中的数字7 ⇒ 5列1、3封闭，写①③ ⇒ 消去5列中的数字1、3

∵D行8、9封闭，写⑧⑨ ⇒ 消去D行中的数字8 ⇒ $D3=2$[2]

∵五宫中的3、6封闭，写③⑥ ⇒ $D5\neq3$ ⇒ $D5=1$[3] ⇒ $C5=3$[4] ⇒ $D6=7$[5]

∵$C5=3$ ⇒ $C2=6$[6] ⇒ $D2=3$[7] ∵$D2=3$ 五马3 ⇒ $E4=3$[8] ⇒ $D4=6$[9]

D行空格写4、5。

∵$D2=3$ ⇒ $F1=6$[10]，三宫8、9封闭，写⑧⑨，三宫3、6封闭，写③⑥。

∵$I3=6$ ⇒ $I9=3$[11]

	1	2	3	4	5	6	7	8	9
A	1 5 7		(47)			12 45 89	(89)	3^{14}	1 5 7 9
B	2 5 8	1 5 7 9	3^{13} (13)	12 45 89	12 45 89	2 5 8	2 3 5	6^{15} (36)	
C		6^6	5 9	12 45 89	3^4 (13)		(89)		
D	(89)	3^7	2^2	6^9 (36)	1^3	7^5	4 5		(89)
E			(47)	3^8	2 45 89		1 7 9	1 7 9	
F	6^{10}			89			12 89	1 7 9	
G	2 3 5	2 5	1^{12} (13)		(47)		1 7	2 45 89	2 7 8
H	4 7		(89)			1 3	1 7	1 5 7	
I		2 5	6^1		2 5 8		12 45 89		3^{11}

∵七宫8、9封闭，写⑧⑨　⇒　七宫G1、G2、I2三格2、3、5封闭

3列⑷⑺　⇒　$G3=1^{12}$　⇒　$B3=3^{13}$

∵B3=3　三马3　⇒　$A8=3^{14}$　⇒　$B8=6^{15}$

下面重新开始编号解题，斜体数字为答案。

	1	2	3	4	5	6	7	8	9
A	1 5 7		(47)		6[8]	12 45 89	(89)	3	1 5 7 9
B	2 5 8	1 5 7 9	3	12 45 89	12 45 89	2 5 8	23 5	6	
C		6	5 9	12 45 89	3		(89)		
D	9[2] (89)	3	2	6	1	7	4 5		8[1] (89)
E			(47)	3		2 45 89	6[5]	1 7 9 (36)	1 (179) 7 9
F	6			89			3[4]	2[3] 1 89	1 7 9
G	23 5	2 5	1			6[7]		2 45 89	2 7 8
H	4 7		(89)		(47)	13	1 7	1 5 7	6[6]
I		2 5	6		2 5 8		12 45		3

∵六宫骑马 5　⇒　六宫中 E8、E9、F9，1、7、9 封闭，写(17)(9)　⇒
D9＝8[1]　⇒　D1＝9[2]

∵六宫(45)(17)(9)　D9＝8　⇒　F8＝2[3]　⇒　六宫(36)

∵E4＝3　⇒　F7＝3[4]　E7＝6[5]　∵E7＝6　B8＝6　⇒　H9＝6[6]

∵H9＝6　I3＝6　D4＝6　⇒　G6＝6[7]　⇒　A5＝6[8]

下面再次重新编号解题，斜体数字为答案。

	1	2	3	4	5	6	7	8	9
A	1 5 23 1 ⑧⑨ 7	4^5 ㊼	7^4	6	1 2^{30} 8	⑧⑨	3	1 5^{34} 5	
B	5 8	7^{13} 7 9	3	1 4	1 9^{28} 9	5 8	2 5^{27}	6	1 4
C	2^{29}	6	5 9	1 45 8	3		⑧⑨	7^{14}	
D	9	3	2	6	1	7	5^{22} 4 5	4^{23}	8
E	⑤⑧	4^{32}	7^6 ㊼	3	2^{31}	5 8	6	1 25 9 ⑲	1 26 9
F	6	1^{11}	⑤⑧	89			3	2 2^3 79	1 7^7
G	23 5 3^1	5 5^9	1		4^{17} ㊼	6	7^{19}	4 89	23 2^8
H	4 74^{16} ㊼	⑧⑨		2^{12}	7^{18}	1 3 3^2	1 71^{20}	1 5^{21}	6
I	■7^{15}	2 2^{10}	6	1	5 8	1	1 45^{29} 4		3

∵七宫㉕ ⇒ G1=3¹　∵G1=3 I9=3 ⇒ H6=3² ⇒ 七宫㊼

∵D9=8 ⇒ F8=2³

∵D6=7 八宫㊼ B4、C4 都无7 ⇒ A4=7⁴

∵A4=7 3列㊼ ⇒ A3=4⁵ E3=7⁶ ⇒ 六宫⑲ ⇒ F9=7⁷ ⇒
G9=2⁸ ⇒ G2=5⁹ ⇒ I2=2¹⁰

∵六宫⑲ G3=1 ⇒ F2=1¹¹　∵I2=2 G9=2 ⇒ H4=2¹²

∵G3=1 D5=1 ⇒ 八马1

∵A4=7 E3=7 七马7 ⇒ B2=7¹³

∵B2=7 A4=7 F9=7 ⇒ C8=7¹⁴

∵C8=7 F9=7 ⇒ 九马7

∵九马7 八马7 ⇒ 破骑马7 ⇒ I1=■7¹⁵ ⇒ H1=4¹⁶

∵H1=4 八马4 ⇒ C5=4¹⁷ ⇒ H5=7¹⁸ ⇒ G7=7¹⁹ ⇒
H7=1²⁰ ⇒ H8=5²¹

∵H8=5 六马5 ⇒ D7=5²² ⇒ D8=4²³

∵H7＝1　H8＝5　⇒　I7＝4^{24}

∵H7＝1　⇒　三宫的1在右竖，又六马1　⇒　E8＝1^{25}　⇒　E9＝9^{26}

∵D7＝5　⇒　B7＝2^{27}　⇒　B行⑤⑧（B1与B6）　⇒　B行B4、B5、B9⑭⑨闭　⇒　B9＝1或4

∵D5＝1　G5＝4　⇒　B5＝9^{28}　⇒　B行B4、B9有⑭

∵A行A1与A9有⑮

∵I2＝2　D3＝2　A1无2　B7＝2　⇒　C1＝2^{29}　⇒　A6＝2^{30}

∵A6＝2　F8＝2　⇒　E5＝2^{31}

∵H1＝4　A3＝4　⇒　E2＝4^{32}　⇒　四宫空格写5、8　⇒　1列⑤⑧　⇒　A1＝1^{33}　⇒　A9＝5^{34}　⇒　A行⑧⑨，九宫空格写8、9，5列空格写5、8。

同样为了区分，下面重新开始编号且以斜体字表示。

	1	2	3	4	5	6	7	8	9
A	1	8^{19} ⑧⑨	4	7	6	2	9^{18} ⑧⑨	3	5
B	5^{20} (5 8)	7	3	4^{5} (1 4)	9	8^{12} (5 8)	2	6	1^{6} (1)
C	2	6	9^{16} (5 9)	5^{11} (1 4 5 8)	3	1^{8}	8^{17} ⑧⑨	7	4^{7}
D	9	3	2	6	1	7	5	4	8
E	8^{21} ⑤⑧	4	7	3	2	5^{13} (5 8)	6	1	9
F	6	1	5^{15} ⑤⑧	9^{1} (89)	8^{14}	4^{2}	3	2	7
G	3	5	1	8^{10}	4	6	7	9^{24} (89)	2
H	4	9^{22} ⑧⑨	8^{23}	2	7	3	1	5	6
I	7	2	6	1^{4} (1)	5^{9} (5 8 1)	9^{3}	4	8^{25} (89)	3

∵五宫⑤⑧　⇒　F4＝9^{1}　⇒　F6＝4^{2}

∵F4=9　B5=9　⇒　I6=9^3　⇒　I4=1^4　⇒　B4=4^5　⇒　B9=1^6
　⇒　C9=4^7

∵6列九缺一　⇒　C6=1^8

∵G2=5　⇒　I5=5^9　⇒　G4=8^{10}　⇒　C4=5^{11}　⇒　B6=8^{12}　⇒
　E6=5^{13}　⇒　F5=8^{14}　⇒　F3=5^{15}　⇒　C3=9^{16}　⇒　C7=8^{17}　⇒
　A7=9^{18}　⇒　A2=8^{19}　⇒　B1=5^{20}　⇒　E1=8^{21}

∵C3=9　⇒　H2=9^{22}　⇒　H3=8^{23}

∵G行九缺一　⇒　G8=9^{24}　⇒　I8=8^{25}

注意：原题中的

6、 O N O

右边的"O"为多余的。

～第12题完～

第 6 轮　第 13 题　高飞

将下面六组数串填入数独题目的灰色格内，每组数串的数字顺序不能更改，数串可以从左到右或者从右到左填写，然后在空格内填入数字 1～9，使得每行、每列和每宫数字不重复。

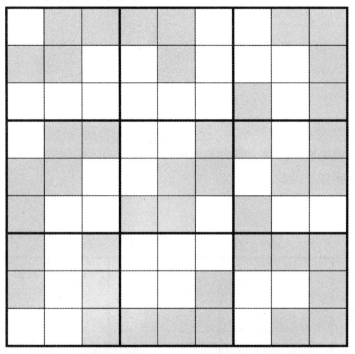

① 3615834　　④ 6439537
② 6417956　　⑤ 7983485
③ 2658294　　⑥ 8926189

图 13（a）

注：原题无编号①～⑥字样，是为方便叙述，由作者添加的。

解:

首先我们来分析确定①～⑥号数串在各灰色区域是否适合的情况，如下表：

	一、二宫		三、六宫		四、七宫		五宫		七、八宫		九、六宫		对√统计	
	左	右	上	下	上	下	上	下	左	右	上	下	顺序	逆序
①	√	×	√	√	√	√	√	√	√	×	√	×	6	3
②	×	×	×	×	√	√	√	√	√	√	√	√	4	4
③	√	√	√	√	×	√	√	×	√	√	√	×	5	4
④	×	×	√	√	√	×	√	×	√	√	×	×	1	2
⑤	×	√	×	×	√	√	×	×	×	√	×	×	1	3
⑥	×	√	√	√	√	√	√	√	√	√	×	×	4	5

统计结果发现有两个 1 字，这表明跨四、七宫的灰色区域，按顺序只有第④数串或第⑤数串可填入，此为本题突破点。

假设第④数串顺序适合

将第④数串按从上到下的顺序填入四、七宫的灰色区域。

图 13（b）

解:

　　此时适用于填入三、六宫灰色区域者，唯一的只有第③数串，按逆序填入 ⇒ 任一条数串均不适于填入五宫，矛盾 ⇒ 假设被否定，无解 ⇒ 第⑤数串顺序适合填入四、七宫灰色区域。

已知第⑤数串适合

　　将第⑤数串按从上到下的顺序填入四、七宫的灰色区域。

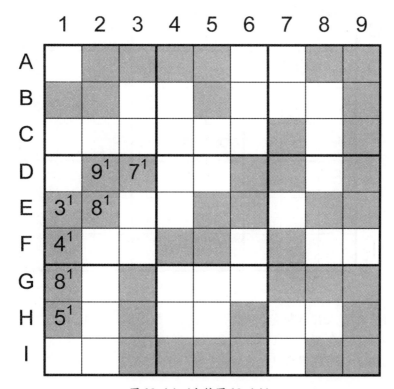

图 13（c）（上接图 13（a））

解:

　　此时适合填入三、六宫灰色区域的只有第③数串的顺逆两种，即

　　　　　　③逆序数串：4928562　　　③顺序数串：2658294

　　下面我们分别来加以验证。

假设③逆序数串合适填入

	1	2	3	4	5	6	7	8	9
A								4	9
B									2
C							6		8
D		9	7			1	4		5
E	3	8			9	7		2	6
F	4			6	5				
G	8								
H	5								
I									

图 13（d）（上接图 13（c））

此时适合填入五宫灰色区域的只有第②数串顺序，但一、二宫灰色区域则无任一数串适合填入，矛盾了，因此③逆序数串不合适。

∴已知③顺序数串合适。

已知四、七宫填入第⑤数串顺序、三、六宫填入③数串顺序合适

	1	2	3	4	5	6	7	8	9
A		5^4	9^4	3^4	4^4			2^2	6^2
B	7^4	3^4			6^4				5^2
C							9^3		8^2
D		9^1	7^1			1^3	8^3		2^2
E	3^1	8^1			2^3	6^3		4^2	9^2
F	4^1			8^3	9^3		6^6		
G	8^1		3^5				5^6	9^6	7^6
H	5^1		6^5			4^5			1^6
I			1^5	5^5	8^5	3^5		6^6	4^6

图 13（e）（上接图 13（a））

解：

　　此时五宫适合者，唯一的只有第⑥数串逆序　⇒　此时一、二宫适合者，唯一的只有第④数串逆序　⇒　此时七、八宫适合者，唯一的只有第①数串顺序　⇒　六宫填入者为第②数串逆序了。

　　以下的工作按标准数独解之即可。

	1	2	3	4	5	6	7	8	9
A	1^{28}	5	9	3	4	8^{29}	7^{19}	2	6
B	7	3	8^{18}	2^{37}	6	9^{36}	4^{7}	1^{20}	5
C	2^{27}	6^{26}	4^{8}	1^{38}	5^{35}	7^{39}	9	3^{1}	8
D	6^{9}	9	7	4^{4}	3^{4}	1	8	5^{10}	2
E	3	8	5^{15}	7^{12}	2	6	1^{14}	4	9
F	4	1^{16}	2^{17}	8	9	5^{11}	6	7^{13}	3^{2}
G	8	4^{5}	3	6^{33}⑯	1^{34}	2^{32}	5	9	7
H	5	2^{23}	6	9^{30}	7^{31}	4	3^{3}	8^{21}	1
I	9^{24}	7^{25}	1	5	8	3	2^{22}	6	4

图 13 (f)

解：

∵A4＝3 B2＝3 ⇒ C8＝3^{1}　　　∵C8＝3 E1＝3 ⇒ F9＝3^{2}

∵C8＝3 I6＝3 ⇒ H7＝3^{3}

∵F9＝3 E1＝3 A4＝3 ⇒ D5＝3^{4}　∵I9＝4 H6＝4 ⇒ G2＝4^{5}

∵H6＝4 E8＝4 ⇒ D4＝4^{6}　　　　∵A5＝4 E8＝4 ⇒ B7＝4^{7}

∵B7＝4 A5＝4 F1＝4 G2＝4 ⇒ C3＝4^{8}

∵F7＝6 E6＝6 ⇒ D1＝6^{9} ⇒ D8＝5^{10}

∵I4＝5 ⇒ F6＝5^{11} ⇒ E4＝7^{12} ⇒ F8＝7^{13} ⇒ E7＝1^{14} ⇒
E3＝5^{15}

∵I3＝1 ⇒ F2＝1^{16} ⇒ F3＝2^{17} ⇒ B3＝8^{18}

∵B1＝7 ⇒ A7＝7^{19} ⇒ B8＝1^{20} ⇒ H8＝8^{21} ⇒ I7＝2^{22}

∵I7＝2 ⇒ H2＝2^{23}

∵D2＝9 ⇒ I1＝9^{24} ⇒ I2＝7^{25} ⇒ C2＝6^{26}

∵A8＝2 ⇒ C1＝2^{27} ⇒ A1＝1^{28} ⇒ A6＝8^{29}

∵F5＝9 G8＝9 ⇒ H4＝9^{30} ⇒ H5＝7^{31}

∵D6＝1 E6＝6 ⇒ 八马1、八马6且八宫⑯ ⇒ G6＝2^{32}

∵B5＝6 八马6 ⇒ G4＝6^{33} ⇒ G5＝1^{34} ⇒ C5＝5^{35}

∵H4＝9 C7＝9 ⇒ B6＝9^{36} ⇒ B4＝2^{37} ⇒ C4＝1^{38} ⇒ C6＝7^{39}

～第13题完～

第 7 轮个人赛　TNT 数独（TNT）

本轮是 3 个数独的大连体，正中间的是标准数独，上边和下边的是不规则数独。

第1题：不规则数独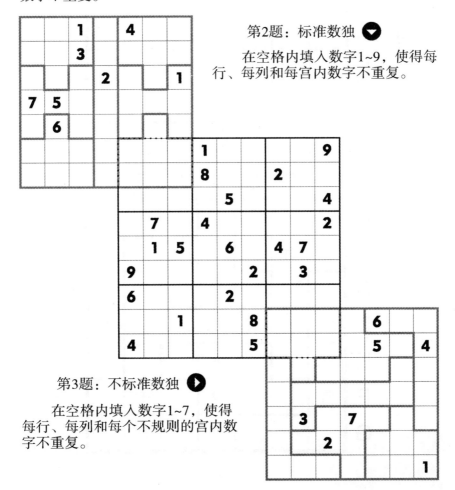

在空格内填入数字1~7，使得每行、每列和每个不规则的宫内数字不重复。

第2题：标准数独

在空格内填入数字1~9，使得每行、每列和每宫内数字不重复。

第3题：不标准数独

在空格内填入数字1~7，使得每行、每列和每个不规则的宫内数字不重复。

解：现将题目按习惯分宫。

第 1 题

	1	2	3	4	5	6	7
A		一				二	
B		宫				宫	
C				四			
D	三		宫		五		宫
E				宫			
F		六				七	
G		宫				宫	

第 3 题

	1	2	3	4	5	6	7
A		一					
B		宫		二			三
C				宫			
D	四		五		宫		宫
E			六				
F	宫		宫		七		
G					宫		

初步分析第 1、2、3 题

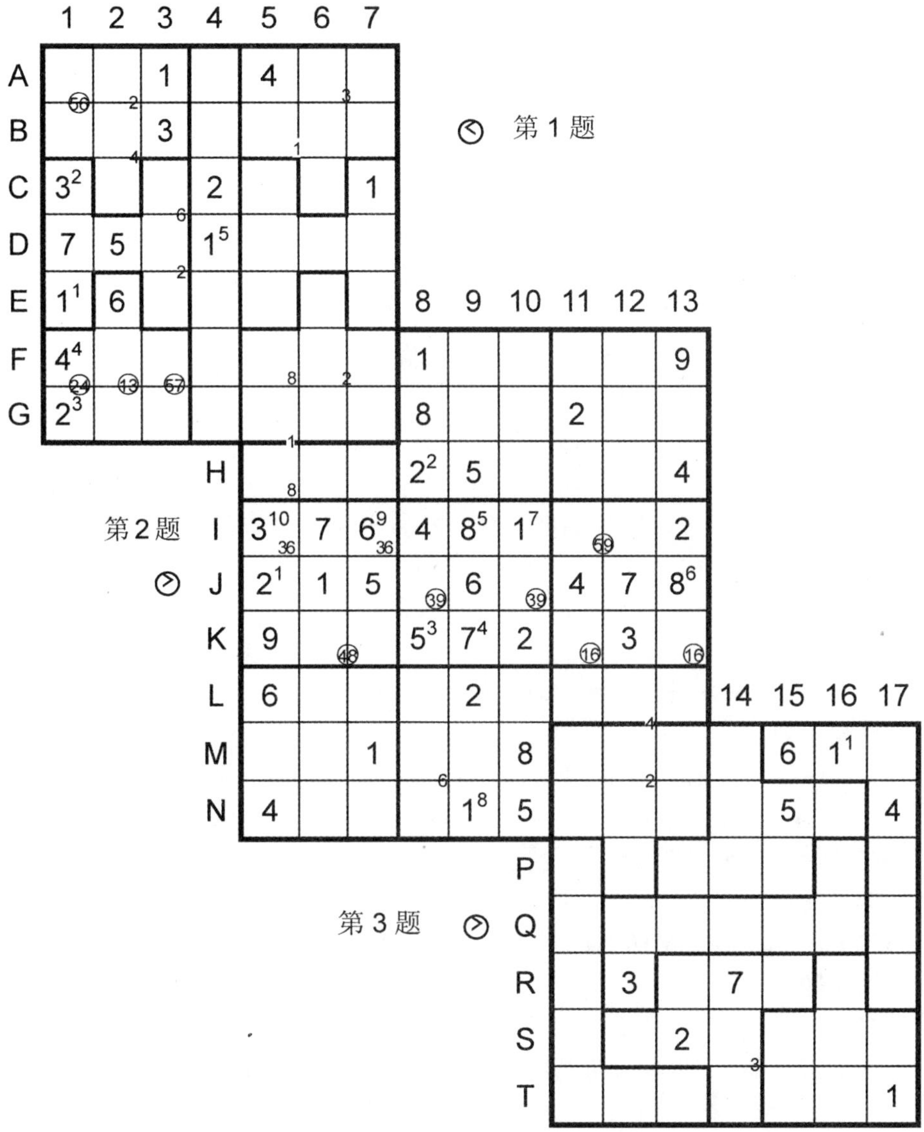

第 1 题：

∵A3=1 C7=1 ⇒ E1=1^1 ∵B3=3 ⇒ C1=3^2

∵C4=2 ⇒ 三马 2 ∵A3=1 C7=1 ⇒ 二马 1

∵A3=1 B3=3 C1=3 E1=1 ⇒ 六宫⑬

∵B3=3 C1=3 ⇒ 二马 3

∵D2=5 E2=6 ⇒ 一宫(56) ⇒ 六宫㉔ ⇒ 六宫(57)

第 2 题：

∵I13＝2　K10＝2　⇒　J5＝2^1　　　∵L9＝2　K10＝2　⇒　H8＝2^2

∵K12＝3　⇒　四马 3　⇒　五马 3

∵H13＝4　J11＝4　N5＝4　⇒　九马 4

∵H9＝5　N10＝5　J7＝5　⇒　K8＝5^3　⇒　六马 5

∵L5＝6　J9＝6　⇒　八马 6　　　∵I6＝7　J12＝7　⇒　K9＝7^4

∵G8＝8　M10＝8　⇒　I9＝8^5　⇒　四马 8　⇒　J13＝8^6

J 行空格写 3、9，且 J 行㊴　⇒　I10＝1^7　⇒　六马 1

∵G11＝2　I13＝2　K9＝2　⇒　九马 2

∵M10＝8　I9＝8　G8＝8　⇒　5 列骑马 8，即一马 8

∵F8＝1　I10＝1　M7＝1　⇒　N9＝1^8

∵I8＝4　⇒　四马 4，且四宫㊽

四宫空格写 3、6。　∵L1＝6　⇒　I7＝6^9　⇒　I5＝3^{10}

K 行空格写 1、6，且 K 行⑯　⇒　六马 9　⇒　六宫㊾

∵M7＝1　J6＝1　F8＝1　⇒　一马 1

∵G11＝2　H8＝2　J1＝2　⇒　一马 2

第 1 题：

∵七马 2，又六马 2　⇒　G1＝2^3　⇒　F1＝4^4

观察 4 列。

∵A3＝1　二马 1　E1＝1　C7＝1　⇒　七宫 F5、F6、G5、G6 待定数
　　为 1，又六马 1　⇒　F4≠1，且 G4≠1　⇒　D4＝1^5

∵E2＝6　⇒　三马 6

第 3 题：

∵T17＝1　⇒　M16＝1^1　　　　　∵R12＝3　⇒　六马 3

第 1 题：

∵C4＝2　⇒　一马 2　　　　　∵A5＝4　⇒　一马 4

下面按一马 2、七马 2 进行组合，可得下面四组有效组合：

$$① \begin{cases} B2＝2 \\ F6＝2 \end{cases} \quad ② \begin{cases} B2＝2 \\ F7＝2 \end{cases} \quad ③ \begin{cases} A2＝2 \\ F6＝2 \end{cases} \quad ④ \begin{cases} A2＝2 \\ F7＝2 \end{cases}$$

我们依次命名为第 1.①题、第 1.②题、第 1.③题、第 1.④题再来解之。

第 1 题　第 1.①题　B2＝2　F6＝2

第 1 题（cols 1–7, rows A–G）

	1	2	3	4	5	6	7
A	6^7	7^3	1	5^{11}	4	3^5	2^4
B	5^8	2^1	3	4^{10}	6^{17}	1^{16}	7^{15}
C	3	4^2	6^6	2	7^{12}	5^9	1
D	7	5	2^{21}	1	3^{19}	4^{34}	6^{35}
E	1	6	4^{22}	■3^{13}	2^{20}	■7^{14}	5^{18}
F	4	1^{27}	7^{31}	6^{33}	5^{29}	2^1	3^{25}
G	2	3^{26}	5^{30}	7^{32}	1^{28}	6^{23}	4^{24}

🕐 第 1 题

第 2 题（cols 8–13 右侧区）

	8	9	10	11	12	13
F	1					9
G	8			2		
H		2	5			4
I	3	7	6	4	8	1
J	2^1	1	5		6	
K	9			5	7	2
L	6			2		
M			1		8	
N	4				1	5

🕤 第 2 题 J

第 3 题（cols 14–17, rows L–T）

	14	15	16	17
M			6	1^1
N			5	4
R		3		7
S			2	
T				1

🕐 第 3 题 Q

解第 1 题：

∵B2＝2　⇒　C2＝4^2　⇒　A2＝7^3

∵B2＝2　C4＝2　F6＝2　⇒　A7＝2^4　⇒　A6＝3^5

∵A7＝2　F6＝2　C4＝2　⇒　五马 2

∵C2＝4　⇒　三马 4，且三宫㉔　⇒　C3＝6^6　⇒　二宫的 6 处于中

横，又一马 6 ⇒ A1=6[7] ⇒ B1=5[8] ⇒ C6=5[9] ⇒ 二宫中横为 1、6、7 ⇒ B4=4[10]

∵A 行七缺一 ⇒ A4=5[11]

∵C 行七缺一 ⇒ C5=7[12] ⇒ 二马 7

∵D2=5 ⇒ 五马 5

∵A5=4 ⇒ 五宫 D6、D7、E7 都有待定数 4 ⇒ 若 E6=4 ⇒ D3=4 ⇒ 五宫无 4 ⇒ E6≠4，又 F1=4 ⇒ 七马 4

∵E2=6 ⇒ 四马 6

∵A6=3 ⇒ 七宫 F5、F7、G5、G7 都有待定数 3，又六马 3 ⇒ 异骑马 3 ⇒ E4=■3[13]

∵E4=3 A6=3 ⇒ 五马 3，四宫空格写 6、7。

∵六马 7 四马 7 ⇒ 田骑马 7 ⇒ E6=■7[14]

∵E6=7 二马 7 ⇒ B7=7[15]，二宫空格写 1、6。

∵第 2 题 J6=1 ⇒ 本题 G6≠1，，又 D6≠1 ⇒ B6=1[16] ⇒ B5=6[17]

∵第 2 题 J7=5 ⇒ 本题 F7≠5，，且 G7≠5 D2=5 ⇒ E7=5[18]

∵第 2 题 I5=3 ⇒ 本题 F5≠3，，且 G5≠3 E5=3 ⇒ D5=3[19] ⇒ E5=2[20]

∵E5=2 三马 2 ⇒ D3=2[21] ⇒ E3=4[22]，五宫空格写 4、6，5 列空格写 1、5。

∵D5=3 A6=3 ⇒ 七马 3

∵第 2 题 I7=6 ⇒ 本题 G7≠6 F7≠6 B5=6 ⇒ G6=6[23] ⇒ G7=4[24] ⇒ F7=3[25]

∵F7=3 六马 3 ⇒ G2=3[26] ⇒ F2=1[27]

∵F2=1 ⇒ G5=1[28] ⇒ F5=5[29] ⇒ G3=5[30] ⇒ F3=7[31] ⇒ G4=7[32] ⇒ F4=6[33]

∵6 列七缺一 ⇒ D6=4[34] ⇒ D7=6[35]

第 1 题表面上已解出了，但是在第 1.①题的假设（B2=2、F6=2）下解出的，是否是本轮的解，有待后续的论证。

第 1 题　第 1.②题　B2＝2　F7＝2

	1	2	3	4	5	6	7
A	6^6	7^3	1	5^9	4	2^4	3^5
B	5^7 ^{65}	2^1	3	4^{10}	6^{15}	1^{12} ^{3}	7^{14} ^{67}
C	3	4^2 ^{4}	6^6	2	7^{13} ^{671}	5^8	1
D	7	5	^{6}	1		4^{17}	6^{16} $^4_6$
E	1	6	㉔	23	5		5^{11} ^{5}
F	4						2^1
G	2	13	57	6	51		3

解：

∵B2＝2　⇒　C2＝4^2　⇒　A2＝7^3

∵B2＝2　C4＝2　F7＝2　⇒　A6＝2^4　⇒　A7＝3^5

∵C2＝4　⇒　三马 4，且三宫㉔　⇒　C3＝6^6　⇒　二宫的 6 处于中
　横，又一马 6　⇒　A1＝6^6　⇒　B1＝5^7　⇒　C6＝5^8

∵A 行七缺一　⇒　A4＝5^9　⇒　二宫中横为 1、6、7　⇒　B4＝4^{10}

∵A6＝2　F7＝2　C4＝2　⇒　五马 2　∵C6＝5　D2＝5　⇒　五马 5

∵E2＝6　⇒　四马 6

∵第 2 题 J7＝5　⇒　本题 G7≠5，又 C6＝5　⇒　七马 5，又五马 5　⇒
　E7＝5^{11}

∵第 2 题 J6＝1　⇒　本题 F6≠1，且 G6≠1，又 C7＝1　E1＝1　⇒　七
　马 1

∵七马 1　二马 1　⇒　B6＝1^{12}，二宫空格写 6、7。

∵C 行七缺一　⇒　C5＝7^{13}

∵C5＝7 二马7 ⇒ B7＝7¹⁴ ⇒ B5＝6¹⁵

∵A5＝4 ⇒ 五马4

∵B5＝6 ⇒ 五马6，且五宫㊻ ⇒ 五宫空格写2、3。

∵第 2 题 I7＝6 ⇒ 本题 G7≠6 ⇒ 七宫的 6 在中竖，又五马6 ⇒ D7＝6¹⁶ ⇒ D6＝4¹⁷

∵第 2 题 I6＝7 ⇒ 本题 E6≠7 F6≠7 G6≠7，又 B7＝7 ⇒ 七宫无 7，矛盾

∴第 1.②题无解。

第 1 题 第 1.③题 B2＝2 F7＝2

	1	2	3	4	5	6	7
A	6²¹	2¹	1	5¹⁹	4	3¹⁰	7²²
B	5²⁰	7²⁴	3	4¹⁸	6³³	1²	2³²
C	3	4²³	6²⁷	2	7³⁴	5³⁵	1
D	7	5	2²⁶	1	3¹¹	4¹³	6²⁸
E	1	6	4²⁵	3⁸	2³¹	7²⁹	⁻5³⁰
F	4	1⁶	7¹⁶	6⁴	5¹⁴	2¹	3⁹
G	2	3⁷	5¹⁵	7¹⁷	1⁵	6³	4¹²

解：

2 列空格写 4、7。 ∵A2＝2 F6＝2 ⇒ 二马 2

∵第 2 题 J6＝1 ⇒ 本题 G6≠1，又 E1＝1 C7＝1 ⇒ 七马 1，又二马 1 ⇒ B6＝1²

∵第 2 题 I5＝3 ⇒ 本题 F5≠3 G5≠3 ⇒ 七宫 G6、G7、E6、F7 都有待定数 3，又二马 3 ⇒ 异骑马 3，又 C1＝3 ⇒ ■五马 3

∵第 2 题 I7＝6　K5＝6　⇒　七宫 F5、F9、G5、G9 皆不等于 6，又

∵E2＝6　E6≠6　⇒　G6＝6[3]

∵G6＝6　⇒　二宫 B5、B7、A7 都有待定数 6，又一马 6　⇒　异骑马 6

　⇒　A4≠6　B4≠6，又 E2＝6　G6＝6　⇒　F4＝6[4]

∵B3＝3　二马 3　⇒　4 列骑马 3

∵第 2 题一宫有骑马 1　⇒　G5＝1 或 H5＝1，又本题七宫也有骑马 1

　⇒　F5＝1 或 G5＝1　⇒　G5＝1[5]

∵G5＝1　六马 1　⇒　F2＝1[6]　⇒　G2＝3[7]

∵G2＝3　四马 3　⇒　E4＝3[8]

∵E4＝3　G2＝3　五马 3　⇒　F7＝3[9]

∵F7＝3　二马 3　⇒　A6＝3[10]

∵E4＝3　五马 3　⇒　D3＝3[11]

∵第 2 题 M5＝4　⇒　本题 F5≠4，又

∵第 2 题 H13＝4　⇒　G7＝4[12]

注意：此处的 G7 在第 2 题中也是 G7。

∵A5＝4　G7＝4　⇒　D6＝4[13]　⇒　三马 4

∵第 2 题 H9＝5　⇒　F5＝5[14]

∵F5＝5　六马 5　⇒　G3＝5[15]　⇒　F3＝7[16]

∵G 行七缺一　⇒　G4＝7[17]，四宫空格写 4、5。

∵A5＝4　⇒　B4＝4[18]　⇒　A4＝5[19]

∵A4＝5　一马 5　⇒　B1＝5[20]　⇒　A1＝6[21]

∵A 行七缺一　⇒　A7＝7[22]

∵B4＝4　一马 4　⇒　C2＝4[23]　⇒　B2＝7[24]

∵C2＝4　三马 4　⇒　E3＝4[25]　⇒　D3＝2[26]　⇒　C3＝6[27]

∵D 行七缺一　⇒　D7＝6[28]

∵七宫七缺一　⇒　E6＝7[29]

∵F5＝5　⇒　E5≠5　⇒　E7＝⁻5[30]　⇒　E5＝2[31]

∵E5＝2　二马 2　⇒　B7＝2[32]　⇒　B5＝6[33]　⇒　C5＝7[34]　⇒　C6＝5[35]

第 1.③题完成了，其中第九宫下面两行的答案与第 1.①题的答案相同。若此两行答案能与第 2 题及第 3 题相配，则说明本轮的题有两解，这违背了数独唯一解的原则。故第 1.①题、第 1.③题之解无效，解题的希望落在第 1.④题。

第 1 题　第 1.④题　A2＝2　F7＝2

	1	2	3	4	5	6	7
A	6^{11}	2^1	1	5^{24}	4	7^{22}	3^9
B	5^{12}	4^{20}	3	7^{25}	2^3	1^2	6^{10}
C	3	7^{21}	4^{19}	2	6^{17}	5^{23}	1
D	7	5	6^{18}	1	3^{13}	2^4	4^{26}
E	1	6	2^5	4^{27}		3^{16}	
F	4	1^7		3^{28}		6^{15}	2^1
G	2	3^8		6^{29}	1^6	4^{14}	

解：

∵F7＝2　A2＝2　C4＝2　⇒　二马 2，2 列空格写 4、7。

∵第 2 题提供信息 J6＝1，又 C7＝1　⇒　E1＝1　⇒　七马 1，又二马 1　⇒　B6＝1^2　⇒　B5＝2^3

∵B5＝2　F7＝2　⇒　D6＝2^4，又三马 2　⇒　E3＝2^5，三宫空格写 6、4，D 行空格写骑马 3。

∵第 2 题提供信息 I7＝6　L5＝6，本题 E2＝6　⇒　七马 6　⇒　二马 6，又 E2＝6　⇒　四马 6

∵第 2 题提供信息 H13＝4，本题 F1＝4　A5＝4　⇒　七马 4（注意 E6 格不属于第 2 题的一宫）

∵第 2 题提供信息 H9＝5　J7＝5　⇒　本题 G7≠5,，且 F5、F6、G5、G6 有待定数 5，又六马 5　⇒　F4≠5，G4≠5

∵第 2 题提供信息 G5＝1 或 H1＝1，本题 F5＝1 或 G5＝1　⇒　G5＝1^6

∵G5＝1　六马 1　⇒　F2＝1^7　⇒　G2＝3^8

∵第 2 题提供信息 I5＝3　⇒　本题 F5≠3，又 G2＝3　⇒　七马 3

∵七马 3　二马 3　⇒　A7＝3[9]　⇒　B7＝6[10]

∵B7＝6　一马 6　⇒　A1＝6[11]　⇒　B1＝5[12]

二宫空格写 5、7，A 行空格写 5、7　⇒　七宫空格写 5、7

∵A7＝3　五马 3　⇒　D5＝3[13]　∵A5＝4　⇒　五马 4

∵五马 4　七马 4　⇒　G6＝4[14]　⇒　F6＝6[15]　⇒　E6＝3[16]

∵B7＝6　⇒　五马 6　　　∵五马 6　E2＝6　⇒　C5＝6[17]

∵C5＝6　三马 6　⇒　D3＝6[18]　⇒　C3＝4[19]

∵C3＝4　一马 4　⇒　B2＝4[20]　⇒　C2＝7[21]

∵C2＝7　二马 7　⇒　A6＝7[22]　⇒　C6＝5[23]　⇒　A 行七缺一　⇒
　　A4＝5[24]

∵B 行七缺一　⇒　B4＝7[25]

∵D 行七缺一　⇒　D7＝4[26]，五宫空格写 5、7。

∵E 行七缺一　⇒　E4＝4[27]

∵G2＝3　⇒　F4＝ǀ3[28]　⇒　G4＝6[29]

至此，第 1.④题有两解，由第 2 题将可判定。现在我们分别命名为第 1.
④.1 题、第 1.④.2 题并进行简单的检验，以确定第 2 题的解。

第 1.④.1 题

	1	2	3	4	5	6	7
A	6	2	1	5	4	7	3
B	5	4	3	7	2	1	6
C	3	7	4	2	6	5	1
D	7	5	6	1	3	2	4
E	1	6	2	4	5	3	7
F	4	1	5	3	7	6	2
G	2	3	7	6	1	4	5

第 1.④.2 题

	1	2	3	4	5	6	7
A	6	2	1	5	4	7	3
B	5	4	3	7	2	1	6
C	3	7	4	2	6	5	1
D	7	5	6	1	3	2	4
E	1	6	2	4	7	3	5
F	4	1	7	3	5	6	2
G	2	3	5	6	1	4	7

第 1.④.1 解中 G7＝5 与第 2 题中 J7＝5 矛盾　⇒　第 1.④.1 题解被否
定。

将上右图第 1.④.2 题解的第七宫下面两行填入第 2 题后，可得下图：

	5	6	7	8	9	10	11	12	13
F	5	6	2	1	47	738			9
G	1	4	7	8	96		2	3 / 5	
H	ˡ8¹	3 / 9		2	5 / 7	71			4
I	3	7	6	4	8	1	⑨⑤		2
J	2	1	5	㉝	6	㉝		4	7	8
K	9	4 / 8		5	7	2	16	3	16
L	6	5		2	49			4 / 7	
M	7²	2	1	6³	49	8		2	
N	4	7		1	5			7	

解：

∵M10＝5 ⇒ H5＝ˡ8¹ ⇒ M5＝7²

∵K9＝7 G7＝7 ⇒ 二马 7

∵第 3 题提供讯息 M15＝6 ⇒ 本题九宫中横无 6，又 L5＝6 ⇒ 九宫的 6 在下横，又 L5＝6 J9＝6 ⇒ M8＝6³

∵N5＝4 I8＝4 ⇒ 八马 4 ∵K9＝7 二马 7 ⇒ 八马 7

∵F8＝1 G5＝1 ⇒ 三马 1 ∵G7＝7 J12＝7 ⇒ 三马 7

∵F5＝5 H9＝5 ⇒ 三马 5

∵G8＝8 H5＝8 ⇒ 三马 8，一宫空格写 3、9。

∵K12＝3 一马 3 ⇒ 三马 3 ∵H13＝4 G6＝4 ⇒ 二马 4

∵F6＝6 J9＝6 ⇒ 二马 6 ∵J12＝7 三马 7 M5＝7 ⇒ 九马 7

∵F13＝9 ⇒ 9 列骑马 9 ∵J7＝5 N10＝5 ⇒ 七马 5

∵F7＝2 L9＝2 ⇒ 七马 2 ∵九宫骑马 2 ⇒ M12＝2 或 N12＝2

下面我们分别检验这两个结论。

假设 M12＝2

	5	6	7	8	9	10	11	12	13
F	5	6	2	1	3^6	4^7	$\bar{}7^{12}$	8^{13}	9
G	1	4	7	8	9^4	6^9	2	5^{11}	3^{10}
H	8			2	5	7^8	6^{15}	$■1^{14}$	4
I	3	7	6	4	8	1	5^{22}	9^{23}	2
J	2	1	5		6		4	7	8
K	9	8^{26}	4^{27}	5	7	2	1^{17}	3	6^{16}
L	6	5^{21}		7^{25}	2		1	4^2	1^{18}
M	7		1	6	4^3	8		2^1	5^{20}
N	4	2^5			1	5		6^{24}	7^{19}

解：

∵M12＝2 ⇒ L12＝4^2　　　∵L12＝4　八马4 ⇒ M9＝4^3

∵M9＝4　9列骑马9 ⇒ G9＝9^4　∵M12＝2　七马2 ⇒ N6＝2^5

∵9列九缺一 ⇒ F9＝3^6 ⇒ F10＝4^7 ⇒ H10＝7^8 ⇒ G10＝6^9

∵F9＝3　三马3 ⇒ G13＝3^{10} ⇒ G12＝5^{11}

∵J12＝7 ⇒ F11＝$\bar{}7^{12}$ ⇒ F12＝8^{13}

∵M7＝1　N9＝1 ⇒ 九马1

∵九马1　六马1 ⇒ 田骑马1 ⇒ H12＝$■1^{14}$ ⇒ H11＝6^{15}

∵H11＝6　六马6 ⇒ K13＝6^{16} ⇒ K11＝1^{17}

∵K11＝1　九马1 ⇒ L13＝1^{18} ⇒ N9＝7^{19}

∵13列九缺一 ⇒ M13＝5^{20}　　　∵M13＝5　七马5 ⇒ L6＝5^{21}

∵G12＝5　六马5 ⇒ I11＝5^{22} ⇒ I12＝9^{23} ⇒ N12＝6^{24}

∵N13＝7　八马7 ⇒ L8＝7^{25}

8 列空格写 3、9，八宫空格写 3、9。

$\because$ I7＝6 $\Rightarrow$ 七马 8，又四马 8 $\Rightarrow$ K6＝8[26] $\Rightarrow$ K7＝4[27]

现将九宫讯息

	11	12	13
L		4	1
M		2	5
N		6	7

填入第 3 题，可得下图：

	11	12	13	14	15	16	17
M		2	5		6	1	
N		6	7		5		4
P				2			
Q				1			
R		3		7			
S			2				
T							1

由上述九宫可知 M11、N11 两格都不能填入 1 和 4

$\Rightarrow$ 下图 M11、N11 两格都不能填入 1 和 4

$\Rightarrow$ 不规则的一宫 1 和 4 都挤入 P12 格

⇒　矛盾

⇒　假设 M12＝2 不成立

⇒　N12＝2 成立

已知 N12＝2^1

	5	6	7	8	9	10	11	12	13
F	5	6	2	1	$_{47}$		$_{738}$		9
G	1	4	7	8	$_9$	$_6$	2	$_{53}$	
H	8	$_{39}$		2	5	$_7$	$_{71}$		4
I	3	7	6	4	8	1	㊟95		2
J	2	1	5	㊟39	6	㊟39	4	7	8
K	9	$_{48}$		5	7	2	$_{16}$	3	$_{16}$
L	6	5^3		$_7$	2	$_4$		$_4$	$_7$
M	7	$2^2{}_{52}$	1	6	$_{49}$	8			
N	4		$_7$		1	5		2^{12}	$_7$

图 A

解：

∵N12＝2　七马 2　⇒　M6＝2^2　⇒　L6＝5^3

将第九宫和第 3 题的一宫取出如下图：

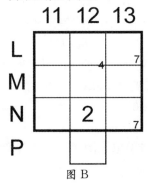

	11	12	13
L		$_4$	$_7$
M			
N		2	$_7$
P			

图 B

填入第3题，可得下图：

	11	12	13	14	15	16	17
M		4^2			6	1	
N	6^4	2	7^3		5		4
P		1^1		2			
Q				1			
R		3		7			
S			2				
T							1

图 C

以上三图依次命名为图 A（第 2 题）、图 B（第 2 题第九宫）、图 C（第 3 题），它们的联系纽带为：

图 B 的 M、N 两行是图 C 一宫的上面两行。

这纽带是"引信"，将引爆烈性炸药 TNT 般炸开通往第 2、3 题答案的道路，估计以下能一帆风顺地推导出最终答案了。

∵图 A 中 M7＝1 N9＝1 ⇒ 即图 C 中一宫 M、N 两行无 1 ⇒ P12＝1^1

∵P12＝1 N17＝4，又一宫需要 4，图 B 有骑马 4 供应 ⇒ M12＝4^2

∵一宫需要 7，图 B 有骑马 7 供应 ⇒ N13＝7^3

∵M15＝6 ⇒ N11＝6^4

一宫空格写 3、5。

将图 C 的一宫中上述结果填入图 A，九宫下两行，可得图 D：

	5	6	7	8	9	10	11	12	13
F	5	6	2	1	4^7	7^{11}	3^9	8^{12}	9
G	1	4	7	8	3^8	9^{14}	2	6^{25}	3.5^{26}
H	8	3^{28}	9^{29}	2	5	6^{15}	7^{10}	1^{13}	4
I	3	7	6	4	8	1	9^{22}	5^{21}	2
J	2	1	5	9^4	6	3^3	4	7	8
K	9	8^{31}	4^{30}	5	7	2	1^{17}	3	6^{16}
L	6	5	3^{27}	7^1	2	4^5	8^{23}	9^{24}	1^{18}
M	7	2	1	6	9^6	8	5^{20}	4	3^{19}
N	4	9^{32}	8^{33}	3^2	1	5	6	2	7

图 D

继续解第 2 题：

∵N13＝7　八马 7　⇒　L8＝7^1　⇒　N8＝3^2

∵N8＝3　五马 3　⇒　J10＝3^3　⇒　J8＝9^4　⇒　二马 3

∵M12＝4　八马 4　⇒　L10＝4^5　⇒　M9＝9^6

∵L10＝4　二马 4　⇒　F9＝4^7　⇒　G9＝3^8

∵G9＝3　三马 3　⇒　F11＝3^9　⇒　H11＝7^{10}，又二马 7　⇒

　F10＝7^{11}　⇒　F12＝8^{12}

∵H11＝7　⇒　H12＝1^{13}　　∵一马 9　⇒　G10＝9^{14}　⇒　H10＝6^{15}

∵N11＝6　六马 6　⇒　K13＝6^{16}　⇒　K11＝1^{17}

∵K11＝1　H12＝1　⇒　L13＝1^{18}

∵F11＝3　九马 3　⇒　M13＝3^{19}　⇒　M11＝5^{20}

∵M11＝5　六马 5　⇒　I12＝5^{21}　⇒　I11＝9^{22}　⇒　L11＝8^{23}　⇒

　L12＝9^{24}　⇒　G12＝6^{25}　⇒　G13＝5^{26}

∵L 行九缺一 ⇒ L7＝3²⁷

∵L7＝3 一马 3 ⇒ H6＝3²⁸ ⇒ H7＝9²⁹

∵G6＝4 四马 4 ⇒ K7＝4³⁰ ⇒ K6＝8³¹ ⇒ N6＝9³² ⇒ N7＝8³³

至此，第 2 题解完。

继续解第 3 题

将第 2 题（图 D）九宫有关讯息填入第 3 题，可得下图：

	11	12	13	14	15	16	17
M	5	4	3	2⁴	6	1	⁻7³
N	6	2	7	⁻1¹	5	3²	4
P	3²⁴	1	4¹⁸	6¹⁷	7⁵	2²⁶	5²²
Q	2²⁵	7⁶	1¹⁶	5³³	4³⁴	6³⁰	3²³
R	4¹³	3	⁻6¹⁴	7	1¹⁵	5¹⁰	2¹²
S	1⁷	5²¹·	2	4³¹	3²⁸	7⁹	6¹¹
T	7⁸	6¹⁹	5²⁰	3³²	2²⁷	4²⁹	1

∵M16＝1 ⇒ N14＝⁻1¹ ⇒ N16＝3²

∵R14＝7 ⇒ M17＝⁻7³ ⇒ M14＝2⁴

∵N13＝7 R14＝7 ⇒ P15＝7⁵，二宫空格写 4、6。

∵R14＝7 P15＝7 M17＝7 ⇒ 七马 7

∵七马 7 P15＝7 R14＝7 N13＝7 ⇒ Q12＝7⁶ ⇒ 四马 7

∵三宫右竖有 3 N16＝3 ⇒ 七马 3，又六马 3 ⇒ 田骑马 3，

又 R12＝3 ⇒ ■四马 3

∵N11＝6　⇒　四马 6　　　　　　∵M16＝1　N14＝1　⇒　五马 1

∵M11＝5　⇒　四马 5　　　　　　∵P12＝1　N14＝1　⇒　六马 1

∵五马 1　六马 1　P12＝1　T17＝1　⇒　S11＝1^7　⇒　T11＝7^8

∵T11＝7　七马 7　⇒　S16＝7^9

∵四马 5　四马 6　N15＝5　M15＝6　⇒　七宫㊺⑥

∵S13＝2　⇒　七马 2　　　　　　∵R12＝3　⇒　三马 3

∵二马 4　⇒　四马 4

∵三宫右竖有 5　七马 5　⇒　R16＝5^{10}　⇒　S17＝6^{11}　⇒　三马 3

∵R16＝5　⇒　三马 5　⇒　三宫㉟　⇒　R17＝2^{12}　⇒　四马 2，且四
　宫㉜　⇒　R11＝4^{13}

∵M15＝6　⇒　R13＝$^{-}$6^{14}　⇒　R15＝1^{15}

∵R15＝1　五马 1　⇒　Q13＝1^{16}

∵R13＝6　二马 6　⇒　P14＝6^{17}　⇒　P13＝4^{18}

∵R13＝6　四马 6　⇒　T12＝6^{19}　⇒　T13＝5^{20}　⇒　S12＝5^{21}

∵R16＝5　⇒　五马 5

∵五马 5　三马 5　⇒　P17＝5^{22}　⇒　Q17＝3^{23}

∵Q17＝3　四马　3　⇒　P11＝3^{24}　⇒　Q11＝2^{25}　⇒　P15＝2^{26}

∵P16＝2　七马 2　⇒　T15＝2^{27}　⇒　S15＝3^{28}　⇒　T16＝4^{29}　⇒
　Q16＝6^{30}

∵S 行七缺一　⇒　S14＝4^{31}　⇒　T14＝3^{32}　⇒　Q14＝5^{33}

∵Q 行七缺一　⇒　Q15＝4^{34}

　　　　　　　　　　　　　　　　　　　　　　～第 7 轮完～

第 8 轮团体赛　灰姑娘的钻石
（CINDERELLA'S　DIAMOND）

　　本轮包含 13 个标准数独。首先有 12 个数独要连成如下图中的钻石连体，这个连体每两个之间都有一个宫相连，每道题单独都不是唯一解。当决定哪 4 个数独放在钻石的四角，利用他们的第五宫数字可以解决第 13 道题，4 个第五宫中有 3 个要被放入第 13 个数独的某个宫内。

　　因为前 12 道题都是多解的题目，所以只有答案与最终连体数独的唯一解一致才有分数。

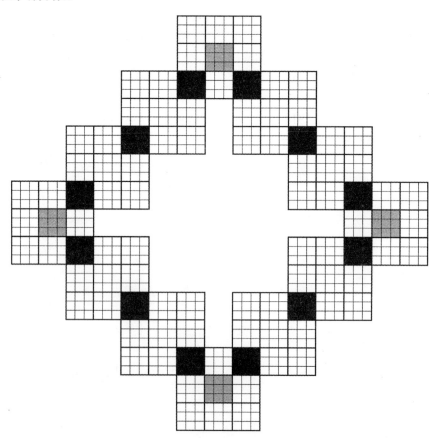

请将第183～184页的题目裁下后拼接成上图图形并完成题目。

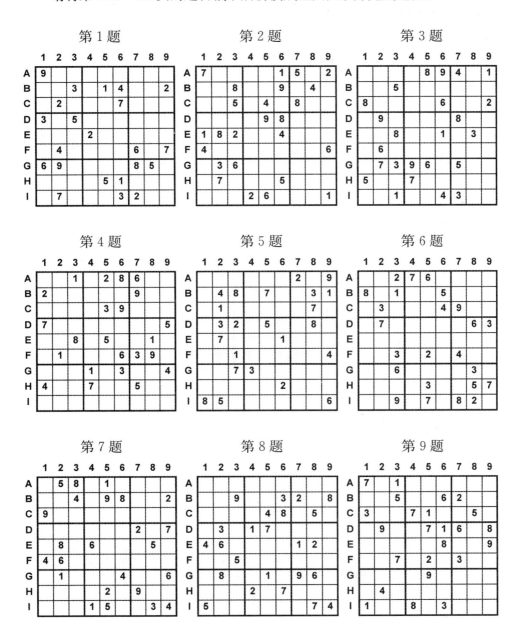

第 10 题　　　　第 11 题　　　　第 12 题

第 13 题

第一步　初解

第 1 题

	1	2	3	4	5	6	7	8	9
A	9								
B	7		3		1	4			2
C		2				7			
D	3		5					2^1	
E				2					
F		4					6		7
G	6	9	1^5				8	5	3^3
H		3^2			5	1			
I	5^4	7				3	2		

∵C2＝2　E4＝2　⇒　四马2

∵B9＝2　I7＝2　E4＝2　四马2　⇒　D8＝2^1

∵E4＝2　I7＝2　⇒　八马2　　∵I7＝2　八马2　C2＝2　⇒　七马2

∵D1＝3　B3＝3　⇒　H2＝3^2　　∵H2＝3　I6＝3　⇒　G9＝3^3

∵D3＝5　H5＝5　⇒　I1＝5^4　　∵I1＝5　D3＝5　⇒　一马5

∵D3＝5　G8＝5　⇒　六马5　　∵D3＝5　六马5　H5＝5　⇒　五马5

∵F9＝7　I2＝7　⇒　九马7　　∵I2＝7　九马7　C6＝7　⇒　八马7

∵B5＝1　H6＝1　⇒　五马1　　∵B9＝2　C2＝2　E4＝2　⇒　二马2

∵H6＝1　⇒　九马1　　∵H6＝1　九马1　⇒　G3＝1^5

∵I2＝7　F9＝7　⇒　四马7　　∵F9＝7　四马7　C6＝7　⇒　五马7

∵C6＝7　I2＝7　⇒　一马7　　∵A1＝9　G2＝9　⇒　四马9

∵G3＝1　B5＝1　⇒　一马1

第2题

	1	2	3	4	5	6	7	8	9
A	7			8^{12}	3^{11}	1	5		2
B		1^{8}	8	5^{5}	2^{4}	9		4	
C		2^{42}	5	7^{10}	4	6^{3}	8	1^{9}	
D				9	8				
E	1	8	2	6^{2}	7^{23}	4			5^{21}
F	4	9^{17}		5^{22}	2^{6}			8^{18}	6
G		3	6	1^{13}	7^{16}				8^{19}
H		7	1^{1}	8^{14}	5				
I	8^{20}			2	6	3^{15}			1

∵E1＝1　I9＝1　⇒　H3＝1^1　∵I9＝1　H3＝1　A6＝1　⇒　八马1

∵A6＝1　I9＝1　⇒　三马1　∵E1＝1　A6＝1　⇒　一马1

∵I4＝2　A9＝2　⇒　二马2　∵I4＝2　⇒　七马2

∵A9＝2　七马2　⇒　一马2，且一宫⑫

∵E3＝2　I4＝2　⇒　五马2　∵E3＝2　五马2　A9＝2　⇒　六马2

∵B8＝4　C5＝4　⇒　一马4　∵F1＝4　⇒　七马4

∵C5＝4　E6＝4　⇒　八马4　∵E6＝4　F1＝4　B8＝4　⇒　六马4

∵A7＝5　C3＝5　⇒　二马5　∵F9＝6　G3＝6　⇒　四马6

∵F9＝6　四马6　I5＝6　⇒　E4＝6^2

∵E4＝6　I5＝6　⇒　C6＝6^3　⇒　B5＝2^4　⇒　B4＝5^5

∵B5＝2　五马2　⇒　F6＝2^6

∵B5＝2　一马2　⇒　C2＝2^7　⇒　B2＝1^8

∵B2＝1　三马1　⇒　G8＝1[9]

∵A1＝7　⇒　C4＝7[10]，二宫空格写3、8。　∵二马3　⇒　一马3

∵一马3　G2＝3　⇒　四马3　∵D5＝9　⇒　四马9

∵B4＝5　⇒　五马5

∵C4＝7　⇒　五马7，且五宫㊲，五宫空格写1、3。

∵F9＝6　⇒　三马6

∵五马3　二马3　⇒　A5＝3[11]　⇒　A4＝8[12]

∵五马1　八马1　⇒　G5＝1[13]　⇒　H5＝8[14]

∵B6＝9　⇒　八马9，6列空格写3、7。

∵G2＝3　⇒　I6＝3[15]　⇒　G6＝7[16]

∵H2＝7　G6＝7　⇒　九马7　∵C6＝6　G3＝6　⇒　一马6

∵A1＝7　H2＝7　⇒　四马7，且四宫㊲　⇒　F2＝9[17]

∵F2＝9　B6＝9　⇒　一马9　四宫空格写5、6。

∵A1＝7　C4＝7　⇒　三马7　∵C8＝1　I9＝1　E1＝1　⇒　六马1

∵E2＝8　D6＝8　C7＝8　⇒　F8＝8[18]

∵F8＝8　C7＝8　H5＝8　⇒　G9＝8[19]

∵G9＝8　H5＝8　B3＝8　E2＝8　⇒　I1＝8[20]

∵A7＝5　H6＝5　⇒　九马5　⇒　六马5

∵四马5　六马5　⇒　E9＝5[21]

∵E9＝5　五马5　⇒　F5＝5[22]　⇒　E5＝7[23]，E行空格写3、9。

∵G3＝6　I5＝6　F9＝6　⇒　九马6

第 3 题

	1	2	3	4	5	6	7	8	9
A					8	9	4		1
B			5					8^9	3^8
C	8					6			2
D	1^4	9					8		
E		5^6	8			1		3	
F	3^7	6					1^3		
G		7	3	9	6		5	1^2	
H	5			7	1^1	3^5			
I			1			4	3		

∵I3＝1 E6＝1 ⇒ H5＝1¹　∵H5＝1 E6＝1 A9＝1 ⇒ 二马1

∵I3＝1 E6＝1 ⇒ 四马1　∵I3＝1 四马1 A9＝1 ⇒ 一马1

∵H5＝1 I3＝1 A9＝1 ⇒ G8＝1²

∵A9＝1 G8＝1 E6＝1 ⇒ F7＝1³

∵F7＝1 四马1 ⇒ D1＝1⁴　∵I7＝3 G3＝3 ⇒ H6＝3⁵

∵G7＝5 ⇒ 八马5　∵B3＝5 H1＝5 ⇒ E2＝5⁶

∵B3＝5 G7＝5 ⇒ 三马5　∵E2＝5 三马5 ⇒ 六马5

∵D7＝8 E3＝8 A5＝8 ⇒ 五马8

∵A5＝8 ⇒ 八马8　∵C1＝8 E3＝8 ⇒ 七马8

∵A5＝8 C1＝8 D7＝8 ⇒ 三马8

∵A6＝9 G4＝9 D2＝9 ⇒ 五马9

∵D2＝9 G4＝9 ⇒ 七马9　∵G2＝7 H4＝7 ⇒ 九马7

∵F2＝6　G5＝6　⇒　七马 6，且七宫�96

∵I6＝4　⇒　七马 4　　　　　∵G3＝3　E8＝3　⇒　F1＝3[7]

∵D2＝9　A6＝9　⇒　一马 9　∵C6＝6　G5＝6　F2＝6　⇒　五马 6

∵F1＝3　E8＝3　H6＝3　⇒　五马 3

∵B3＝5　⇒　A4、C4、C5 皆有待定数 5　八马 5　⇒　异骑马 5　⇒　五马 5

∵I7＝3　E8＝3　⇒　B9＝3[8]　⇒　B8＝8[9]

∵F1＝3　G3＝3　B9＝3　⇒　一马 3

∵C6＝6　⇒　三马 6

第 4 题

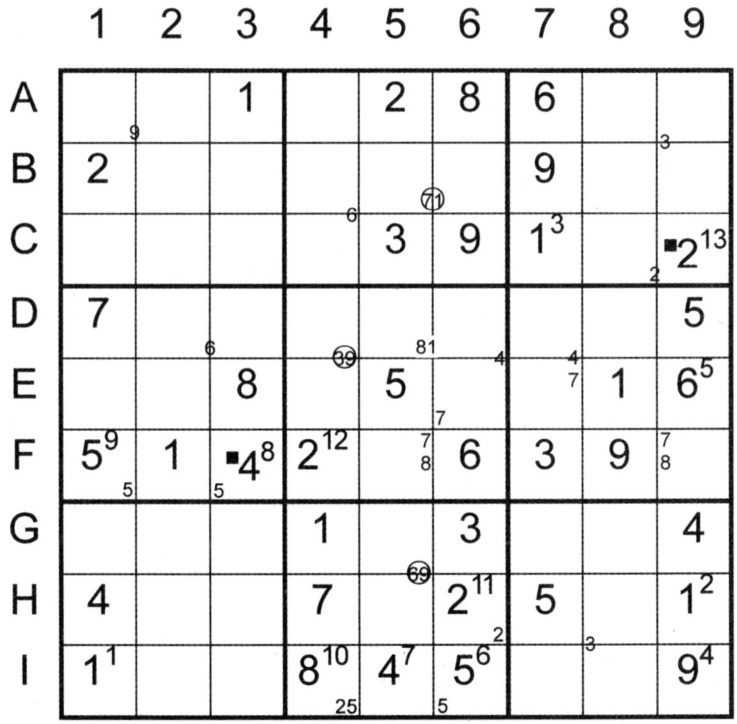

	1	2	3	4	5	6	7	8	9
A			1		2	8	6		
B	2						9		
C					3	9	1³		■2¹³
D	7								5
E			8		5			1	6⁵
F	5⁹	1	■4⁸	2¹²		6	3	9	
G				1		3			4
H	4			7		2¹¹	5		1²
I	1¹			8¹⁰	4⁷	5⁶			9⁴

∵A3＝1　F2＝1　G4＝1　⇒　I1＝1[1]

∵I1＝1　G4＝1　E8＝1　⇒　H9＝1[2]

∵E8＝1　F2＝1　G4＝1　⇒　五马 1　∵G4＝1　⇒　二马 1

∵E8=1　H9=1　⇒　C7=1³　　∵B1=2　A5=2　⇒　三马 2

∵C5=3　G6=3　F7=3　⇒　五马 3

∵G9=4　⇒　三宫的 4 在中竖　⇒　六马 4

∵D9=5　E5=5　⇒　四马 5　　∵B7=9　C6=9　⇒　一马 9

∵B7=9　F8=9　⇒　I9=9⁴　　∵I9=9　C6=9　⇒　八马 9

∵C6=9　八马 9　F8=9　⇒　五马 9，且五宫 ③⑨

∵D1=7　H4=7　⇒　五马 7　　∵H4=7　⇒　二马 7，且二宫 ①⑦

∵A7=6　⇒　二马 6　　∵F7=3　G6=3　⇒　九马 3

∵九马 3　C5=3　⇒　三马 3

∵A7=6　⇒　九宫中竖有 6，又 F6=6　⇒　E9=6⁵　⇒　四马 6

∵D1=7　⇒　六马 7　　∵E5=5　H7=5　⇒　八马 5

∵二宫左竖有 5　八马 5　⇒　I6=5⁶

∵G9=4　H1=4　二宫的 4 在左竖　⇒　I5=4⁷　⇒　五马 4

∵五马 4　六马 4　⇒　田骑马 4，又 H1=4　⇒　F3=■4⁸　⇒　F1=5⁹

∵F1=5　H7=5　I6=5　⇒　七马 5　∵A5=2　⇒　八马 2

∵F6=6　二马 6　⇒　八马 6，且八宫 ⑥⑨

∵A6=8　⇒　I4=8¹⁰　⇒　H6=2¹¹

∵H6=2　A5=2　⇒　F4=2¹²　⇒　F 行空格写 7、8

∵A6=8　⇒　五马 8

∵F4=2　⇒　六宫 D7、D8、E7 均有待定数 2

∵H6=2　⇒　九宫 G7、G8、I7、I8 均有待定数 2　⇒　异骑马 2，
又三马 2　⇒　C9=■2¹³

第 5 题

	1	2	3	4	5	6	7	8	9
A	7^7	6^{13}	5^{12}				2	4^{20}	9
B	2^9	4	8		7		6^{22}	3	1
C	$3^{8\,2}$	1	9^{11}				$8^{21\,6}$	7	5^{17}
D		3	2		5		1^1	8	7^{10}
E		7				1			2^3
F		8^{14}	1						4
G		2^4	7	3				1	8^{19}
H	1^{16}	9^{15}				2		5^{18}	3^5
I	8	5	3^6					2^2	6

∵F3＝1　E6＝1　B9＝1　⇒　D7＝1^1

∵C2＝1　B9＝1　E6＝1　⇒　二马1

∵H6＝2　D3＝2　⇒　七马2　∵H6＝2　七马2　A7＝2　⇒　I8＝2^2

∵I8＝2　A7＝2　D3＝2　⇒　E9＝2^3

∵E9＝2　D3＝2　H6＝2　⇒　五马2

∵A7＝2　D3＝2　⇒　一马2　∵一马2　七马2　⇒　G2＝2^4

∵C2＝1　F3＝1　⇒　七马1　∵D7＝1　B9＝1　⇒　九马1

∵七马1　九马1　⇒　破骑马1，又E6＝1　⇒　八马1

∵B8＝3　D2＝3　⇒　六马3

∵B8＝3　六马3　G4＝3　⇒　H9＝3^5　⇒　I3＝3^6

∵I3＝3　D2＝3　B8＝3　⇒　一马3

∵B2＝4　F9＝4　⇒　三马4　∵D5＝5　I2＝5　⇒　八马5

∵B5=7 C8=7 E2=7 G3=7 ⇒ A1=7^7 ⇒ C1=3^8 ⇒ B1=2^9

∵C1=3 B8=3 G4=3 ⇒ 二马3 ∵I2=5 ⇒ 一马5

∵I2=5 一马5 D5=5 ⇒ 四马5 ∵G3=7 C8=7 ⇒ 九马7

∵C8=7 九马7 ⇒ D9=7^{10}

∵A9=9 ⇒ C3=9^{11} ⇒ A3=5^{12} ⇒ A2=6^{13}

∵A2=6 I9=6 ⇒ 三马6 ⇒ 六马6

∵I1=8 ⇒ H2≠8 ⇒ F2=ᴵ8^{14} ⇒ H2=9^{15}

∵A7=2 B1=2 H6=2 ⇒ 二马2 ∵C3=9 A9=9 ⇒ 二马9

∵B3=8 D8=8 ⇒ 三马8

∵D9=7 E2=7 B5=7 ⇒ 五马7 ∵D8=8 F2=8 ⇒ 五马8

∵G8=1 七马1 ⇒ H1=1^{16}，七宫空格写4、6，3列空格写4、6。

∵A9=9 H2=9 ⇒ 九马9 ⇒ 六马9，且六宫⑥⑨ ⇒ 六宫③⑤

  ⇒ 九马5

∵A3=5 六马5 ⇒ C9=5^{17} ⇒ H8=5^{18}

∵9列九缺一 ⇒ G9=8^{19}

∵C9=5 ⇒ C7=8^{21} ⇒ B7=6^{22} ⇒ 二宫⑤⑨

第 6 题

	1	2	3	4	5	6	7	8	9
A			2	7	6				
B	8		1			5			
C		3	7^7			4	9		
D		7						6	3
E									
F			3		2		4		
G	7^6		6				1^5	3	9^2
H					3		6^4	5	7
I	3^1		9		7		8	2	4^3

∵F7＝4　⇒　九马 4　　　　　∵九马 4　F7＝4　C6＝4　⇒　三马 4

∵C2＝3　H5＝3　⇒　二马 3

∵C2＝3　F3＝3　G8＝3　H5＝3　⇒　I1＝3^1

∵G8＝3　D9＝3　⇒　三马 3　∵H5＝3　F3＝3　D9＝3　⇒　五马 3

∵A3＝2　F5＝2　⇒　二马 2　∵F5＝2　二马 2　I8＝2　⇒　八马 2

∵I3＝9　C7＝9　⇒　G9＝9^2　⇒　I9＝4^3

∵G3＝6　⇒　H7＝6^4　⇒　G7＝1^5

∵H7＝6　D8＝6　A5＝6　⇒　三马 6

∵H7＝6　G3＝6　⇒　八马 6　∵G9＝9　I3＝9　⇒　八马 9

∵G9＝9　C7＝9　⇒　六马 9

∵I5＝7　H9＝7　D2＝7　⇒　G1＝7^6

∵G1＝7　D2＝7　⇒　C3＝7^7　∵A4＝7　C3＝7　H9＝7　⇒　三马 7

∵I5＝7　A4＝7　D2＝7　⇒　五马 7

∵A5＝6　⇒　一马 6　∵H8＝5　⇒　七马 5　⇒　一马 5　⇒　四马 5

第7题

1	2	3	4	5	6	7	8	9
	5	8		1				
		4		9	8			2
9				6^4				
				8^7	4^6	2	6^3	7
	8			6		4^5	5	
4	6							
	1			8^8	4		2^1	6
	4^2			2		9		
			1	5			3	4

∵G2＝1 I4＝1 ⇒ 九马1 ∵G2＝1 A5＝1 ⇒ 一马1

∵B9＝2 D7＝2 H5＝2 ⇒ G8＝2¹

∵G6＝4 I9＝4 B3＝4 F1＝4 ⇒ H2＝4²

∵E8＝5 I5＝5 ⇒ 九马5 ∵F2＝6 E4＝6 ⇒ D8＝6³

∵G9＝6 E4＝6 ⇒ 八马6 ∵E4＝6 八马6 ⇒ C5＝6⁴

∵C5＝6 F2＝6 ⇒ 一马6 ∵F2＝6 一马6 G9＝6 ⇒ 七马6

∵G9＝6 D8＝6 C5＝6 ⇒ 三马6

∵E2＝8 ⇒ 六宫的8在下横，又B6＝8 ⇒ 五马8

∵G6＝4 B3＝4 ⇒ 二马4 ∵F1＝4 二马4 G6＝4 ⇒ 五马4

∵F1＝4 I9＝4 ⇒ E7＝4⁵

∵E7＝4 五马4 ⇒ D5＝4⁶ ⇒ D4＝8⁷

∵D4＝8 B6＝8 ⇒ G5＝8⁸ ∵A3＝8 E2＝8 G5＝8 ⇒ 七马8

∵H7＝9 ⇒ 八马9 ∵I9＝4 E7＝4 B3＝4 ⇒ 三马4

∵C1＝9 B5＝9 H7＝9 ⇒ 三马9，5列空格写㊲。

第 8 题

	1	2	3	4	5	6	7	8	9
A					2^3	1^1			
B			9			3	2		8
C					4	8		5	
D		3		1	7				
E	4	6					1	2	
F			5						
G		8			1		9	6	2^2
H				2		7			
I	5							7	4

∵G5＝1　D4＝1　⇒　A6＝1¹　　∵A6＝1　E7＝1　⇒　三马1

∵D4＝1　E7＝1　⇒　四马1　　∵E7＝1　G5＝1　⇒　九马1

∵B7＝2　H4＝2　⇒　G9＝2²　　∵G9＝2　H4＝2　⇒　七马2

∵H4＝2　B7＝2　⇒　A5＝2³　　∵A5＝2　H4＝2　E8＝2　⇒　五马2

∵C5＝4　I9＝4　⇒　八马4　　∵I9＝4　八马4　E1＝4　⇒　七马4

∵B3＝9　⇒　二马9　　∵B9＝8　C6＝8　G2＝8　⇒　一马8

∵I8＝7　H6＝7　⇒　七马7

∵I1＝5　⇒　九宫的5在中竖　⇒　八马5，且八宫㊺，G行空格写3、7。

∵I1＝5　F3＝5　C8＝5　⇒　一马5

∵I1＝5　C8＝5　⇒　九马5　　∵九马1　⇒　七马1，且七宫⑫

∵E2＝6　⇒　七马6　　∵B3＝9　⇒　七马9

第9题

	1	2	3	4	5	6	7	8	9
A	7		1		8^2				
B	4^8	8^1	5	9^4	3^5	6	2		
C	3		9^7	7	1		8^3	5	
D		9			7	1	6		8
E						8			9
F	8^9		7	6^{11}	2	9^6	3		
G					9				
H	9^{10}	4							
I	1			8		3			

∵I1=1 A3=1 ⇒ 四马1 ∵C5=1 D6=1 ⇒ 八马1

∵A3=1 C5=1 ⇒ 三马1 ∵B7=2 F5=2 ⇒ 六马2

∵H2=4 ⇒ 一马4

∵A1=7 C4=7 ⇒ 三马7，且三宫⑰

∵A1=7 F3=7 ⇒ 七马7 ∵C4=7 D5=7 ⇒ 八马7

∵D5=7 F3=7 ⇒ 六马7 ∵D9=8 E6=8 ⇒ 四马8

∵I4=8 E6=8 ⇒ 二马8 ∵D2=9 E9=9 ⇒ 五马9

∵D2=9 ⇒ 一马9，且一宫㊾ ∵B7=2 ⇒ 一马2

∵C1=3 F7=3 ⇒ 三马3 ⇒ 二马3

∵C8=5 ⇒ 六马5

∵B6=6 ⇒ 一马6，且一宫㉖ ⇒ $B2=8^1$，又二马8 ⇒ $A5=8^2$

∵A5=8 D9=8 ⇒ $C7=8^3$ ∵C7=8 D9=8 I4=8 ⇒ 九马8

∵E9=9 ⇒ 三马9

∵G5=9　三马9　⇒　二马9，B行空格写3、9。

∵G5=9　B行骑马9　⇒　B4=9^4　⇒　B5=3^5

∵B5=3　F7=3　⇒　五马3　　∵B4=9　五马9　⇒　F6=9^6

∵C8=5　⇒　二马5

∵B4=9　一马9　⇒　C3=9^7　⇒　B1=4^8

∵B1=4　H2=4　⇒　四马4　　∵B2=8　四马8　⇒　F1=8^9

∵F1=8　I4=8　B2=8　⇒　七马8

∵C3=9　D2=9　G5=9　⇒　H1=9^{10}，又E9=9　⇒　九马9

∵D7=6　一马6　⇒　四马6　　∵D7=6　四马6　⇒　F4=6^{11}

∵B6=6　F4=6　⇒　八马6

第 10 题

	1	2	3	4	5	6	7	8	9
A	4^4	5^3		6	9	3			
B		6		1^8	5^9	7^{10}	4		
C		3	7	4^2	8	2^{11}			
D					2^{12}			4^1	8
E	5		4	7^{13}	1		3	2	
F					4				
G			5	9	6^6				7
H	7			8	3^7			6	
I				2	7^5	5			

∵E3=4　F5=4　B7=4　⇒　D8=4^1　∵F5=4　⇒　八马4

∵B7=4　八马4　⇒　C4=4^2　　　　∵E1=5　G3=5　⇒　A2=5^3

∵B7=4　C4=4　E3=4　⇒　A1=4^4

∵E5=1 ⇒ 八马1，且八宫㊶　　　　∵G9=7 H1=7 ⇒ I5=7⁵

∵H8=6 ⇒ G5=6⁶ ⇒ H5=3⁷　　　　∵E5=1 八马1 ⇒ B4=1⁸

∵I6=5 ⇒ B5=5⁹

∵C3=7 ⇒ B6=7¹⁰ ⇒ C6=2¹¹　　　∵5列九缺一 ⇒ D5=2¹²

∵E1=5 E7=3 A6=3 I6=5 ⇒ 五马3、五马5，且五宫㉟

∵4列九缺一 ⇒ E4=7¹³　　　　　　∵D9=8 ⇒ 五马8

∵B6=7 C3=7 G9=7 ⇒ 三马7　　　∵A6=3 C2=3 ⇒ 三马3

∵A4=6 B2=6 H8=6 ⇒ 三马6

∵C3=7 H1=7 E4=7 ⇒ 四马7

∵G5=6 H8=6 B2=6 ⇒ 七马6　　　∵B4=1 ⇒ 一马1

∵B7=4 D8=4 ⇒ 九马4　　　　　　∵G3=5 I6=5 ⇒ 九马5

第 11 题

	1	2	3	4	5	6	7	8	9
A	3	7^{17}	4^{18}	9^{12}	1	6^{10}	8^{5}	5^{6}	2
B	6^{16}	5	1^{1}	2^{8}	7^{13}	8			
C	2^{49}	9^{47}	8^{48}	5^{11}	4^{26}	3^{25}	1	7	6
D	9^{39}	6^{19}	3^{38}	1^{4}	2	4^{23}	5^{37}	8	7
E	8^{21}	4^{20}	7	6	3^{24}	5			1^{22}
F	5^{43}	1	2^{44}	8^{2}	9	7^{3}	6^{32}		
G	4	2^{45}	9^{46}	3	8	1^{33}	7^{29}	6^{30}	5^{36}
H	1^{28}	3^{42}	6	7^{14}	5^{15}	9			8^{7}
I	7^{27}	8^{41}	5^{40}	4	6^{9}	2^{34}	3^{35}	1^{31}	9

∵C9=6 C8=7 H3=6 E3=7 ⇒ 一马6、一马7，且一宫㊸

∵A5=1 C7=1 ⇒ B3=1¹　　　∵B6=8 G5=8 D8=8 ⇒ F4=8²

∵D9＝7　E3＝7　⇒　F6＝7³

∵G4＝3　I4＝4　⇒　五马 3、五马 4，且五宫㉞　⇒　D4＝1⁴

∵B6＝8　D8＝8　⇒　A7＝8⁵　∵B2＝5　⇒　A8＝5⁶

∵三宫的 3 在中横　A1＝3　G4＝3　⇒　二马 3

∵A8＝5　B2＝5　E6＝5　⇒　二马 5

∵C9＝6　E4＝6　⇒　二马 6　∵A5＝1　D4＝1　⇒　八马 1

∵F2＝1　C7＝1　⇒　六马 1　∵D8＝8　F4＝8　⇒　四马 8

∵A7＝8　D8＝8　G5＝8　⇒　H9＝8⁷

∵G1＝4　I4＝4　⇒　九马 4　∵B3＝1　F2＝1　⇒　七马 1

∵H6＝9　I9＝9　⇒　七马 9

∵A9＝2　⇒　一宫的 2 在下横，又 D5＝2　⇒　B4＝2⁸

∵B4＝2　D5＝2　⇒　八马 2，且八宫⑫

∵H3＝6　⇒　I5＝6⁹　　　　　∵I5＝6　二马 6　⇒　A6＝6¹⁰

∵H6＝9　F5＝9　⇒　二马 9　　八宫空格写 5、7。

∵D9＝7　C8＝7　八马 7　⇒　九马 7

∵C8＝7　⇒　二马 7

∵三宫的 4 在中横，又 I4＝4　⇒　二马 4，且二宫㉞　⇒　C4＝5¹¹　⇒
　　A4＝9¹²　⇒　B5＝7¹³

∵B5＝7　八马 7　⇒　H4＝7¹⁴　⇒　H5＝5¹⁵

∵A6＝6　一马 6　⇒　B1＝6¹⁶　⇒　A2＝7¹⁷　⇒　A3＝4¹⁸

∵B1＝6　H3＝6　E4＝6　⇒　D2＝6¹⁹

∵G1＝4　A3＝4　⇒　E2＝4²⁰　⇒　E1＝8²¹

∵F5＝9　⇒　四马 9　　　　　∵四马 9　I9＝9　⇒　六马 9

∵D5＝2　⇒　四马 2

∵D5＝2　四马 2　A9＝2　⇒　六马 2，且六宫㉙　⇒　E9＝1²²

∵E2＝4　五马 4　⇒　D6＝4²³　⇒　E5＝3²⁴

∵E5＝3　二马 3　⇒　C6＝3²⁵　⇒　C5＝4²⁶

∵A2＝7　E3＝7　H4＝7　⇒　I1＝7²⁷　⇒　H1＝1²⁸　⇒　G7＝7²⁹

∵E1＝8　⇒　一马 8　　　　　∵I9＝9　⇒　三马 9

∵A1＝3　⇒　四马 3　　　　　∵G4＝3　四马 3　⇒　七马 3

∵B2＝5　⇒　七马 5　　　　　∵C7＝1　E9＝1　H1＝1　⇒　九马 1

∵A8＝5　H5＝5　⇒　九马 5

∵H3＝6　I5＝6　C9＝6　⇒　G8＝6³⁰　⇒　I8＝1³¹

∵G8＝6　C9＝6　D2＝6　⇒　F7＝6³²

∵I8＝1 ⇒ G6＝1^{33} ⇒ I6＝2^{34}

∵I6＝2 A9＝2 ⇒ 九马2，且九宫㉔

∵G4＝3 ⇒ I7＝3^{35} ⇒ G9＝5^{36}

∵G9＝5 A8＝5 ⇒ D7＝5^{37}

六宫空格写3、4，又四马3 ⇒ D3＝3^{38} ⇒ D1＝9^{39}，四宫空格写 2、5。

∵I7＝3 ⇒ 三马3

∵G9＝5 七马5 ⇒ I3＝5^{40} ⇒ I2＝8^{41} ⇒ H2＝3^{42}，七宫空格 写2、9。

∵I3＝5 四马5 ⇒ F1＝5^{43} ⇒ F3＝2^{44}

∵F3＝2 七马2 ⇒ G2＝2^{45} ⇒ G3＝9^{46}

∵D1＝9 G3＝9 ⇒ C2＝9^{47} ⇒ C3＝8^{48} ⇒ C1＝2^{49}

第 12 题

∵H3＝3 F5＝3 ⇒ E2＝3^{1} ∵A3＝4 D2＝4 G5＝4 ⇒ H1＝4^{2}

∵ E1＝7　H6＝7　⇒　F4＝7^3　　　∵ D2＝4　E9＝4　⇒　F6＝4^4

∵ H6＝7　E4＝7　⇒　B5＝7^5

∵ D4＝6　⇒　二宫的 6 在右竖，又 I1＝6　⇒　H5＝6^6

∵ B5＝7　B8＝9　D1＝9　E1＝7　⇒　一宫⑦⑨

∵ I1＝6　⇒　一马 6　　　　　　∵ H3＝3　E2＝3　⇒　一马 3

∵ A5＝9　D1＝9　⇒　E4＝9^7　　∵ A8＝2　B1＝2　⇒　二马 2

∵ D5＝1　E8＝1　A2＝1　⇒　四马 1　∵ F6＝4　A3＝4　⇒　二马 4

∵ D4＝6　一马 6　⇒　二马 6　　　∵ B5＝7　一马 7　⇒　三马 7

∵ A3＝4　E9＝4　⇒　三马 4　　　∵ C7＝8　G8＝8　⇒　六马 8

∵ D1＝9　E4＝9　B8＝9　⇒　六马 9

∵ G5＝4　H1＝4　E9＝4　⇒　九马 4

∵ I1＝6　H5＝6　⇒　九马 6

∵ A5＝9　E4＝9　⇒　八马 9，五宫空格写 2、8。

第二步　分析并解题

如何继续解题呢？概述如下：

第一、按已掌握的第 1～12 题的讯息，看看能否安排进入钻石的环形座位；

第二、环形座位能固定的话，就可互相提供讯息；

第三、继续对第 1～12 题进行求解；

第四、按钻石上、下、左、右四题的第五宫，选三个进入第 13 题并求解。

我们按上述步骤进行。

1. 分析

第 1～12 题共有 12×9＝108 个宫，最特殊的只有第 6 题的九宫和第 5 题的一宫、第 11 题的一宫。其次是第 11 题的九宫和第 9 题的一宫。该宫九个答案数均已全知，故由此出发，在其余十道题的 1、3、7、9 宫尽量找出相配（相合）者。第 13 题能提供的讯息太少，暂时不予考虑。

我们不妨由第 5 题的一宫出发　⇒　第 11 题的九宫几乎完全对应相同

⇒　第 5 题的九宫与第 1 题的一宫有两格对应相同，两格基本相同（指 7 和 5）

⇒　第 6 题九宫全部答案已知，九宫只能与一宫相配（重合），但其余能相配者，不过一两个数而已，所以该九宫只好放弃。

继续由第 5 题的九宫出发，经过反复对比，终于确定其位置如下图所示：

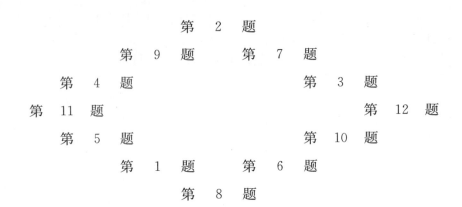

第 2 题

第 9 题　　第 7 题

第 4 题　　　　　　　第 3 题

第 11 题　　　　　　　　第 12 题

第 5 题　　　　　　第 10 题

第 1 题　　第 6 题

第 8 题

2. 按确立的位置，填入相应数字

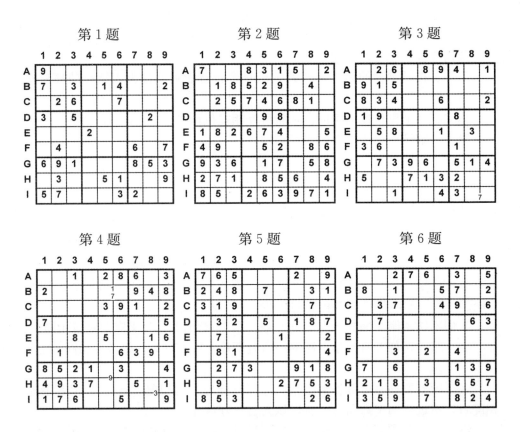

第 7 题

	1	2	3	4	5	6	7	8	9
A		5	8		1				
B	6		4		9	8			2
C	9	7	1		6				
D				8	4		2	6	7
E		8		6			4	5	
F	4	6							
G		1			8	4		2	6
H		4		2			9	1	5
I				1	5		8	3	4

第 8 题

	1	2	3	4	5	6	7	8	9
A	8	5	3		2	1	7		6
B		4	9			3	2	1	8
C	2				4	8	3	5	9
D		3		1	7				
E	4	6					1	2	
F			5						
G		8			1		9	6	2
H			2		7				
I	5						7	4	

第 9 题

	1	2	3	4	5	6	7	8	9
A	7		1		8		9	3	6
B	4	8	5	9	3	6	2	7	1
C	3		9	7	1		8	5	
D		9			7	1	6		8
E						8			9
F	8		7	6	2	9	3		
G	6		3		9				
H	9	4	8						
I	1		2	8		3			

第 10 题

	1	2	3	4	5	6	7	8	9
A	4	5		6	9	3	82	7	2
B		6		1	5	7	4	8	3
C		3	7	4	8	2	6	5	
D				2				4	8
E	5		4	7	1		3	2	
F				4					
G	3		5	9	6				7
H	7		2	8	3		6		
I	9		6	2	7	5			

第 11 题

	1	2	3	4	5	6	7	8	9
A	3	7	4	9	1	6	8	5	2
B	6	5	1	2	7	8	4	9	
C				5	4	3	1	7	6
D		6		1	2	4		8	7
E	8	4	7	6	3	5			1
F		1		8	9	7			
G	4			3	8		7	6	5
H	1		6	7	5	9	2	4	8
I	7			4	6		3	1	9

第 12 题

	1	2	3	4	5	6	7	8	9
A	5	1	4		9			2	
B	2		8		7			9	
C	3				5		8		
D	9	4		6	1				
E	7	3		9		5		1	4
F				7	3	4			
G		7			4			8	
H	4		3		6	7			
I	6								

	1	2	3	4	5	6	7	8	9
A							3		
B		9					7	4	
C									5
D				3		9			
E				7					
F									3
G	3								
H		2	6				3		
I			1		3				

3. 继续求解（不按顺序）第 1～12 题

第 2 题：第 9 题三宫＝第 2 题七宫，第 7 题一宫＝第 2 题九宫

	1	2	3	4	5	6	7	8	9
A	7	4^6	9^9	8	3	1	5	6^{11}	2
B	6^7	1	8	5	2	9	7^{25}	4	3^{24}
C	3^8	2	5	7	4	6	8	1	9^{10}
D	5^{23}	6^{22}	3^{21}	1^{18}	9	8	4^{14}	2^{12}	7^{16}
E	1	8	2	6	7	4	3^{17}	9^{13}	5
F	4	9	7^{20}	3^{19}	5	2	1^{15}	8	6
G	9	3	6	4^2	1	7	2^4	5	8
H	2	7	1	9^3	8	5	6	3^5	4
I	8	5	4^1	2	6	3	9	7	1

∵七宫九缺一 ⇒ $I3=4^1$ ∵H9=4 ⇒ $G4=4^2$ ⇒ $H4=9^3$

∵H1=2 ⇒ $G7=2^4$ ⇒ $H8=3^5$

∵F1=4 I3=4 ⇒ $A2=4^6$ ∵C6=6 G3=6 ⇒ $B1=6^7$

∵A5=3 ⇒ $C1=3^8$ ⇒ $A3=9^9$

∵C 行九缺一 ⇒ $C9=9^{10}$ ∵B1=6 ⇒ $A8=6^{11}$

∵E3=2 F6=2 G7=2 A9=2 ⇒ $D8=2^{12}$

∵I7=9 C9=9 ⇒ $E8=9^{13}$ ∵E6=4 F1=4 H9=4 ⇒ $D7=4^{14}$

∵E1=1 I9=1 ⇒ $F7=1^{15}$ ∵E5=7 ⇒ $D9=7^{16}$ ⇒ $E7=3^{17}$

∵F7=1 ⇒ $D4=1^{18}$ ⇒ $F4=3^{19}$ ⇒ $F3=7^{20}$

∵G2=3 C1=3 ⇒ $D3=3^{21}$ ∵B1=6 ⇒ $D2=6^{22}$ ⇒ $D1=5^{23}$

∵9 列九缺一 ⇒ $B9=3^{24}$ ⇒ $B7=7^{25}$

～第 2 题完～

第 9 题：第 2 题七宫＝第 9 题三宫，第 4 题三宫＝第 9 题七宫

	1	2	3	4	5	6	7	8	9
A	7	2³	1	4³⁵ ㊺	8	5³⁶ ㊺	9	3	6
B	4	8	5	9	3	6	2	7	1
C	3	6²	9	7	1	2¹	8	5	4
D	5¹⁵ ㉕	9	4⁷	3⁸	7	1	6	2¹³	8
E	2¹⁴	3⁵	6⁴	5³⁸ ⁴⁵	4³⁷	8	7¹¹	1¹²	9
F	8	1⁶	7	6	2	9	3	4¹⁰	5⁹
G	6	7²⁷ ₅₇	3²⁰ ₃₈	1²⁴	9	4³⁴	5²⁹	8¹⁸	2²²
H	9	4	8¹⁹	2²³	5³³	7³²	1²⁵	6¹⁷	3²¹
I	1	5²⁸ ₅₇	2	8	6³¹	3	4³⁰	9¹⁶	7²⁶

∵C9＝4　⇒　二马 4

∵C8＝5　⇒　二马 5，且二宫㊺　⇒　C6＝2¹　⇒　C2＝6²　⇒　A2＝2³

∵D7＝6　F4＝6　G1＝6　C2＝6　⇒　E3＝6⁴，1 列空格写㉕。

∵七马 3　F7＝3　⇒　E2＝3⁵　∵D6＝1　⇒　F2＝1⁶　⇒　D3＝4⁷

∵E2＝3　⇒　D4＝3⁸，五宫空格写 4、5。

∵五马 5　C8＝5　⇒　F9＝5⁹　⇒　F8＝4¹⁰

∵B8＝7　⇒　E7＝7¹¹　　　　∵D6＝1　⇒　E8＝1¹²　⇒　D8＝2¹³

∵D8＝2　四马 2　⇒　E1＝2¹⁴　⇒　D1＝5¹⁵

∵G5＝9　H1＝9　A7＝9　E9＝9　⇒　I8＝9¹⁶，2 列空格写 5、7。

∵D7＝6　A9＝6　G1＝6　⇒　H8＝6¹⁷

∵C7＝8　D9＝8　⇒　G8＝8¹⁸

∵G8＝8　七马 8　⇒　H3＝8¹⁹　⇒　G3＝3²⁰

∵G3＝3　F7＝3　I6＝3　⇒　H9＝3²¹

∵B7＝2　I3＝2　⇒　G9＝2²²

$\because C6=2$ $F5=2$ $G9=2$ $\Rightarrow$ $H4=2^{23}$ $\Rightarrow$ $G4=1^{24}$

$\because G4=1$ $I1=1$ $\Rightarrow$ $H7=1^{25}$ $\because 9$ 列九缺一 $\Rightarrow$ $I9=7^{26}$

$\because I9=7$ 七马7 $\Rightarrow$ $G2=7^{27}$ $\Rightarrow$ $I2=5^{28}$ $\Rightarrow$ $G7=5^{29}$ $\Rightarrow$ $I7=4^{30}$

$\because H8=6$ $G1=6$ $\Rightarrow$ $I5=6^{31}$

$\because D5=7$ $G2=7$ $\Rightarrow$ $H6=7^{32}$ $\Rightarrow$ $H5=5^{33}$ $\Rightarrow$ $G6=4^{34}$

$\because G6=4$ 二马4 $\Rightarrow$ $A4=4^{35}$ $\Rightarrow$ $A6=5^{36}$

$\because A4=4$ 五马4 $\Rightarrow$ $E5=4^{37}$ $\Rightarrow$ $E4=5^{38}$

~第 9 题完~

第 4 题：第 9 题七宫＝第 4 题三宫，第 11 题三宫＝第 4 题七宫

	1	2	3	4	5	6	7	8	9
A	9^{36}	4^{39} ㊽	1	5^{37}	2	8	6	7	3
B	2	3^{33}	5^{34}	6^{41}	7^{7}	1^{9}	9	4	8
C	6^{35}	8^{40} ㊽	7^{8}	4^{38}	3	9	1	5	2
D	7	6^{28}	9^{30} ⑨	3^{32} ㊴	1^{10}	4^{13}	8^{17}	2^{19}	5
E	3^{29}	2^{27}	8	9^{31} ㊴	5	7^{6}	4^{18} ④⑧	1	6
F	5^{26} ⑨	1	4^{25}	2^{20}	8^{21}	6	3	9	7^{5}
G	8	5	2	1	9^{22}	3	7^{3}	6^{4}	4
H	4	9	3^{1}	7	6^{23}	2^{14}	5	8^{16} ㉘	1
I	1	7	6	8^{24}	4^{12}	5^{11} ㉘	2^{15}	3^{2}	9

$\because$ 七宫九缺一 $\Rightarrow$ $H3=3^{1}$ $\because H3=3$ $G6=3$ $F7=3$ $\Rightarrow$ $I8=3^{2}$

$\because I2=7$ $H4=7$ $A8=7$ $\Rightarrow$ $G7=7^{3}$ $\because F8=9$ $H2=9$ $\Rightarrow$ 四马9

$\because G3=2$ $G1=8$ $\Rightarrow$ 九马2、九马8，且九宫㉘ $\Rightarrow$ $G8=6^{4}$

$\because 9$ 列九缺一 $\Rightarrow$ $F9=7^{5}$ $\because F9=7$ $D1=7$ $H4=7$ $\Rightarrow$ $E6=7^{6}$

$\because E6=7$ $H4=7$ $\Rightarrow$ $B5=7^{7}$

$\because A8=7$ $B5=7$ $D1=7$ $I2=7$ $\Rightarrow$ $C3=7^{8}$

∵E3=8　⇒　六马 8　　∵B8=4　⇒　六马 4

∵G4=1　⇒　B6=1[9]　∵F2=1　E8=1　G4=1　B6=1　⇒　D5=1[10]

∵F7=3　F8=9　G6=3　C6=9　⇒　五马 3、五马 9，且五宫㊴。

∵G2=5　H7=5　E5=5　二宫的 5 在左竖　⇒　I6=5[11]

∵G9=4　H1=4　二宫的 4 在左竖　⇒　I5=4[12]　⇒　D6=4[13]　⇒
　H6=2[14]

∵H6=2　九马 2　⇒　I7=2[15]　⇒　H8=8[16]

∵H8=8　六马 8　⇒　D7=8[17]　⇒　E7=4[18]

∵六宫九缺一　⇒　D8=2[19]　∵A5=2　⇒　F4=2[20]　⇒　F5=8[21]

∵G 行九缺一　⇒　G5=9[22]　⇒　H5=6[23]　⇒　I4=8[24]

∵H1=4　D6=4　E7=4　⇒　F3=4[25]　⇒　F1=5[26]

∵D8=2　B1=2　⇒　E2=2[27]　∵E9=6　I3=6　⇒　D2=6[28]

∵H3=3　⇒　E1=3[29]　⇒　D3=9[30]

∵D3=9　五马 9　⇒　E4=9[31]　⇒　D4=3[32]

∵H3=3　A9=3　C5=3　⇒　B2=3[33]

∵F1=5　G2=5　⇒　B3=5[34]

∵D2=6　A7=6　⇒　C1=6[35]　⇒　A1=9[36]，一宫空格写 4、8。

∵B3=5　C8=5　⇒　A4=5[37]　∵B8=4　⇒　C4=4[38]

∵C4=4　一马 4　⇒　A2=4[39]　⇒　C2=8[40]　⇒　B4=6[41]

～第 4 题完～

第 11 题：第 4 题七宫＝第 11 题三宫，第 5 题一宫＝第 11 题九宫

	1	2	3	4	5	6	7	8	9
A	3	7	4	9	1	6	8	5	2
B	6	5	1	2	7	8	4	9	3
C	2^{19} ₂₉	9^{20}	8^6	5	4	3	1	7	6
D	9^{12} ₉	6	3^{11} ₉	1	2	4	5^{13} ₅₆	8	7
E	8	4	7	6	3	5	9^{10} ₂	2^7	1
F	5^{15} ₂	1	2^{16} ₂	8	9	7	6^{14} ₅₆	3^8	4^9
G	4	2^{17} ₂₉	9^{18}	3	8	1^1	7	6	5
H	1	3^3	6	7	5	9	2	4	8
I	7	8^5	5^4	4	6	2^2	3	1	9

∵I8＝1 ⇒ G6＝1^1 ⇒ I6＝2^2 ∵H 行九缺一 ⇒ H2＝3^3

∵B2＝5 G9＝5 ⇒ I3＝5^4 ⇒ I2＝8^5，七宫空格写 2、9。

∵I2＝8 E1＝8 ⇒ C3＝8^6

一宫空格写 2、9。 ∵D5＝2 ⇒ 四马 2 ⇒ 六马 2

∵六马 2 H7＝2 ⇒ E8＝2^7 ⇒ F8＝3^8

∵9 列九缺一 ⇒ F9＝4^9

∵F5＝9 ⇒ 四马 9，又 F5＝9 ⇒ E7＝9^{10}，六宫空格写 5、6。

∵E5＝3 F8＝3 A1＝3 ⇒ D3＝3^{11} ⇒ D1＝9^{12} ⇒ D7＝5^{13}
  ⇒ F7＝6^{14}

∵I3＝5 ⇒ F1＝5^{15} ⇒ F3＝2^{16}

∵F3＝2 七马 2 ⇒ G2＝2^{17} ⇒ G3＝9^{18}

∵G2＝2 一马 2 ⇒ C1＝2^{19} ⇒ C2＝9^{20}

～第 11 题完～

第 5 题：第 11 题九宫＝第 5 题一宫，第 1 题一宫＝第 5 题九宫

	1	2	3	4	5	6	7	8	9
A	7	6	5	1⁹ ⑬	3⁸	■8⁷	2	4⁴	9
B	2	4	8	5³⁵ ㊾	7	9³⁴ ㊾	6⁶	3	1
C	3	1	9	2²⁶	4²⁹	6³⁰	8⁵	7	5³
D	■9¹⁵	3	2	■6²⁷ ₄₆	5	4²⁸ ₄₆	1	8	7
E	5¹³	7	4¹⁶	8²²	9²¹	1	3¹¹	6¹⁹	2
F	6¹⁷	8	1	7²⁴	2²⁵	3¹⁰	5¹²	9²⁰	4
G	4⁴¹	2	7	3	6³¹	5³⁷	9	1³⁹	8²
H	1⁴⁰	9	6¹⁸	4³⁶	8²³	2	7	⑮5³⁸	3
I	8	5	3	9³³ ₇₉	■1¹⁴	7³² ₇₉	4¹	2	6

∵F9＝4　⇒　I7＝4¹　⇒　G9＝8²　⇒　C9＝5³

∵I7＝4　⇒　A8＝4⁴

∵B3＝8　⇒　C7＝8⁵　⇒　B7＝6⁶，8 列空格写 6、9，7 列空格写 3、5。

∵G9＝8　I1＝8　⇒　八马 8　　　∵F2＝8　D8＝8　⇒　五马 8

∵五马 8　八马 8　⇒　破骑马 8，又 B3＝8　C7＝8　⇒　A6＝■8⁷

∵B1＝2　A7＝2　H6＝2　⇒　二马 2

∵D3＝2　E9＝2　H6＝2　⇒　五马 2　，A 行空格写⑬。

∵C3＝9　C9＝5　⇒　二马 9、二马 5，且二宫㊾

∵G4＝3　二马 3　⇒　A5＝3⁸　⇒　A4＝1⁹

∵A5＝3　G4＝3　D2＝3　⇒　F6＝3¹⁰

∵F6＝3　六马 3　⇒　E7＝3¹¹　⇒　F7＝5¹²

∵F7＝5　D5＝5　A3＝5　⇒　E1＝5¹³　∵C2＝1　F3＝1　⇒　七马 1

∵七马 1　九马 1　⇒　破骑马 1，又 A4＝1　E6＝1　⇒　I5＝■1¹⁴，
　I 行空格写 7、9。

∵二马 9　八马 9　⇒　破骑马 9　⇒　■五马 9

∵五马 9　六马 9　⇒　破骑马 9　⇒　D1＝■9^{15}

∵F9＝4　⇒　E3＝4^{16}　⇒　F1＝6^{17}，1 列空格写 1、4，且 1 列在七宫
⑭　⇒　H3＝6^{18}

∵F1＝6　六马 6　⇒　E8＝6^{19}　⇒　F8＝9^{20}

∵F8＝9　五马 9　⇒　E5＝9^{21}　⇒　E4＝8^{22}

∵E4＝8　A6＝8　G9＝8　⇒　H5＝8^{23}，D 行空格写 4、6。

∵B5＝7　⇒　F4＝7^{24}　⇒　F5＝2^{25}

∵F5＝2　二马 2　⇒　C4＝2^{26}

∵H3＝6　I9＝6　⇒　八马 6，C 行空格写 4、6。

∵二马 6　八马 6　⇒　破骑马 6　⇒　D4＝■6^{27}　⇒　D6＝4^{28}

∵D6＝4　二马 4　⇒　C5＝4^{29}　⇒　C6＝6^{30}

∵C6＝6　八马 6　⇒　G5＝6^{31}

∵F4＝7　八马 7　⇒　I6＝7^{32}　⇒　I4＝9^{33}

∵I4＝9　二马 9　⇒　B6＝9^{34}　⇒　B4＝5^{35}　⇒　H4＝4^{36}　⇒
　G6＝5^{37}　⇒　H8＝5^{38}　⇒　G8＝1^{39}　⇒　H1＝1^{40}　⇒　G1＝4^{41}

〜第 5 题完〜

第 1 题：第 5 题九宫＝第 1 题一宫，第 8 题一宫＝第 1 题九宫

	1	2	3	4	5	6	7	8	9
A	9	1^{27}	8^{10}	3^{32}	2^6	6^{12}		7^{22}	
B	7	5^{28}	3	8^{18}	1	4	9^{33}	6^{13}	2
C	4^{26}	2	6	▔5^{31}	9^{21}	7	1^{30}		8^{25}
D	3		5					2	
E	1^{29}		7^1	2					
F	2^3	4	9^{2}	■1^{16}	3^{24}	5^{17}	6	▔8^{23}	7
G	6	9	1	㊼		2^5	8	5	3
H	8^{11}	3	2^4	6^8	5	1	7^7	4	9
I	5	7	4^9	9^{20}	8^{19}	3	2	1^{15}	6^{14}

∵B1＝7　I2＝7　F9＝7　⇒　E3＝7^1　⇒　F3＝9^2　⇒　F1＝2^3　⇒
　　H3＝2^4

∵G1＝6　⇒　四马 6

七宫空格写 4、8。

∵B6＝4　C6＝7　⇒　G 行骑马 4、7，且在八宫㊼　⇒　G6＝2^5　⇒
　　A5＝2^6

∵H9＝9　⇒　八马 9　　　　　　∵B1＝7　C6＝7　F9＝7　⇒　三马 7

∵I2＝7　⇒　H2＝7^7，九宫空格写 1、6。

∵九马 6　⇒　H4＝6^8，八宫空格写 8、9。

∵H8＝4　⇒　I3＝4^9　⇒　A3＝8^{10}

∵七宫九缺一　⇒　H1＝8^{11}　　∵H4＝6　C3＝6　⇒　A6＝6^{12}

∵A6＝6　F7＝6　C3＝6　⇒　B8＝6^{13}

∵B8＝6　九马 6　⇒　I9＝6^{14}　⇒　I8＝1^{15}

∵I8＝1　⇒　六宫 D7、D9、E7、E9 皆有待定数 1，又四宫 D2、E1、
　　E2 也皆有待定数 1　⇒　异骑马 1，又五马 1　⇒　F4＝$■1^{16}$　⇒
　　F6＝5^{17}

∵A3＝8　G7＝8　⇒　三马 8　⇒　B4＝8^{18}　⇒　I5＝8^{19}　⇒　I4＝9^{20}
　　⇒　C5＝9^{21}　⇒　五马 9

∵H7＝7　三马 7　⇒　A8＝7^{22}

∵I5＝8　⇒　F5≠8　⇒　F8＝$^-8^{23}$　⇒　F5＝3^{24}

二宫空格写 3、5。　　　　　∵F8＝8　三马 8　⇒　C9＝8^{25}

∵F2＝4　⇒　C1＝4^{26}　⇒　A2＝1^{27}　⇒　B2＝5^{28}　⇒　E1＝1^{29}　⇒
　　六马 1　，四宫空格写 6、8。

∵A6＝6　H4＝6　⇒　五马 6，6 列空格写 8、9。

∵A2＝1　B5＝1　I8＝1　⇒　C7＝1^{30}

∵G8＝5　⇒　C8≠5　⇒　C4＝$^-5^{31}$　⇒　A4＝3^{32}，A 行空格写 4、5。

∵B 行九缺一　⇒　B7＝9^{33}

211

下面我们重新编号继续解题。

	1	2	3	4	5	6	7	8	9
A	9	1	8	3	2	6	5^6 ₄₅	7	4^5 ₄₅
B	7	5	3	8	1	4	9	6	2
C	4	2	6	5	9	7	1	3^1	8
D	3	8^{11} ₆₈	5	7^{14} ₇	6^{13}	9^9	4^7 ₁	2	1^2 ₁
E	1	6^{12}	7	2	4^{15} ₆	8^{10} ₈₉	3^3 ₅	9^8	5^4 ₅
F	2	4	9	1	3	5	6	8	7
G	6	9	1	4^{16} ㊼	7^{17}	2	8	5	3
H	8	3	2	6	5	1	7	4	9
I	5	7	4	9	8	3	2	1	6

∵C 行九缺一 ⇒ C8=3^1 ∵C7=1 六马 1 ⇒ D9=1^2

∵C8=3 G9=3 D1=3 ⇒ E7=3^3 ⇒ E9=5^4 ⇒ A9=4^5 ⇒

A7=5^6 ⇒ D7=4^7 ⇒ E8=9^8

∵E8=9 五马 9 ⇒ D6=9^9 ⇒ E6=8^{10}

∵E6=8 四马 8 ⇒ D2=8^{11} ⇒ E2=6^{12}

∵E2=6 H4=6 ⇒ D5=6^{13} ⇒ D4=7^{14} ⇒ E5=4^{15}

∵E5=4 八马 4 ⇒ G4=4^{16} ⇒ G5=7^{17}

～第 1 题完～

第 8 题：第 1 题九宫＝第 8 题一宫，第 6 题七宫＝第 8 题三宫

	1	2	3	4	5	6	7	8	9
A	8	5	3	9^2	2	1	7	4^1	6
B		4	9			3	2	1	8
C	2			4	8	3	5	9	
D	9^{15}	3	2^{20}	1	7			8^{17}	5^8
E	4	6	8^{18}				1	2	7^{22}
F	$\blacksquare1^4$	7^{19}	5			2^{21}		9^{16}	3^{23} ㉗
G	3^9	8	7^{10}		1		9	6	2
H	$6^{12\,3}$	9^{13}	4^{11}	2	8^{14}	7	5^6	3^5	1^3
I	5 ⑫						8^7	7	4

∵三宫九缺一 ⇒ A8＝4^1 ⇒ A4＝9^2

∵C8＝5 ⇒ 二马 5　　　　∵D5＝7 ⇒ 二马 7

∵B8＝1 ⇒ 一马 1　　　　∵E2＝6 ⇒ 一马 6

∵B8＝1 E7＝1 ⇒ H9＝1^3，又 G5＝1 ⇒ 七马 1

∵七马 1 一马 1 ⇒ 破骑马 1，又 D4＝1 ⇒ F1＝$\blacksquare1^4$

∵G9＝2 H4＝2 ⇒ 七马 2，且七宫⑫

∵G7＝9 B3＝9 ⇒ 七马 9　∵H6＝7 I8＝7 ⇒ 七马 7

∵E2＝6 G8＝6 ⇒ 七马 6　∵B2＝4 E1＝4 ⇒ 七马 4

∵A3＝3 D2＝3 ⇒ 七马 3　∵C7＝3 ⇒ H8＝3^5

∵I1＝5 ⇒ H7＝5^6 ⇒ I7＝8^7，7 列空格写 4、6。

∵D2＝3 H8＝3 B6＝3 ⇒ 六马 3

∵I8＝7 D5＝7 A7＝7 ⇒ 六马 7，且六宫㉗ D9＝5^8，8 列空
格写 8、9。

∵H8＝3 七马 3 ⇒ G1＝3^9 ⇒ G3＝7^{10} ⇒ H3＝4^{11} ⇒

H1=6[12] ⇒ H2=9[13] ⇒ H5=8[14]，G行空格写4、5。

∵B6=3 ⇒ 八马3　　　　　　∵A4=9 ⇒ 八马9

∵C6=8 H5=8 ⇒ 五马8　∵C1=2 E8=2 ⇒ 四马2

∵A1=8 G2=8 ⇒ 四马8　∵B3=9 ⇒ 四马9

∵A5=2 H4=2 E8=2 ⇒ 五马2

∵H2=9 四马9 ⇒ D1=9[15]

∵D1=9 六马9 ⇒ F8=9[16] ⇒ D8=8[17]

∵D8=8 四马8 ⇒ E3=8[18] ⇒ F2=7[19] ⇒ D3=2[20]

∵D3=2 五马2 ⇒ F6=2[21]

∵F2=7 六马7 ⇒ E9=7[22] ⇒ F9=3[23]

下面我们重新编号继续解题。

	1	2	3	4	5	6	7	8	9
A	8	5	3	9[2]	2	1	7	4	6
B	7[1]	4	9	6[12]	5[13]	3	2	1	8
C	2	1[3]	6[2]	7[4]	4	8	3	5	9
D	9	3	2	1	7	4[9]	6[7]	8	5
E	4	6	8	5[14]	3[18]	9[19]	1	2	7
F	1	7	5	8[5]	6[8]	2	⁻4[6]	9	3
G	3	8	7	4[10]	1	5[11]	9	6	2
H	6	9	4	2	8	7	5	3	1
I	5	2[20]	1[21]	3[15]	9[17]	6[16]	8	7	4

∵1列九缺一 ⇒ B1=7[1] ⇒ C3=6[2] ⇒ C2=1[3] ⇒ C4=7[4]，
　　二宫空格写5、6。

∵E3=8 五马8 ⇒ F4=8[5]

∵C5=4 ⇒ F5≠4 ⇒ F7=⁻4[6] ⇒ D7=6[7] ⇒ F5=6[8]

∵D 行九缺一　⇒　D6＝4^9

∵D6＝4　八马 4　⇒　G4＝4^{10}　⇒　G6＝5^{11}

∵F5＝6　二马 6　⇒　B4＝6^{12}　⇒　B5＝5^{13}

∵B5＝5　G6＝5　⇒　E4＝5^{14}　⇒　I4＝3^{15}

∵F5＝6　⇒　I6＝6^{16}　⇒　I5＝9^{17}　⇒　E5＝3^{18}　⇒　E6＝9^{19}

∵2 列九缺一　⇒　I2＝2^{20}　⇒　I3＝1^{21}

〜第 8 题完〜

第 6 题：第 8 题三宫＝第 6 题七宫，第 10 题七宫＝第 6 题三宫

	1	2	3	4	5	6	7	8	9
A	4^1	9^4	2	7	6	1^{28} ⑱	3	8^{29} ⑱	5
B	8	6^3	1	3^{16}	9^{17}	5	7	4^{14}	2^9
C	5^2	3	7	2^{15}	8^{27} ⑱	4	9	1^{30} ⑱	6
D	1^{32}	7	5^{20}	9^{33}	4^{22}	8^{26}	2^{12}	6	3
E	9^{41}	2^5	4^{21} ㊺	6^{37}	1^{31}	3^{19}	5^{13}	7^{38}	$\lceil 8^{10}$
F	6^{40} ㊿	8^6	3	5^{23}	2	7^{34}	4	9^{39}	1^{11}
G	7	4	6	8^{25} ⁵₈	5^{24}	2^{18}	1	3	9
H	2	1	8	4^7	3	9^8	6	5	7
I	3	5	9	1^{36} 16	7	6^{35} 16	8	2	4

显然七宫九缺一　⇒　G2＝4。

∵G2＝4　C6＝4　⇒　A1＝4^1　　∵I2＝5　⇒　C1＝5^2

∵A5＝6　⇒　B2＝6^3　⇒　A2＝4^4

3 列空格写 4、5，且㊺。　∵H1＝2　F5＝2　⇒　E2＝2^5　⇒　F2＝8^6

∵G2＝4　I9＝4　C6＝4　⇒　H4＝4^7　⇒　H6＝9^8，I 行空格写 1、6。

∵I8＝2　⇒　B9＝2^9

∵F2＝8　⇒　F9≠8　⇒　E9＝$\lceil 8^{10}$　⇒　F9＝1^{11}

∵E2＝2　I8＝2　⇒　D7＝2[12]　⇒　E7＝5[13]

六宫空格写 7、9。

∵B3＝1　B1＝8　⇒　三马 1、三马 8，且三宫⑱　⇒　B8＝4[14]

∵A3＝2　B9＝2　F5＝2　⇒　C4＝2[15]，C 行空格写⑱，A 行空格写⑱。

∵H5＝3　⇒　B4＝3[16]　⇒　B5＝9[17]

∵C4＝2　F5＝2　⇒　G6＝2[18]，八宫空格写 5、8。

∵D9＝3　F3＝3　H5＝3　B4＝3　⇒　E6＝3[19]

∵E7＝5　四马 5　⇒　D3＝5[20]　⇒　E3＝4[21]

∵E3＝4　F7＝4　H4＝4　C6＝4　⇒　D5＝4[22]

∵D3＝5　E7＝5　B6＝5　⇒　F4＝5[23]

∵F4＝5　八马 5　⇒　G5＝5[24]　⇒　G4＝8[25]

∵G4＝8　E9＝8　F2＝8　⇒　D6＝8[26]

∵D6＝8　二马 8　⇒　C5＝8[27]　⇒　A6＝1[28]　⇒　A8＝8[29]　⇒　C8＝1[30]

∵5 列九缺一　⇒　E5＝1[31]

∵E5＝1　F9＝1　⇒　D1＝1[32]，四宫空格写 6、9。

∵D 行九缺一　⇒　D4＝9[33]

∵A4＝7　⇒　F6＝7[34]　⇒　I6＝6[35]　⇒　I4＝1[36]　⇒　E4＝6[37]

∵F6＝7　六马 7　⇒　E8＝7[38]　⇒　F8＝9[39]　⇒　F1＝6[40]　⇒　E1＝9[41]

～第 6 题完～

第 10 题：第 6 题三宫＝第 10 题七宫，第 12 题七宫＝第 10 题三宫

	1	2	3	4	5	6	7	8	9
A	4	5	8^5	6	9	3	1^{25} [12]	7	2^{26} [12]
B	2^3	6	9^4	1	5	7	4	8^{17}	3
C	1^6	3	7	4	8	2	6	5^{20} [5/9]	9^{21}
D	6^8	$|7^{10}$	1^{30} [13]	3^{29} ㉟	2	9^{14}	5^{23}	4	8
E	5	9^{11}	4	7	1	8^{12}	3	2	6^{15}
F	$|8^7$	2^9	3^{31} [13]	5^{28} ㉟	4	6^{13}	7^{16}	9^{22} [9]	1^{24}
G	3	8^{34} [18]	5	9	6	4^1	2^{32}	1^{36}	7
H	7	4	2	8	3	1^2	■9^{18}	6	5^{19}
I	9	1^{35} [18]	6	2	7	5	8^{33}	3^{37}	4^{27}

∵H2=4　⇒　G6=4^1　⇒　H6=1^2　∵H3=2　C6=2　⇒　B1=2^3

∵A5=9　I1=9　⇒　B3=9^4　∵C5=8　⇒　A3=8^5　⇒　C1=6^6

∵D9=8　⇒　F1=$|8^7$　⇒　D1=6^8

∵D5=2　E8=2　H3=2　⇒　F2=2^9

∵E4=7　H1=7　⇒　D2=$|7^{10}$

∵B3=9　⇒　E2=9^{11}，四宫空格写1、3，4列空格写3、5。

∵D9=8　F1=8　⇒　E6=8^{12}

∵D1=6　⇒　F6=6^{13}　⇒　D6=9^{14}

∵D1=6　F6=6　⇒　E9=6^{15}

∵A8=7　G9=7　D2=7　⇒　F7=7^{16}，C行空格写5、9。

A行空格写1、2。　∵B行九缺一　⇒　B8=8^{17}

∵D6=9　⇒　六马9

∵六马9　三马9　⇒　破骑马9，又G4=9　I1=9　⇒　H7=■9^{18}　⇒

　　H9=5^{19}

$\because$ H9＝5 三马5 $\Rightarrow$ C8＝5^{20} $\Rightarrow$ C9＝9^{21}

$\because$ C9＝9 六马9 $\Rightarrow$ F8＝9^{22}

$\because$ H9＝5 $\Rightarrow$ D7＝5^{23} $\Rightarrow$ F9＝1^{24}

$\because$ F9＝1 三马1 $\Rightarrow$ A7＝1^{25} $\Rightarrow$ A9＝2^{26} $\Rightarrow$ I9＝4^{27}

$\because$ D7＝5 五马5 $\Rightarrow$ F4＝5^{28} $\Rightarrow$ D4＝3^{29} $\Rightarrow$ D3＝1^{30} $\Rightarrow$ F3＝3^{31}

$\because$ E8＝2 I4＝2 $\Rightarrow$ G7＝2^{32} $\Rightarrow$ I7＝8^{33}

$\because$ I7＝8 七马8 $\Rightarrow$ G2＝8^{34} $\Rightarrow$ I2＝1^{35}

$\because$ G行九缺一 $\Rightarrow$ G8＝1^{36} $\Rightarrow$ I8＝3^{37}

～第10题完～

第12题：第10题三宫＝第12题七宫，第3题九宫＝第12题一宫

	1	2	3	4	5	6	7	8	9
A	5	1	4	8^{46}	9	6^{45}	3^{41}	2	7^{40}
B	2	6^6	8^5	4^{20}	7	3^{47}	1^{34}	9	5^{30}
C	3	9^4 $\frac{9}{7}$	7^3	2^{19}	5	1^{35}	8	4^{23}	6^{36}
D	9	4	5^{13}	6	1	2^{17}_{28}	7^{43}_{7}	3^{42}	8^{18}
E	7	3	6^{14}	9	-8^{15}_{28}	5	2^{16}	1	4
F	8^{10}	2^{11}	1^{12}	7	3	4	5^{29}	$\frac{5}{6}$■6^{28}	9^{27}
G	1^9_{28}	7	2^2_{2}	5^{44}	4	9^{22}	6^{37}_{6}	8	3^{39}_{6}
H	4	8^1_{8}	3	1^{32}	6	7	9^{26}	5^{31}	2^{25}
I	6	5^8_{5}	9^7	3^{49}	2^{21}	8^{48}	4^{24}	7^{38}	1^{33}

$\because$ G8＝8 七马8 $\Rightarrow$ H2＝8^1 $\quad$ $\because$ B1＝2 七马2 $\Rightarrow$ G3＝2^2

$\because$ B8＝9 $\Rightarrow$ 一马9

$\because$ G2＝7 一马7 $\Rightarrow$ C3＝7^3 $\Rightarrow$ C2＝9^4

$\because$ H2＝8 $\Rightarrow$ B3＝8^5 $\Rightarrow$ B2＝6^6

$\because$ C2＝9 D1＝9 $\Rightarrow$ I3＝9^7 $\Rightarrow$ I2＝5^8 $\Rightarrow$ G1＝1^9

∵1 列行九缺一 ⇒ F1=8[10]　　∵2 列九缺一 ⇒ F2=2[11]

∵D5=1　E8=1 ⇒ F3=1[12]　　∵E6=5 ⇒ D3=5[13] ⇒ E3=6[14]

五宫空格写 2、8。

∵C7=8 ⇒ E7≠8 ⇒ E5=⁻8[15] ⇒ E7=2[16] ⇒ D5=2[17]

∵C7=8　G8=8　F1=8 ⇒ D9=8[18]

∵A8=2　B1=2　D6=2 ⇒ C4=2[19]

∵A3=4　F6=4 ⇒ B4=4[20]　　∵C4=2　D6=2 ⇒ I5=2[21]

∵E4=9　I3=9 ⇒ G6=9[22]

∵A3=4　B4=4　E9=4 ⇒ C8=4[23]

∵C8=4　E9=4　G5=4　H1=4 ⇒ I7=4[24]

∵A8=2　E7=2　G3=2　I5=2 ⇒ H9=2[25]

∵G6=9　I3=9　B8=9 ⇒ H7=9[26]

∵H7=9　B8=9 ⇒ F9=9[27]，F 行空格写 5、6，D 行空格写 3、7。

∵I1=6　H5=6 ⇒ 九马 6

∵三宫 A7、A9、C9 皆有的待定数 6　九马 6 ⇒ 异骑马 6，又六马 6
　　⇒ F8=■6[28] ⇒ F7=5[29]

∵A1=5　C5=5　F7=5 ⇒ B9=5[30]

∵B9=5　F7=5　I2=5 ⇒ H8=5[31] ⇒ H4=1[32]

∵G1=1　E8=1 ⇒ I9=1[33]

∵A2=1　I9=1 ⇒ B7=1[34] ⇒ C6=1[35] ⇒ C9=6[36]

∵C9=6　九马 6 ⇒ G7=6[37]

∵G2=7 ⇒ I8=7[38] ⇒ G9=3[39] ⇒ A9=7[40] ⇒ A7=3[41]

∵A7=3　六马 3 ⇒ D8=3[42] ⇒ D7=7[43]

∵I2=5 ⇒ G4=5[44]

∵B2=6　D4=6 ⇒ A6=6[45] ⇒ A4=8[46] ⇒ B6=3[47] ⇒
　 I6=8[48] ⇒ I4=3[49]

～第 12 题完～

219

第 3 题：第 12 题一宫＝第 3 题九宫，第 7 题九宫＝第 3 题一宫

	1	2	3	4	5	6	7	8	9
A	7^1	2	6	3^5	8	9	4	5^6	1
B	9	1	5	4^{26}	7^{25}	2^{24}	6^8	8^7	3^4
C	8	3	4	1^{18}	5^{19}	6	9^{11}	7^{12}	2
D	1	9	2^{38}	6^{28}	3^{33}	7^{36}	8	4^{39}	5^{31}
E	4^2	5	8	■2^{23}	9^{32}	1	7^{22}	3	6^{29}
F	3	6	7^{37}	∣8^{27}	4^{34}	5^{35}	1	2^{40}	9^{30}
G	2^{16}	7	3	9	6	8^{17}	5	1	4
H	5	4^{14}	9^3	7	1	3	2	6^9	8^{10}
I	6^{15}	8^{13}	1	5^{20}	2^{21}	4	3	9	7

∵一宫九缺一 ⇒ A1＝7^1 ⇒ 四马7 ∵C3＝4 ⇒ E1＝4^2

∵B1＝9 D2＝9 ⇒ H2＝9^3

1列空格写2、6，2列空格写4、8，四宫空格写2、7。

∵C9＝2 H7＝2 G9＝4 E1＝4 ⇒ 六宫㉔

∵A9＝1 B2＝1 ⇒ 二马1

∵I7＝3 E8＝3 ⇒ B9＝3^4

∵B9＝3 C2＝3 ⇒ A4＝3^5 ⇒ A8＝5^6

∵E2＝5 ⇒ 六马5   ∵C6＝6 ⇒ 三马6

∵C1＝8 D7＝8 ⇒ B8＝8^7 ⇒ B7＝6^8，三宫空格写7、9。

∵B3＝5 ⇒ 二马5

∵F2＝6 B7＝6 H8＝6 ⇒ 六马6 ⇒ H8＝6^9 ⇒ H9＝8^{10}

∵I8＝9 三马9 ⇒ C7＝9^{11} ⇒ C8＝7^{12}

∵H9＝8 七马8 ⇒ I2＝8^{13} ⇒ H2＝4^{14}

∵D2＝9 C7＝9 I8＝9 ⇒ 六马9

∵G5＝6　七马6　⇒　I1＝6[15]　⇒　G1＝2[16]　⇒　G6＝8[17]

八宫空格写2、5。　∵H5＝1　二马1　⇒　C4＝8[18]　⇒　C5＝5[19]

∵C5＝5　八马5　⇒　I4＝5[20]　⇒　I5＝2[21]　⇒　二马2

∵7列九缺一　⇒　E7＝7[22]

∵四马2　六马2　⇒　破骑马2，又I5＝2　⇒　E4＝■2[23]　⇒　B6＝2[24]

∵A6＝9　G4＝9　D2＝9　⇒　五马9

∵H4＝7　⇒　B5＝7[25]　⇒　B4＝4[26]

∵D7＝8　⇒　D4≠8　⇒　F4＝ˈ8[27]　⇒　D4＝6[28]

∵D4＝6　六马6　⇒　E9＝6[29]　⇒　F9＝9[30]　⇒　D9＝5[31]　⇒　E5＝9[32]

∵F1＝3　H6＝3　⇒　D5＝3[33]　⇒　F5＝4[34]

∵D9＝5　⇒　F6＝5[35]　⇒　D6＝7[36]　⇒　F3＝7[37]　⇒　D3＝2[38]　⇒　D8＝4[39]　⇒　F8＝2[40]

〜第 3 题完〜

第 7 题：第 3 题一宫＝第 7 题九宫，第 2 题九宫＝第 7 题一宫

	1	2	3	4	5	6	7	8	9
A	2[2]	5	8	4[38]	1	7[35]	ˈ6[7]	9[42]	3[41]
B	6	3[3]	4	5[10]	9	8	1[1]	7[11]	2
C	9	7	1	2[37]	6	3[36]	5[6]	4[39]	8[40]
D	3[33]	9[5]	5[34]	8	4	1[24]	2	6	7
E	1[19]	8	7[15]	6	■3[12]	2[17]	4	5	ˈ9[18]
F	4	6	2[16]	9[23]	7[13]	ˈ5[22]	3[8]	8[21]	1[20]
G	5[32]	1	ˈ9[31]	3[28]	8	4	7	2	6
H	8[9]	4	3[29]	7[27]	2	6[26]	9	1	5
I	▲7[14]	2[4]	6[30]	1	5	9[25]	8	3	4

显然 G7＝7。

∵A5＝1　C3＝1　H8＝1　⇒　B7＝1[1]

∵B9＝2　⇒　A1＝2[2]　⇒　B2＝3[3]

∵A1＝2　D7＝2　⇒　四马 2　⇒　I2＝2[4]　⇒　D2＝9[5]

∵H9＝5　E8＝5　A2＝5　⇒　C7＝5[6]

∵D8＝6　⇒　F7≠6　⇒　A7＝ˡ6[7]　⇒　F7＝3[8]

∵A3＝8　G5＝8　I7＝8　⇒　H1＝8[9]

∵C7＝5　A2＝5　⇒　B4＝5[10]　⇒　B8＝7[11]

∵B1＝6　G9＝6　⇒　七马 6　　∵E4＝6　⇒　八马 6

∵二宫 A4、A6、C4、C6 皆有的待定数 3，八宫 G4、H4、H6、I6 也皆
　有的待定数 3　⇒　异骑马 3，又 F7＝3　⇒　E5＝■3[12]　⇒　F5＝7[13]

∵I 行有 1.2.3.4.5.8　1 列有 6.9　⇒　网独 I1＝▲7[14]

∵I1＝7　D9＝7　F5＝7　⇒　E3＝7[15]　⇒　F3＝2[16]

∵F3＝2　D7＝2　⇒　E6＝2[17]

∵C1＝9　⇒　E9＝⁻9[18]　⇒　E1＝1[19]

∵H8＝1　⇒　F9＝1[20]　⇒　F8＝8[21]

∵B4＝5　⇒　F6＝⁻5[22]　⇒　F4＝9[23]　⇒　D6＝1[24]

∵F4＝9　H7＝9　⇒　I6＝9[25]　⇒　H6＝6[26]

∵G7＝7　⇒　H4＝7[27]　⇒　G4＝3[28]

∵H 行九缺一　⇒　H3＝3[29]　⇒　I3＝6[30]

∵C1＝9　⇒　G3＝⁻9[31]　⇒　G1＝5[32]　⇒　D1＝3[33]　⇒　D3＝5[34]

∵H4＝7　C2＝7　⇒　A6＝7[35]　⇒　C6＝3[36]

∵A1＝2　⇒　C4＝2[37]　⇒　A4＝4[38]

∵A4＝4　I9＝4　⇒　C8＝4[39]　⇒　C9＝8[40]　⇒　A9＝3[41]　⇒　A8＝9[42]

〜第 7 题完〜

4. 对第 13 题的分析

将钻石上、下、左、右第 2 题、第 8 题、第 11 题、第 12 题的四个五宫置
入第 13 题的情况，见下表：

第 13 题	一宫	二宫	三宫	四宫	五宫	六宫	七宫	八宫	九宫
第 2 题	×	×	×	×	×	×	×	×	×
第 8 题	×	×	×	√	×	×	×	×	√
第 11 题	×	√	×	×	×	×	×	×	×
第 12 题	×	×	×	√	×	×	×	√	×

结论：

第 12 题五宫　⇒　第 13 题四宫
（此时第 12 题五宫不能进入八宫）
第 11 题五宫　⇒　第 13 题二宫
第 8 题五宫　⇒　第 13 题九宫（第 12 题五宫只能进入第 13 题四宫）

第 13 题

	1	2	3	4	5	6	7	8	9
A	5^8	6^9	7^{10}	1	2	4	3	9^1	8^{12}
B	2^{13}	9	8^{11}	6	3	5	7	4	1^{15}
C	$1^{⑫14}$	4^7	3^6	8	9	7	6^{16}	2^{17}	5
D	6	1	2	3	8^{40}	9	4^{19}	5^{42}	7^{23}
E	9	8	5	4^{24}	7	6^{25}	2^{18}	1^{21}	3^{20}
F	7	3	4	5^{33}	1^{39}	2^{38}	9^3	8^{41}	6^{22}
G	3	5^5	9^4	2^{32}	6^{30}	8^{31}	1	7	4
H	8^{26}	2	6	7^{29}	4^{36}	1^{37}	5	3	9
I	$4^{27⑱}$	7^2	1	9^{28}	5^{34}	3^{35}	8	6	2

∵B2＝9　C5＝9　H9＝9　⇒　A8＝9^1　∵G8＝7　F1＝7　⇒　I2＝7^2
∵A8＝9　H9＝9　D6＝9　E1＝9　⇒　F7＝9^3
∵E1＝9　B2＝9　⇒　G3＝9^4　　　　∵G9＝4　⇒　七马 4
∵E2＝8　G9＝4　⇒　七宫⑱　⇒　G2＝5^5
∵G1＝3　F2＝3　A7＝3　B5＝3　⇒　C3＝3^6
∵A4＝1　A5＝2　D2＝1　H2＝2　I3＝1　D3＝2　⇒　一宫⑫
∵A6＝4　B8＝4　⇒　C2＝4^7　　　　∵G2＝5　E3＝5　⇒　A1＝5^8
∵H3＝6　⇒　A2＝6^9

∵B7＝7 ⇒ A3＝7[10] ⇒ B3＝8[11] ∵A 行九缺一 ⇒ A9＝8[12]

∵I9＝2 ⇒ 三马 2

∵三马 2 一马 2 ⇒ B1＝2[13] ⇒ C1＝1[14] ⇒ B9＝1[15]

∵I8＝6 ⇒ C7＝6[16] ⇒ C8＝2[17]

∵C8＝2 I9＝2 D3＝2 ⇒ E7＝2[18] ⇒ D7＝4[19]

∵D4＝3 F2＝3 H8＝3 ⇒ E9＝3[20] ∵A9＝8 E2＝8 ⇒ 六马 8

∵C9＝5 E3＝5 ⇒ 六马 5，且六宫 ⑧⑤

∵B9＝1 ⇒ E8＝1[21]

∵D1＝6 ⇒ F9＝6[22] ⇒ D9＝7[23]

∵F3＝4 D7＝4 A6＝4 ⇒ E4＝4[24]

∵D1＝6 F9＝6 ⇒ E6＝6[25]

∵I7＝8 七马 8 ⇒ H1＝8[26] ⇒ I1＝4[27]

∵G3＝9 H9＝9 C5＝9 D6＝9 ⇒ I4＝9[28]

∵G8＝7 I2＝7 E5＝7 C6＝7 ⇒ H4＝7[29]

∵B4＝6 E6＝6 H3＝6 I8＝6 ⇒ G5＝6[30]

∵I7＝8 H1＝8 C4＝8 ⇒ G6＝8[31] ⇒ 五马 8

∵G 行九缺一 ⇒ G4＝2[32] ⇒ F4＝5[33]

∵H7＝5 B6＝5 ⇒ I5＝5[34] ⇒ I6＝3[35]

∵A6＝4 ⇒ H5＝4[36] ⇒ H6＝1[37] ⇒ F6＝2[38]

∵D2＝1 A4＝1 H6＝1 ⇒ F5＝1[39] ⇒ D5＝8[40]

∵D5＝8 六马 8 ⇒ F8＝8[41] ⇒ D8＝5[42]

~第 13 题完~

~第 8 轮完~

第9轮个人赛 3只小猪
（THREE LITTLE PIGS）

本轮包含6道标准数独。首先将给出的18只小猪剪下，放在6道题（狼）里，每只狼只能吃3只小猪，小猪可以相邻，但是不能旋转、反转或重叠，并且小猪不能和给出的已知数重叠。然后根据标准数独规则解出这6道题。

第9轮 第6题 标准数独

在空格内填入数字1～9，使得每行、每列和每宫内的数字不重复。

		2						
6						8		3
			1					
			4	1				2
5				9				4
					5	9	1	

1号
6		8
3	7	6
5		7

2号
5		8
1	7	5
8		7

3号
1		8
4	6	8
8		9

注：上面三只小猪是第1～5题（狼）都不适合者。

解：

1号小猪有两个7字，只能安排在相邻的宫内。

∵左上角有6 ⇒ 不能安排在一、二宫之间

∵右上角有8 ⇒ 不能安排在二、三宫之间

∴可以安排在四、五宫或五、六宫之间。

2号小猪可以安排在一、二宫和四、五宫及四、五、七宫之间，但不能在二、三宫和五、六宫之间。

3号小猪有三个8字，安排在四、五、七宫之间可以，一、二、三宫和五、六、八、九宫间都不行。

经过反复比对后，基本上可以确定：

2号小猪置于一、二宫之间，3号小猪置于四、五、七宫之间，1号小猪置于五、六宫之间。

三个小猪安排好后，可以得到下图（阴影部分为小猪位置）：

	1	2	3	4	5	6	7	8	9
A	3^{41} 39	5	2	6^{25}	8	1^{39} ⑬	4^{37}	9^{43}	7^{46}
B	6	1	7	5	4^{34} ㉔	9^{27}	8	2^{36}	3
C	9^{42} 39	8	4^{5}	7	2^{35}	3^{40} ⑬	1^{38}	5^{44}	6^{45}
D	7^{8}	9^{15}	3^{11}	1	6	4^{3}	2^{17} ㉔	8	5^{13}
E	1	2^{16}	5^{12}	8	3	7	6	4^{18} ㉔	9^{14} 59
F	4	6	8	9^{24} 29	5	2^{23} 29	7	3^{4}	1^{1}
G	8	3^{32} 73	9	4	11	6^{26}	5^{30}	7^{29}	2
H	5	7^{33}	1^{2}	2^{20}	9	8^{19}	3^{31}	6^{28}	4
I	2^{9}	4^{10}	6^{6}	3^{22}	7^{7}	5	9	1	8^{21}

解：

∵D4＝1　E1＝1　I8＝1　⇒　F9＝1[1]

∵B2＝1　E1＝1　I8＝1　⇒　H3＝1[2]

∵F1＝4　⇒　D6＝4[3]，五宫空格写2、9，显然五宫㉙　⇒　F8＝3[4]

∵G9＝2　H9＝4　⇒　六宫㉔，六宫空格写5、9。

∵F1＝4　⇒　C3＝4[5]，一宫空格写3、9。

∵B1＝6　F2＝6　⇒　I3＝6[6]

∵C4＝7　E6＝7　⇒　I5＝7[7]　⇒　七马7

∵B3＝7　七马7　⇒　D1＝7[8]　⇒　I1＝2[9]

∵G4＝4　H9＝4　⇒　I2＝4[10]

七宫空格写7、3，3列空格写3、5.。

∵E5＝3　⇒　D3＝ˡ3[11]　⇒　E3＝5[12]

∵E3＝5　六马5　⇒　D9＝5[13]　⇒　E9＝9[14]　⇒　D2＝9[15]　⇒　E2＝2[16]

∵E2＝2　六马2　⇒　D7＝2[17]　⇒　E8＝4[18]

∵G1＝8　E4＝8　⇒　H6＝8[19]　　∵G9＝2　I1＝2　⇒　H4＝2[20]

∵E4＝8　⇒　I9＝ˉ8[21]　⇒　I4＝3[22]

∵H4＝2　五马2　⇒　F6＝2[23]　　F4＝9[24]　⇒　A4＝6[25]

∵八宫九缺一　⇒　G6＝6[26]

5列空格写2、4，显然二宫㉔。

∵B2＝1　B9＝3　⇒　二宫⑬　⇒　B6＝9[27]

∵E7＝6　G6＝6　⇒　H8＝6[28]　∵F7＝7　⇒　G8＝7[29]

∵H1＝5　⇒　G7＝5[30]　⇒　H7＝3[31]

∵H7＝3　七马3　⇒　G2＝3[32]　⇒　H2＝7[33]

∵C3＝4　二马4　⇒　B5＝4[34]　⇒　C5＝2[35]

∵B行九缺一　⇒　B8＝2[36]

∵H9＝4　E8＝4　C3＝4　⇒　A7＝4[37]　⇒　C7＝1[38]

∵C7＝1　二马1　⇒　A6＝1[39]　⇒　C6＝3[40]

∵C6＝3　一马3　⇒　A1＝3[41]　⇒　C1＝9[42]

∵C1＝9　E9＝9　⇒　A8＝9[43]　⇒　C8＝5[44]　⇒　C9＝6[45]　⇒　A9＝7[46]

～第 6 题完～

第 10 轮决赛（INDIVIDUAL PLAYOFFS）

决赛是预赛前八名选手两两对决，每组两名选手共同选择 3 道题进行 PK。两名选手同时解同 1 道题，率先正确完成的选手获胜，3 道题先获胜两道题的选手晋级。最后两名选手角逐冠亚军，本轮为 5 题 3 胜制。对决的题目全部从这 27 道题中产生。

第 10 轮　第 21 题　轮转数独

在空格内填入数字 1～9，使得每行、每列、每宫内的数字不重复。每个圆环上四个数字表示四个格里的数字，顺序也和圆环上顺序一致，但是圆环可以旋转 90°、180°或 270°。

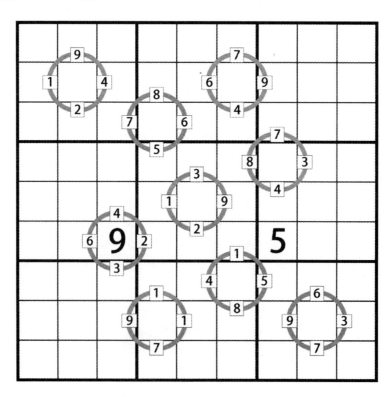

解：为方便叙述，先将九个圆环按 A～I 编号。

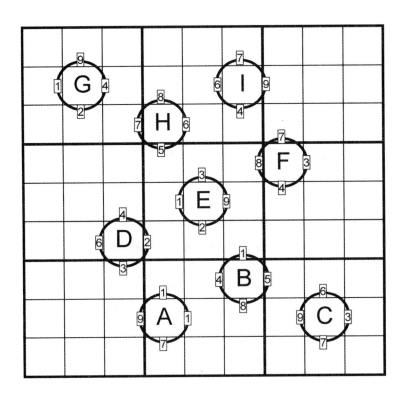

寻找相配（不矛盾）者，在这里，矛盾者就不必标出了。

B 环	$0°_×$		$90°$		$180°$	$270°_×$
A 环			$180°$		①A 环无法安置	
C 环		$90°$		$270°$		
D 环		$180°$		$180°$		
F 环		$270°$		$270°$		
E 环		$180°$		$180°$		
H 环	②∵E7＝8 与 H 环矛盾			∵E7＝8 ⇒ D4＝8[1]		$180°$
I 环			$90°$			
G 环			③$270°$			

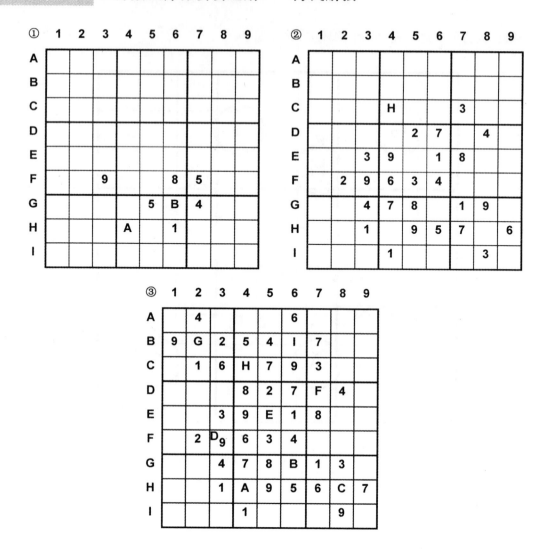

前页表中已指出，①与②都不可能成立，下面只解第③题。

第③题

	1	2	3	4	5	6	7	8	9
A	7^{19}	4	8^{18}	3^5	1^3	6	2^{38}	5^{43}	9^{44}
B	9	3^7	2	5	4	8^4	7	1^{39}	6^{40}
C	5^{20}	1	6	2^6	7	9	3	8^{42}	4^{41}
D	1^{14}	6^{16}	5^{17}	8^1	2	7	9^{37}	4	3^{36}
E	4^{12}	7^{15}	3	9	5^2	1	8	6^{35}	2^{34}
F	8^{13}	2	9	6	3	4	5	7^{32}	1^{33}
G	6^{25}	9^{22}	4	7	8	2^{11}	1	3	5^{26}
H	3^{27}	8^{24}	1	4^8	9	5	6	2^{29}	7
I	2^{28}	5^{23}	7^{21}	1	6^9	3^{10}	4^{31}	9	8^{30}

解：

∵E7＝8 ⇒ D4＝8^1 ⇒ E5＝5^2　　∵I4＝1　E6＝1 ⇒ A5＝1^3

∵D4＝8 ⇒ B6＝8^4

∵C7＝3 ⇒ A4＝3^5 ⇒ C4＝2^6　　∵A4＝3　C7＝3 ⇒ B2＝3^7

∵4 列九缺一 ⇒ H4＝4^8　　　　　∵A6＝6 ⇒ I5＝6^9

∵G8＝3 ⇒ I6＝3^{10} ⇒ G6＝2^{11}　∵C5＝7 ⇒ 一马7

∵D8＝4　F6＝4　A2＝4 ⇒ E1＝4^{12}

∵D4＝8　E7＝8 ⇒ F1＝8^{13}　　　∵C2＝1　H3＝1 ⇒ D1＝1^{14}

∵D6＝7 ⇒ E2＝7^{15}

∵C3＝6 ⇒ D2＝6^{16} ⇒ D3＝5^{17}

∵F1＝8 ⇒ A3＝8^{18} ⇒ A1＝7^{19} ⇒ C1＝5^{20}

∵3 列九缺一 ⇒ I3＝7^{21}

∵I8＝9　H5＝9　B1＝9 ⇒ G2＝9^{22}

∵C1＝5　H6＝5 ⇒ I2＝5^{23} ⇒ H2＝8^{24}

∵G6＝2　G8＝3　⇒　七宫㉓　⇒　G1＝6^{25}

∵I2＝5　H6＝5　⇒　G9＝5^{26}

∵I6＝3　⇒　H1＝3^{27}　⇒　I1＝2^{28}　∵H 行九缺一　⇒　H8＝2^{29}

∵E7＝8　⇒　I9＝8^{30}　⇒　I7＝4^{31}

∵D6＝7　E2＝7　H9＝7　⇒　F8＝7^{32}　⇒　F9＝1^{33}

∵D5＝2　H8＝2　⇒　E9＝2^{34}　⇒　E8＝6^{35}

∵C7＝3　⇒　D9＝3^{36}　⇒　D7＝9^{37}　⇒　A7＝2^{38}

∵A5＝1　C2＝1　F9＝1　⇒　B8＝1^{39}　⇒　B9＝6^{40}

∵A2＝4　D8＝4　⇒　C9＝4^{41}　⇒　C8＝8^{42}　⇒　A8＝5^{43}　⇒

A9＝9^{44}

～第 21 题完～

第 10 轮　第 22 题　距离数独

在空格内填入数字 1～9，使得每行、每列、每宫内的数字不重复。外面每行、每列给的提示表示该行或列里两个数字的顺序和之间的距离。相邻的距离算 1，差一个格的距离为 2，以此类推。

$\begin{matrix}1\\\updownarrow\\5\\=\\3\end{matrix}$	$\begin{matrix}3\\\updownarrow\\7\\=\\3\end{matrix}$	$\begin{matrix}4\\\updownarrow\\2\\=\\3\end{matrix}$	$\begin{matrix}9\\\updownarrow\\8\\=\\4\end{matrix}$	$\begin{matrix}3\\\updownarrow\\4\\=\\7\end{matrix}$	$\begin{matrix}4\\\updownarrow\\5\\=\\6\end{matrix}$	$\begin{matrix}2\\\updownarrow\\1\\=\\6\end{matrix}$	$\begin{matrix}7\\\updownarrow\\9\\=\\7\end{matrix}$	$\begin{matrix}1\\\updownarrow\\4\\=\\5\end{matrix}$	
									$8\leftrightarrow4=7$
									$5\leftrightarrow8=5$
									$3\leftrightarrow6=6$
				5					$1\leftrightarrow8=5$
			4		3				$2\leftrightarrow9=7$
				7					$1\leftrightarrow3=5$
									$3\leftrightarrow5=5$
									$2\leftrightarrow8=4$
									$3\leftrightarrow4=6$

解：

由 5 列上沿 3 ↔ 4＝7　⇒　二马 3、八马 4，类似可得三马 7、九马 9

∵A 行右侧 8 ↔ 4＝7　⇒　一马 8、三马 4，类似可得四马 2、六马 9

∵I 行右侧有 3 ↔ 4＝6　⇒　I 行 I7 ～ I9 有 4　⇒　八马 4　⇒　H5＝4[1]

∵H5＝4　E4＝4　三马 4　⇒　二马 4

∵6 列骑马 4　上沿有 4 ↔ 5＝6　⇒　6 列骑马 5

∵E6＝3　二马 3　I 行右侧有 3 ↔ 4＝6　⇒　I4≠3　⇒　八马 3

∵9列上沿有1⟷4=5 ⇒ 9列下部有4 三马4 ⇒ A8=4² ⇒ B8=7³

∵A8=4 ⇒ A1=8⁴ ∵B8=7 ⇒ I8=9⁵

∵I行右侧有3⟷4=6 ⇒ 七宫下横有3，由2列上沿数据知I2≠3 ⇒ 七马3 ⇒ 九马4

1	3	4	9	3	4	2	7	1
↕	↕	↕	↕	↕	↕	↕	↕	↕
5	7	2	8	4	5	1	9	4
‖	‖	‖	‖	‖	‖	‖	‖	‖
3	3	3	4	7	6	6	7	5
1	2	3	4	5	6	7	8	9

	1	2	3	4	5	6	7	8	9	
A	8⁴				3⁶			4²		8⟷4=7
B								7³		5⟷8=5
C										3⟷6=6
D					5				1¹¹	1⟷8=5
E				4		3				2⟷9=7
F					7					1⟷3=5
G			3⁷						5⁸	3⟷5=5
H				4¹						2⟷8=4
I		若3⁹						9⁵	4¹⁰	3⟷4=6

∵H5=4 5列上沿3⟷4=7 ⇒ A5=3⁶

∵F5=7 ⇒ F2≠7 ⇒ C2≠3

∵C行右侧3⟷6=6 ⇒ C8≠6 ⇒ 三马6 ⇒ 一马3

∵一马3 七马3 ⇒ 破骑马3，又E6=3 ⇒ 四马3

∵G行右侧有3⟷5=5 七马3 八马3 ⇒ G4=3⁷ ⇒ G9=5⁸

∵2列骑马3 2列上沿3⟷7=3 ⇒ 2列骑马7

若I3=3⁹ ，又因I行3⟷4=6 ⇒ I9=4¹⁰

∵9 列上沿 1↔4＝5　⇒　D9＝1^{11}

此与 D 行 1↔8＝5 矛盾　⇒　I3＝3 被否定　⇒　I1＝3

图中 I3＝3^{9}、I9＝4^{10}、D9＝1^{11}　三个编号作废，下图重新编号继续解题。

已知 I3＝1^{1}

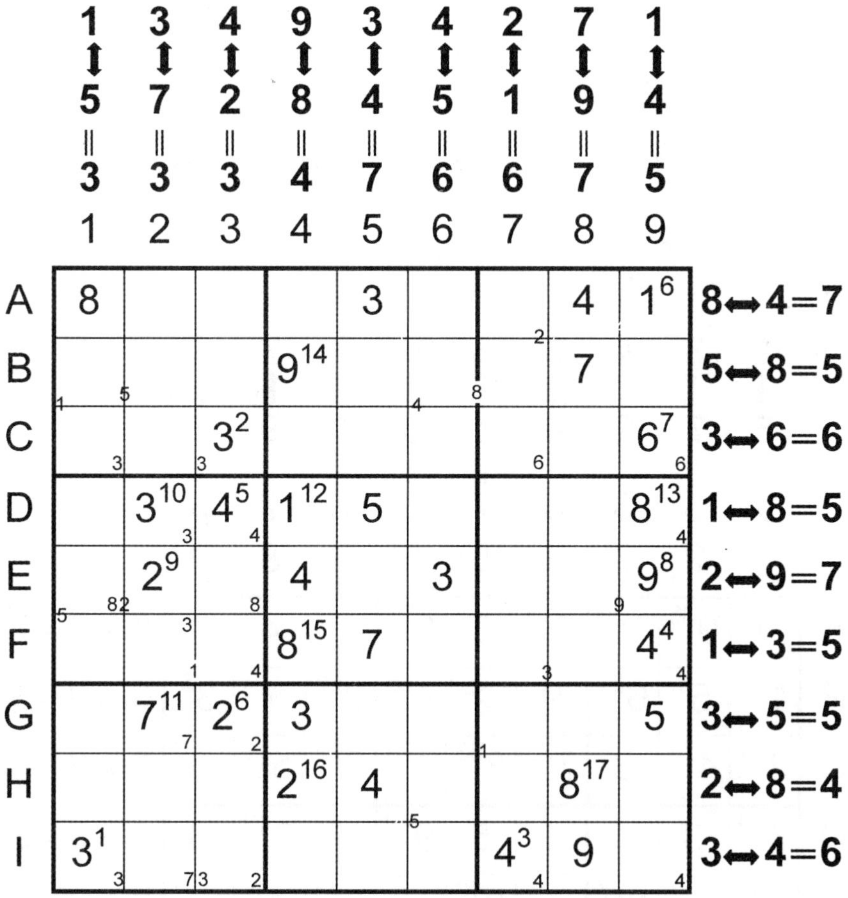

	1↕5＝3	3↕7＝3	4↕2＝3	9↕8＝4	3↕4＝7	4↕5＝6	2↕1＝6	7↕9＝7	1↕4＝5	
	1	2	3	4	5	6	7	8	9	
A	8				3			4	1^{6}	**8↔4＝7**
B				9^{14}				7		**5↔8＝5**
C			3^{2}						6^{7}	**3↔6＝6**
D		3^{10}	4^{5}	1^{12}	5			8^{13}		**1↔8＝5**
E		2^{9}		4		3		9^{8}		**2↔9＝7**
F				8^{15}	7			4^{4}		**1↔3＝5**
G		7^{11}	2^{6}	3				5		**3↔5＝5**
H				2^{16}	4		8^{17}			**2↔8＝4**
I	3^{1}						4^{3}	9		**3↔4＝6**

∵I3＝1^{1}　一马 3　⇒　C3＝3^{2}　，且 I7＝4^{3}，又 A8＝4　E4＝4　⇒　六马 4

∵四宫已有 2　3 列上有 4↔2＝3　⇒　3 列上的 2 只能在七宫，又 E3≠4　⇒　四马 4　⇒　七马 2

∵六马 4　9 列上 1↔4＝5　⇒　D9≠4　⇒　F9＝4^{4}，又四马 4　⇒　D3＝4^{5}

∵F9＝4　⇒　A9＝1^{6}　　　　∵C3＝3　⇒　C9＝6^{7}

∵I8＝9　六马 9　⇒　E9＝9^{8}　⇒　E2＝2^{9}

235

∵F行1↔3=5　E6=3　⇒　六马3　⇒　四马1

∵六马3　四马3　⇒　D2=3^{10}　⇒　G2=7^{11}

∵四马1　⇒　D1≠1，又D行1↔8=5　⇒　唯一的D4=1^{12}　⇒　D9=8^{13}

∵4列9↔8=4　G4、E4都已有数　⇒　唯一的B4=9^{14}　⇒　F4=8^{15}

∵四马1　1列有1↔5=3　⇒　一马1　⇒　四马5

∵七宫中横不可能有2　H行2↔8=4　⇒　唯一的H4=2^{16}　⇒　H8=8^{17}

∵D9=8　⇒　B9≠8，B8已有数，B行5↔8=5　⇒　一马5　⇒　B行骑马8

∵D9=8　F4=8　⇒　四马8　∵7列2↔1=6　⇒　九马1　⇒　三马2

我们重新编号来解题。

	1	2	3	4	5	6	7	8	9	
	1↕5‖3	3↕7‖3	4↕2‖3	9↕8‖4	3↕4‖7	4↕5‖6	2↕1‖6	7↕9‖7	1↕4‖5	
A	8	9^{36}	7^{35}	5^{13}	3	6^{26}	2^{21}	4	1	8↔4=7
B	1^{29}	5^1	6^{31}	9	2^{30}	4^{25}	8^{20}	7	3^5	5↔8=5
C	2^{34}	4^{24}	3	7^{32}	8^{33}	1^{28}	9^{22}	5^{11}	6	3↔6=6
D	7^{40}	3	4	1	5	9^{49}	6^{42}	2^{10}	8	1↔8=5
E	5^{39}	2	8^{27}	4	6^{12}	3	7^{43}	1^2	9	2↔9=7
F	9^{48}	6^{47}	1^{44}	8	7	2^{50}	5^{41}	3^9	4	1↔3=5
G	4^{23}	7	2	3	9^{14}	8^{19}	1^7	6^8	5	3↔5=5
H	6^{51}	1^{46}	9^{45}	2	4	5^{17}	3^6	8	7^4	2↔8=4
I	3	8^{37}	5^{38}	6^{15}	1^{18}	7^{16}	4	9	2^3	3↔4=6

∵一马 5　四马 5　⇒　B2=5[1]　∵D4=1　四马 1　九马 1　⇒　E8=1[2]
∵G3=2　H4=2　⇒　I9=2[3]
∵B8=7　⇒　H9=ˈ7[4]　⇒　B9=3[5]
∵B8=7　F5=7　⇒　六马 7　∵三马 2　⇒　六马 2
∵E2=2　⇒　五马 2
∵G4=3　⇒　H7=3[6]　⇒　G7=1[7]　⇒　G8=6[8]
∵H7=3　六马 3　⇒　F8=3[9]　⇒　D8=2[10]　⇒　C8=5[11]
∵D5=5　⇒　六马 5　∵B4=9　⇒　三马 9
∵E9=9　⇒　五马 9，且五宫㉙　⇒　E5=6[12]　⇒　六马 6
∵D9=8　F4=8　⇒　四马 8
∵八马 5　D5=5　C8=5　⇒　A4=5[13]
∵F5=7　G2=7　H9=7　⇒　八马 7
∵I8=9　五马 9　⇒　G5=9[14]　∵E5=6　C9=6　⇒　二马 6
∵E5=6　二马 6　⇒　I4=6[15]　⇒　I6=7[16]　⇒　H6=5[17]
∵G7=1　⇒　I5=1[18]　⇒　G6=8[19]
∵G6=8　B 行骑马 8　⇒　B7=8[20]　⇒　A7=2[21]　⇒　C7=9[22]
∵G 行九缺一　⇒　G1=4[23]　∵G1=4　D3=4　A8=4　⇒　C2=4[24]
∵C2=4　二马 4　⇒　B6=4[25]　⇒　A6=6[26]
∵A1=8　四马 8　⇒　E3=8[27]
∵D4=1　I5=1　⇒　C6=1[28]，又一马 1　⇒　B1=1[29]
∵G3=2　⇒　B5=¯2[30]　⇒　B3=6[31]
∵5 列九缺一　⇒　C4=7[32]　⇒　C5=8[33]　⇒　C1=2[34]
∵G2=7　⇒　A3=¯7[35]　⇒　A2=9[36]
∵A1=8　E3=8　H8=8　⇒　I2=8[37]　⇒　I3=5[38]
∵B1=1　1 列上沿有 1↔5=3　⇒　E1=5[39]　⇒　D1=7[40]
∵E1=5　六马 5　⇒　F7=5[41]　⇒　D7=6[42]　⇒　E7=7[43]
∵F8=3　F 行右侧有 1↔3=5　⇒　F3=1[44]　⇒　H3=9[45]　⇒
H2=1[46]　⇒　F2=6[47]　⇒　F1=9[48]
∵F1=9　五马 9　⇒　D6=9[49]　⇒　F6=2[50]
∵七宫九缺一　⇒　H1=6[51]

～第 22 题完～

第 10 轮　第 23 题　小杀手数独

在空格内填入数字 1~9，使得每行、每列、每宫内的数字不重复。外围的数字表示箭头方向所有数字的和。

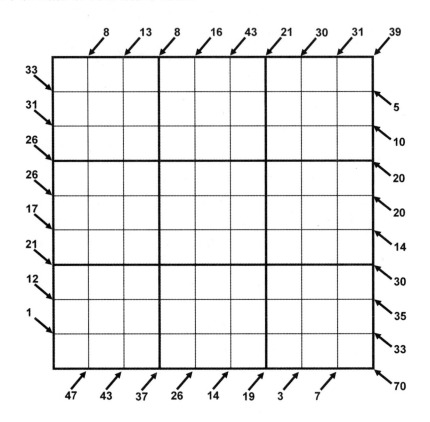

解：

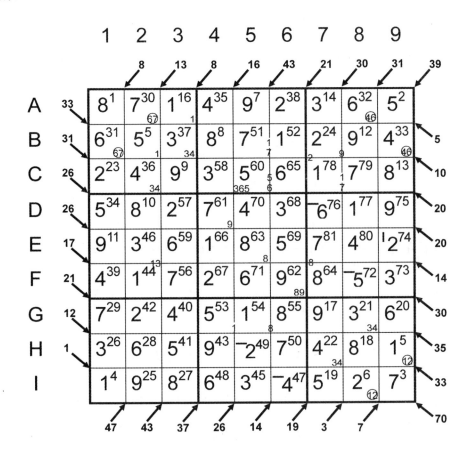

"小杀手"的入手点在四个角及"大数"。显然四角为 A1＝8^1、A9＝5^2、I9＝7^3、I1＝1^4

一宫上沿有 13 ⇒ 13＝8＋5 或 7＋6

∵A1＝8 ⇒ 唯一的 13＝7＋6 ⇒ 一马 7、一马 6，且一宫⑦⑥，类似的九宫⑫，又 I1＝1 ⇒ H9＝1^5 ⇒ I8＝2^6

三宫右侧有 10 ⇒ 10＝3＋7 或 4＋6

若 10＝3＋7 ⇒ 三宫已有 3、5、7，又 20＝9＋8＋3、9＋7＋4、9＋6＋5、8＋7＋5 ⇒ 以上四种加式都被淘汰 ⇒ 矛盾 ⇒ 10＝3＋7 被否定 ⇒ 10＝4＋6 成立 ⇒ 三马 4、三马 6

二宫上沿有"大数"43，应占据五格 ⇒ 唯一的 43＝9＋9＋9＋8＋8，又 A1＝8 ⇒ 唯一的 A5＝9^7、B4＝8^8、C3＝9^9、D2＝8^{10}、E1＝9^{11} ⇒ 三马 9

三宫上沿有20，除去4、5、6外 ⇒ 唯一的20＝9＋8＋3，又A1＝8 三马9 ⇒ B8＝9^{12} ⇒ C9＝8^{13} ⇒ A7＝3^{14}

∵I8＝2 ⇒ 三马2

一宫上沿有8 ⇒ 8＝1＋3＋4或1＋2＋5 ⇒ 有公共加数1，又I1＝1 ⇒ 一马1

本题又一"大数"为九宫下角的70，应占九个格，平均每个格大概为8。70分占一、五、九宫的左上对角线上 ⇒ 九宫对角线为7、8、9，五宫也如此 ⇒ 唯一的一宫为8、9、5 ⇒ A2＝5^{15} ⇒ A3＝1^{16}

观察九宫。

∵B8＝9 ⇒ G7＝9^{17} ⇒ H8＝8^{18}

∵H8＝8 C9＝8 D2＝8 ⇒ 六马8

观察五宫。显然五马9、五马8，五宫左上对角线上还有7，别忘了！

再看九宫，左下角有19 ⇒ 19－8＝11 ⇒ 11＝9＋2、8＋3、7＋4、6＋5 ⇒ 九宫已有2、7、8 ⇒ 唯一的11＝6＋5

∵A9＝5 ⇒ I7＝5^{19} ⇒ G9＝6^{20} ⇒ 九马3、九马4，又A7＝3 ⇒ G8＝3^{21} ⇒ H7＝4^{22}

一宫上沿有8，

∵A3＝1 B2＝5 ⇒ C1＝2^{23} ⇒ 一宫空格写3、4

∵C1＝2 三马2 ⇒ B7＝2^{24}

∵一马6 三马6 ⇒ 异骑马6 ⇒ 二宫的6在下横，在C5格暂记小6字。

七宫左沿有12 ⇒ 12＝7＋5、8＋4、9＋3

∵I7＝5 I9＝7 ⇒ 12＝7＋5被淘汰

∵A1＝8 D2＝8 ⇒ 12＝8＋4被淘汰 ⇒ 唯一的12＝9＋3

∵E1＝9 ⇒ I2＝9^{25} ⇒ H1＝3^{26}

七宫左沿有21 ⇒ 21＝9＋8＋4、9＋7＋5、8＋7＋6

∵I2＝9 ⇒ 前两个加式被淘汰 ⇒ 唯一的21＝8＋7＋6

∵A1＝8 D2＝8 ⇒ I3＝8^{27} ∵G9＝6 ⇒ H2＝6^{28} ⇒ G1＝7^{29}

∵G1＝7 一马7 ⇒ A2＝7^{30} ⇒ B1＝6^{31}

∵B1＝6 三马6 ⇒ A8＝6^{32} ⇒ B9＝4^{33}

二宫上沿有16 ⇒ 16－3－4＝9，9分占两格D1、A4 ⇒ 9＝8＋1、7＋2、6＋3、5＋4

∵A1＝8 ⇒ 9＝8＋1被淘汰 ∵C1＝2 G1＝7 ⇒ 9＝7＋2被淘汰

∵A7＝3 A8＝6 ⇒ 9＝6＋3被淘汰 ⇒ 唯一的D1与A4分别填入 4与5，但A9＝5 ⇒ D1＝5^{34} ⇒ A4＝4^{35}

∵B9＝4　一马 4　⇒　C2＝4³⁶　⇒　B3＝3³⁷

∵A 行九缺一　⇒　A6＝2³⁸

B 行空格写 1、7，三宫空格写 1、7，二宫下横为 3、5、6，暂记在 C5 格。

∵1 列九缺一　⇒　F1＝4³⁹　∵C2＝4　H7＝4　⇒　G3＝4⁴⁰

∵B2＝5　⇒　H3＝5⁴¹　⇒　G2＝2⁴²，2 列空格写 1、3。

四宫左沿有 26　⇒　26－9－4＝13，分占三格，13 的加数中含 1 或 3 者，只有 13＝2＋3＋8、1＋5＋7、1＋4＋8、3＋4＋6、1＋3＋9

∵I3＝8　I8＝2　⇒　13＝2＋3＋8 被淘汰

∵I7＝5　I9＝7　⇒　13＝1＋5＋7 被淘汰

∵H7＝4　H8＝8　⇒　13＝1＋4＋8 被淘汰

∵H7＝4　H2＝6　⇒　13＝3＋4＋6 被淘汰　⇒　唯一的 13＝1＋3＋9 成立

∵I2＝9　⇒　H4＝9⁴³　　　　　　　∵I1＝1　⇒　F2＝1⁴⁴　⇒　I5＝3⁴⁵

∵2 列九缺一　⇒　E2＝3⁴⁶

∵A4＝4　⇒　I4≠4　　I6＝⁻4⁴⁷　⇒　I4＝6⁴⁸

∵A6＝2　⇒　H6≠2　　H5＝⁻2⁴⁹　⇒　H6＝7⁵⁰

∵H6＝7　二马 7　⇒　B5＝7⁵¹　⇒　B6＝1⁵²　⇒　八马 1

∵B4＝8　⇒　八马 8

一宫左沿有 26　⇒　26＝5＋3＋F3＋G4＋2＋4　⇒　F3＋G4＝12　⇒ 12＝9＋3、8＋4、7＋5

∵E1＝9　E2＝3　⇒　12＝9＋3 被淘汰

∵G3＝4　B4＝8　⇒　12＝8＋4 被淘汰　⇒　唯一的 12＝7＋5　⇒ F3＋G4＝7＋5

∵H6＝7　⇒　G4≠7　⇒　G4＝5⁵³　⇒　G5＝1⁵⁴　⇒　G6＝8⁵⁵

∵G4＝5　⇒　F3＝7⁵⁶

二宫上沿有 21　⇒　21＝2＋7＋C4＋D3＋3＋4　⇒　C4＋D3＝5　⇒ 5＝1＋4、2＋3

∵F2＝1　三马 1　⇒　5＝1＋4 被淘汰　⇒　唯一的 5＝2＋3

∵B3＝3　⇒　D3≠3　⇒　D3＝2⁵⁷　⇒　C4＝3⁵⁸，二宫空格写 5、6。

∵四宫九缺一　⇒　E3＝6⁵⁹

三宫上沿有 30　⇒　30＝3＋1＋C5＋D4＋6＋1＋7　⇒　C5＋D4＝12 ⇒　12＝9＋3、8＋4、6＋6、7＋5

∵C3＝9　C4＝3　⇒　12＝9＋3 被淘汰

∵B4＝8　A4＝4　⇒　12＝8＋4 被淘汰

∵I4＝6　⇒　12＝6＋6 被淘汰　⇒　唯一的 12＝7＋5

∵G4＝5 ⇒ C5＝5^{60} ⇒ D4＝7^{61} ⇒ F6＝9^{62} ⇒ E5＝8^{63} ⇒ F7＝8^{64}

∵二宫九缺一 ⇒ C6＝6^{65}

∵F2＝1 G5＝1 B6＝1 ⇒ E4＝1^{66} ⇒ F4＝2^{67}

∵I5＝3 E2＝3 ⇒ D6＝3^{68} ⇒ E6＝5^{69}

∵F1＝4 ⇒ D5＝4^{70} ⇒ F5＝6^{71}

∵A9＝5 ⇒ F9≠5 ⇒ F8＝$^{-}$5^{72} ⇒ F9＝3^{73}

∵D3＝2 ⇒ D9≠2 ⇒ E9＝|2^{74} ⇒ D9＝9^{75}

∵A8＝6 ⇒ D7＝$^{-}$6^{76} ⇒ D8＝1^{77} ⇒ C7＝1^{78} ⇒ C8＝7^{79} ⇒ E8＝4^{80} ⇒ E7＝7^{81}

〜第 24 题完〜

第 10 轮 第 24 题 星星乘数数独

在空格内填入数字 1～9，使得每行、每列、每宫内的数字不重复。外围的数字表示该行、该列内星星所占格内数字的乘积。

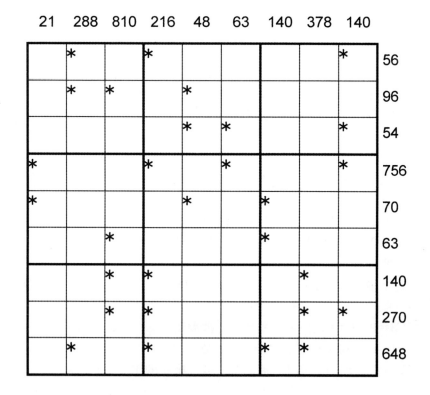

解： 分析题目外围数字，可得到下表所示的对外围数字有利于解题的质因数表述。

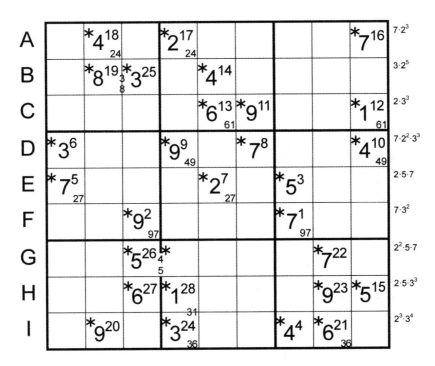

F 行右 $7 \cdot 3^2$，两个星号 ⇒ F 行骑马 9 、骑马 7

∵ 7 列上 $2^2 \cdot 5 \cdot 7$ ⇒ $F7 = 7^1$ ⇒ $F3 = 9^2$

∵ E7 格上方、右方均有 5 ⇒ $E7 = 5^3$ ⇒ $I7 = 4^4$

∵ E 行右余 $2 \cdot 7$ ⇒ E 行骑马 2、骑马 7

∵ A 行上方 $3 \cdot 7$ ⇒ $E1 = 7^5$ ⇒ $D1 = 3^6$ ⇒ $E3 = 2^7$

∵ D 行右只余 $7 \cdot 2^2 \cdot 3^2$，占三个星号 ⇒ $7 \cdot 4 \cdot 9$

∵ $E1 = 7$ $F7 = 7$ ⇒ 五宫的 7 在上横

∵ 6 列上为 $7 \cdot 3^2$ ⇒ $D6 = 7^8$ ⇒ D 行骑马 4、骑马 9

∵ 9 列上方无因数 9，4 列上方有因数 9 ⇒ $D4 = 9^9$ ⇒ $D9 = 4^{10}$

∵ $D6 = 7$ 6 列上余 3^2 ⇒ $C6 = 9^{11}$

∵ C 行右有 $2 \cdot 3^3$ $C6 = 9$ ⇒ C 行右余 $2 \cdot 3$，填入两格 ⇒ 2×3 或

243

6×1

若采用 2×3，$E5 = 2$ $\Rightarrow$ $C9 = 2$，但 9 列上只余 $5 \cdot 7$，无因数 2 $\Rightarrow$ 2×3 被否定 $\Rightarrow$ C 行两星应为 6×1 $\Rightarrow$ C 行骑马 6、骑马 1

$\because$ 9 列上只余 $5 \cdot 7$，但应填入三个格 $\Rightarrow$ $1 \times 5 \times 7$

$\because$ C 行骑马 1 $\Rightarrow$ $C9 = 1^{12}$ $\Rightarrow$ $C5 = 6^{13}$ $\Rightarrow$ $B5 = 4^{14}$

$\because$ 9 列上只余 $5 \cdot 7$，但应填入两个格，A 行右方无因数 5、H 行右方有因数 5 $\Rightarrow$ $H9 = 5^{15}$ $\Rightarrow$ $A9 = 7^{16}$

$\because$ B 行余 $3 \cdot 2^3$ $\Rightarrow$ 3×8 或 4×6

$\because$ $B5 = 4$ $\Rightarrow$ 4×6 被否定 $\Rightarrow$ 3×8 成立 $\Rightarrow$ B 行骑马 3、骑马 8，即一马 3、一马 8

$\because$ A 行右余 3^8 $\Rightarrow$ 1×8 或 2×4

若采用 1×8，一马 8 $\Rightarrow$ $A2 = 1$ $\Rightarrow$ 2 列上方仍余 $2^5 \cdot 3^2$，B2 纵然取 8 $\Rightarrow$ $I2 = 36$，显然不可能 $\Rightarrow$ 1×8 被否定 $\Rightarrow$ 2×4 成立 $\Rightarrow$ A 行骑马 2、骑马 4

$\because$ $B5 = 4$ $\Rightarrow$ $A4 \neq 4$ $\Rightarrow$ $A4 = 2^{17}$ $\Rightarrow$ $A2 = 4^{18}$

$\because$ 2 列上余 $2^3 \cdot 3^2$，又一马 8、一马 3，若 $B2 = 3$ $\Rightarrow$ $I2 = 24$，矛盾 $\Rightarrow$ $B2 = 3$ 被否定 $\Rightarrow$ $B2 = 8^{19}$ $\Rightarrow$ $I2 = 9^{20}$

$\because$ I 行只余 $2 \cdot 3^2 = 2 \times 9$ 或 3×6

$\because$ $I2 = 9$ $\Rightarrow$ 2×9 被否定 $\Rightarrow$ 3×6 成立 $\Rightarrow$ I 行骑马 3、骑马 6

$\because$ 8 列上方 $2 \cdot 7 \cdot 3^3$，下方有三个星号 $\Rightarrow$ 唯一的 $6 \times 7 \times 9$ $\Rightarrow$ $I8 = 6^{21}$ $\Rightarrow$ $G8 = 7^{22}$ $\Rightarrow$ $H8 = 9^{23}$

$\because$ $I8 = 6$ $\Rightarrow$ $I4 = 3^{24}$ $\qquad$ $\because$ $B2 = 8$ $\Rightarrow$ $B3 = 3^{25}$

$\because$ G 行右余 $2^2 \cdot 5$，两个星号 $\Rightarrow$ 4×5 $\Rightarrow$ G 行骑马 4、骑马 5

$\because$ 3 列上余 $2 \cdot 5 \cdot 3$，两个星号 $\Rightarrow$ 5×6，又 G 行骑马 5 $\Rightarrow$ $G3 = 5^{26}$ $\Rightarrow$ $H3 = 6^{27}$ $\Rightarrow$ $H4 = 1^{28}$

下面我们重新编号解题。

	1	2	3	4	5	6	7	8	9
A	6^{45}	4	1^5	2	5^{40}	3^{39}	9^{48}	8^{44}	7
B	9^{46}	8	3	7^4	4	1^6	2^{47}	5^8	6^{43}
C	5^{19}	7^{18}	2^{20}	8^9	6	9	3^{14}	4^{13}	1
D	3	5^{28}	8^{22}	9	1^{32}	7	6^{30}	2^{33}	4
E	7	1^{27}	4^{21}	6^{11}	2	8^{37}	5	3^{35}	9^2
F	2^{26}	6^{29}	9	5^{10}	3^{38}	4^{31}	7	1^{34}	8^{36}
G	8^{23}	2^{24}	5	4	9^3	6^{12}	1^1	7	3^{15}
H	4^{25}	3^{16}	6	1	7^{49}	2^{52}	8^{41}	9	5
I	1^7	9	7^{17}	3	8^{50}	5^{51}	4	6	2^{42}

∵C9＝1 H4＝1 ⇒ G7＝1^1 ⇒ 七马 1

∵I4＝4 一马 3 ⇒ 二马 3 ⇒ 三马 3

∵A9＝7 D6＝7 ⇒ 二马 7   ∵二马 7 G8＝7 ⇒ 八马 7

∵D4＝9 F3＝9 H8＝9 ⇒ E9＝2^2

∵C6＝9 D4＝9 H8＝9 I2＝9 ⇒ G5＝9^3

∵I2＝9 F3＝9 C6＝9 ⇒ 一马 9

∵H8＝9 E9＝9 C6＝9 ⇒ 三马 9

∵E1＝7 A9＝7 ⇒ 一马 7   ∵一马 7 三马 7 ⇒ B4＝7^4

∵E1＝7 G8＝7 ⇒ 七马 7

∵C5＝6 H3＝ 6 ⇒ 一马 6，且 ⑥⑨

∵C9＝1 ⇒ A3＝1^5 ∵A3＝1 C9＝1 ⇒ B6＝1^6

∵B6＝1 H4＝1 ⇒ 五马 1   ∵A3＝1 七马 1 ⇒ I1＝1^7

∵D1＝3 I4＝3 ⇒ 七马 3   ∵G3＝5 ⇒ 一马 5 ⇒ 二马 5

∵E7＝5 H9＝5 一马 5 二马 5 ⇒ B8 ＝5^8

∵二宫九缺一 ⇒ C4＝8^9　　　　∵C4＝8　B2＝8 ⇒ 三马 8

∵E7＝5 ⇒ F4＝$^|$5^{10} ⇒ E4＝6^{11}

∵E4＝6　H3＝6　一马 6 ⇒ 四马 6

∵I8＝6 ⇒ 六马　6

∵H3＝6　I8＝6 ⇒ G6＝6^{12}　　　∵A2＝4　B5＝4 ⇒ 三马 4

∵I7＝4　三马 4 ⇒ C8＝4^{13} ⇒ C7＝3^{14}

∵C7＝3　I4＝3 ⇒ G9＝3^{15}

∵G9＝3　七马 3 ⇒ H2＝3^{16} ⇒ I3＝7^{17}

∵I3＝7　一马 7 ⇒ C2＝7^{18} ⇒ C1＝5^{19} ⇒ C3＝2^{20}

∵D9＝4 ⇒ E3＝$^|$4^{21} ⇒ D3＝8^{22}

∵B2＝8 ⇒ G1＝$^-$8^{23} ⇒ G2＝2^{24} ⇒ H1＝4^{25}

∵1 列九缺一 ⇒ F1＝2^{26}

∵E7＝5 ⇒ 四马 5，且四宫⑥⑤ ⇒ E2＝1^{27}

∵F4＝5　四马 5 ⇒ D2＝5^{28} ⇒ F2＝6^{29}

∵F2＝6　六马 6 ⇒ D7＝6^{30} ⇒ 三马 6

∵D1＝3　G9＝3 ⇒ 六马 3　　　∵B5＝4　E3＝4 ⇒ F6＝4^{31}

∵D1＝3　D3＝8 ⇒ 五宫㊳ ⇒ D5＝1^{32} ⇒ D8＝2^{33}

∵C9＝1　E2＝1 ⇒ F8＝1^{34} ⇒ E8＝3^{35} ⇒ F9＝8^{36}

∵F9＝8　五马 8 ⇒ E6＝8^{37} ⇒ F5＝3^{38}

∵F5＝3　二马 3 ⇒ A6＝3^{39} ⇒ A5＝5^{40}

∵F9＝8 ⇒ H7＝8^{41} ⇒ I9＝2^{42} ⇒ B9＝6^{43} ⇒ A8＝6^{44}

∵B9＝6　一马 6 ⇒ A1＝6^{45} ⇒ B1＝9^{46} ⇒ B7＝2^{47} ⇒
A7＝9^{48}

∵I3＝7　八马 7 ⇒ H5＝7^{49} ⇒ I5＝8^{50} ⇒ I6＝5^{51} ⇒
H6＝2^{52}

～第 24 题完～

第 10 轮　第 25 题　肯肯数独

在空格内填入数字 1～9，使得每行、每列、每宫内的数字不重复。每个虚线框左上角的小数表示虚线框内数字的和、差、积、商。运算符号已给出。

解：

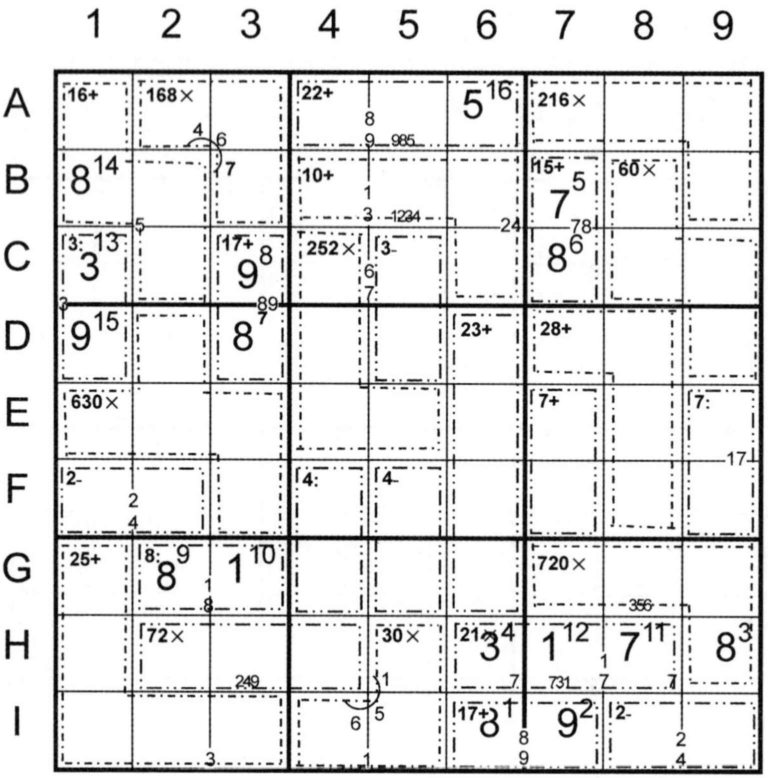

∵G2＝8 ⇒ 七马1、七马8　　∵C3＝17＋ ⇒ 3列骑马8、骑马

∵B7＝15＋ ⇒ 7列骑马7、骑马8

∵I6＝17＋ ⇒ I行骑马8、骑马9

∵7列骑马8 I行骑马8 ⇒ I6＝8^1 ⇒ I7＝9^2

∵E9＝7； ⇒ 六马1、六马7　　∵G7＝720× ⇒ $2^4×5×3^2$

∵九宫已有9 ⇒ 720＝3×6×5×8

∵七马8 ⇒ H9＝8^3 ⇒ 九宫上横为3、6、5，暂记在G8格。

∵九宫上横已有3 ⇒ H6＝3^4 ⇒ 九马1、九马7

∵九宫已有1、3、5、6、7、8、9 ⇒ 唯一的4－2＝2 ⇒ 九马2、九马4

∵H5＝30× ⇒ 30＝2×5×3 或 1×5×6

∵H6＝3 ⇒ 2×5×3被否定 ⇒ 30＝1×5×6

在八宫内交叉点处暂记1、5、6。

∵H2＝72× ⇒ 72＝8×9

∵七马8 ⇒ 72＝2×4×9，将2.4.9暂记在H3格。

二宫10＋，占四格 ⇒ 唯一的10＝1＋2＋3＋4，暂记在B5格。

∵A4格22＋ ⇒ 22＝9＋7＋6 或 9＋8＋5

若22＝9＋7＋6 ⇒ 二宫余5、8

∵252＝2^2×3^2×7 ⇒ C4≠5或8 ⇒ 22＝9＋7＋6 被否定 ⇒ 唯一的22＝9＋8＋5，暂记在A5格 ⇒ 二宫尚余6、7 ⇒ 二马6、二马7，又三马7 ⇒ B7＝7^5 ⇒ C7＝8^6，又3列骑马8 ⇒ D3＝8^7 ⇒ C3＝9^8

∵C3＝9 七马8 ⇒ G2＝8^9 ⇒ G3＝1^{10}

∵B7＝7 九马7 ⇒ H8＝7^{11} ⇒ H7＝1^{12}

∵D3＝8 F1格有2－ ⇒ 2＝8÷4被否定 ⇒ 2＝4÷2成立 ⇒ 四马4、四马2

一宫C1格有3： ⇒ 3＝9÷3 或 3＝3÷1 ⇒ 1列骑马3 ⇒ 七马3

一宫A2格有168× ⇒ 2^3×7×3 ⇒ 168＝3×7×8 或 4×6×7

∵G2＝8 D3＝8 ⇒ 168＝3×7×8被否定 ⇒ 168＝ 4×6×7成立，暂记在A3格。

一宫缺1、2、3、5、8，而C1格3： ⇒ C1格待定数为1、3

若C1＝1 ⇒ 一宫余2＋3＋5＋8＝18≠16，矛盾 ⇒ C1≠1 ⇒ C1＝3^{13} ⇒ D2＝1或9 ⇒ 一宫16＝1＋2＋5＋8成立 　　　　(1)

∵G2＝8，二宫上横有8 ⇒ B1＝8^{14} ∵二宫上横有5 ⇒ 一马5

∵E1格有630× ⇒ 3、5、6、7需占五格 ⇒ 1×3×5×6×7 ⇒ D1≠1 ⇒ D1＝9^{15} ⇒ 四宫空格为1、3、5、6、7 　　　　(2)

∵H7＝1，I5格写有1、5、6 ⇒ 八马1

∵二马6，八宫H5、I4、I5皆有待定数6 ⇒ 异骑马6 ⇒ 五宫右竖有6

∵D6格有23＋ ⇒ 23－6＝17，占三格且不含加数3、6、8 ⇒ 唯一的在6列的17＝9＋7＋1且6列九缺一为6 　　　　(3)

∵6列已有1、3、6、7、8、9 ⇒ 二宫右竖为2、4、5

再观察A5格、B5格暂记的数字 ⇒ A6＝5^{16} ⇒ 二马8、二马9，且二宫右竖二马2、二马4 ⇒ 二马1、二马3

综合上述未用结论，我们重新编号解题：

(1) 一宫16＝1＋2＋5＋8　(2) 四宫空格为1、3、5、6、7　(3) 6列空格为1、6、7、9

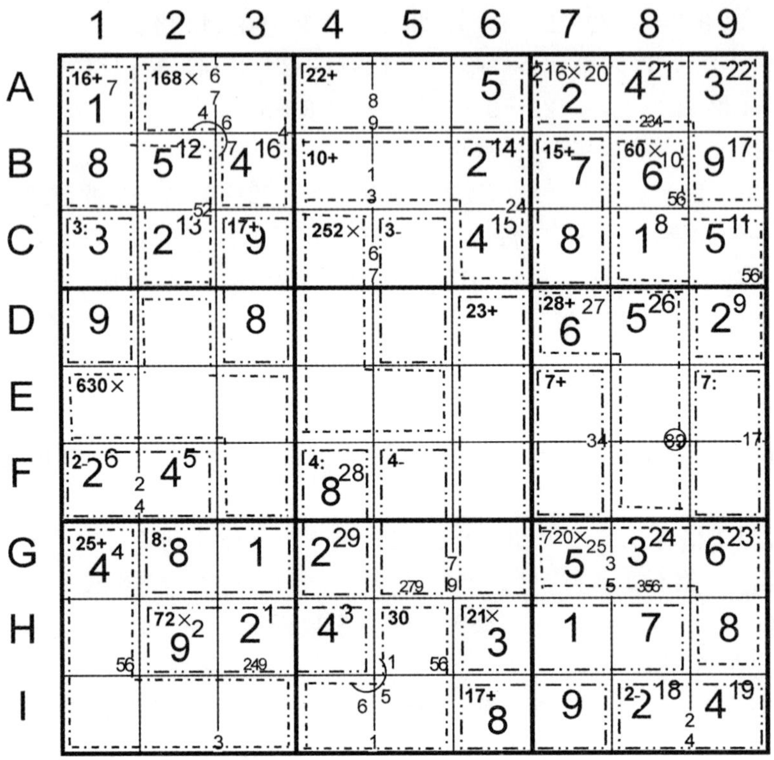

观察 3 列，A3≠2、B3≠2。

∵四马 2 ⇒ E3≠2 F3≠2，又九马 2 ⇒ H3=2[1]

∵C3=9 D1=9 I7=9 ⇒ H2=9[2] ⇒ H4=4[3]，又九马 4 ⇒

G1=4[4]

∵G1=4 四马 4 ⇒ F2=4[5] ⇒ F1=2[6]，又注意到（1） ⇒

一马 2 ⇒ A1=1[7]

∵F2=4 A3 格记有 4、6、7 ⇒ 一马 4

∵A1=1 二马 1 六马 1 ⇒ C8=1[8]

∵B8 格有 60×=5×4×3 或 5×6×2

若取 60=5×4×3

∵C1=3 二马 3 ⇒ D9=3、二马 4、二马 5 ⇒ 三宫已有 4、8，而

A7 格有 216× ⇒ 2³×3³，3³ 中不允许出现 4、8 是不可能的 ⇒

60=5 ×4×3 被淘汰 ⇒ 60=5×6×2 成立

∵一马 2 二马 2 ⇒ 破骑马 2 ⇒ 三马 2，又 60=5×6×2 ⇒

D9＝2[9]　⇒　三马 5、三马 6

∵二马 6　三马 6　⇒　B8＝6[10]　⇒　C9＝5[11]

∵C9＝5　一马 2　⇒　B2＝5[12]　⇒　C2＝2[13]

∵C2＝2　二马　2　⇒　B6＝2[14]　⇒　C6＝4[15]

∵B7＝7　A3 格记有 4、6、7　⇒　一马 7

∵B8＝6　⇒　一马 6　⇒　B3＝4[16]　⇒　B9＝9[17]　⇒　三宫上横为 2、3、4，暂记在 A8 格

∵D9＝2　九马 2　⇒　I8＝2[18]　⇒　I9＝4[19]

∵I8＝2　D9＝2　⇒　A7＝2[20]

∵I9＝4　⇒　A8＝4[21]　⇒　A9＝3[22]　⇒　G9＝6[23]　⇒　九马 3、九马 5

六宫 E7 格有 7＋＝1＋6、2＋5、3＋4

∵H7＝1　A7＝2　⇒　7＝1＋6 及 7＝2＋5 均被淘汰　⇒　唯一的 7＝3＋4　⇒　六马 3、六马 4，又九马 3　⇒　G8＝3[24]　⇒　G7＝5[25]　⇒　G 行缺 2、7、9，暂记在 G5 格，H 行空格写 5、6。

∵8 列缺 5、8、9　D1＝9　D3＝8　⇒　六宫⑧⑨　⇒　D8＝5[26]　⇒　D7＝6[27]（完成了 D7 格 28＋的要求）

∵F4 格有 4：　⇒　4＝8÷2 或 4＝4÷1

∵G1＝4　G3＝1　⇒　4＝4÷1 被淘汰　⇒　4＝8÷2 成立，又 G2＝8　⇒　F4＝8[28]　⇒　G4＝2[29]　⇒　八马 7、八马 9

下面我们再次重新编号解题。

	1	2	3	4	5	6	7	8	9
A	1	7³⁰	6³¹	9²⁰	8²¹	5	2	4	3
B	8	5	4	1¹⁸	3¹⁹	2	7	6	9
C	3	2	9	6¹⁵	7¹⁶	4	8	1	5
D	9	3²⁵	8	7²⁷	4¹⁷	1⁸	6	5	2
E	6²⁸	1²³	5²⁴	3²⁶	2²²	9⁹	4¹	8³	7³⁵
F	2	4	7²⁹	8	5⁶	6¹⁰	3²	9⁴	1³⁶
G	4	8	1	2	9⁵	7⁷	5	3	6
H	5¹⁴	9	2	4	6¹¹	3	1	7	8
I	7³⁴	6³³	3³²	5¹²	1¹³	8	9	2	4

∵F2=4 六马4 ⇒ E7=4¹ ⇒ F7=3²

∵F4=8 六马8 ⇒ E8=8³ ⇒ F8=9⁴

∵F5 格有4- ⇒ 4=5-1、6-2、7-3、8-4、9-5

∵G3=1 G7=5 ⇒ 4=5-1 被否定

∵G9=6 G4=2 ⇒ 4=6-2 被否定

∵F7=3 G8=3 ⇒ 4=7-3 被否定

∵G2=8 G1=4 ⇒ 4=8-4 被否定 ⇒ 唯一的4=9-5成立 ⇒
G5=9⁵ ⇒ F5=5⁶ ⇒ G6=7⁷

∵6列缺1、6、9 D7=6 D1=9 ⇒ 6列骑马6、骑马9 ⇒ D6=1⁸

∵F8=9 五马9 ⇒ E6=9⁹ ⇒ F6=6¹⁰

∵F5=5 ⇒ H5≠5 ⇒ H5=6¹¹、I4=5¹² ⇒ I5=1¹³

∵H行九缺一 ⇒ H1=5¹⁴

∵H5=6 二马6 ⇒ C4=6¹⁵ ⇒ C5=7¹⁶ ⇒ D5=4¹⁷

∵I5=1 二马1 ⇒ B4=1¹⁸ ⇒ B5=3¹⁹

∵G5＝9　二马 9　⇒　A4＝9[20]　⇒　A5＝8[21]　⇒　E5＝2[22]，4 列空格
　写 3、7。

∵E1 格有 630×　⇒　630＝2×3²×5×7

∵D1＝9　⇒　630＝3、6、5、7、1 应占五格

∵A1＝1　G3＝1　D6＝1　⇒　E2＝1[23]

∵F5＝5　B2＝5　⇒　E3＝5[24]

∵C1＝3　F7＝3　⇒　D2＝3[25]

∵D2＝3　五马 3　⇒　E4＝3[26]　⇒　D4＝7[27]

∵F6＝6　⇒　E1＝6[28]　⇒　F3＝7[29]

∵F3＝7　一马 7　⇒　A2＝7[30]　⇒　A3＝6[31]　⇒　I3＝3[32]

∵2 列九缺一　⇒　I2＝6[33]　⇒　I1＝7[34]

∵F3＝7　六马 7　⇒　E9＝7[35]　⇒　F9＝1[36]

～第 25 题完～

第 10 轮　第 26 题　差 5 数独

在空格内填入数字 1～9，使得每行、每列、每宫内的数字都不重复。相邻两个数字差为 5 则之间标出数字 5，两个数之间没有标出 5 的，差一定不能为 5。

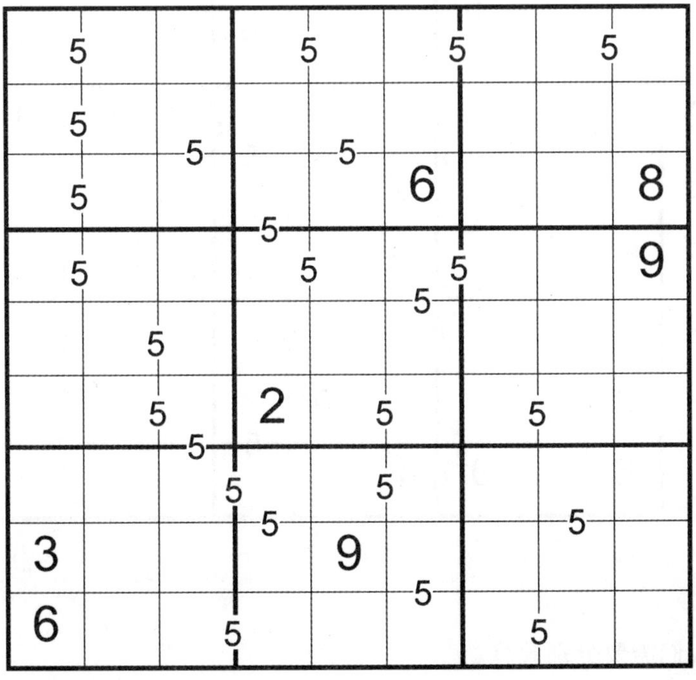

解：

观察盘面上 5 字的分布，最为特殊者，为四个 5 呈梯形排列，且八宫内部有三个 5。

仔细观察八宫。

∵ H5＝9 ⇒ G5、H6、I5、H4 皆≠4

∵ 八宫内部有三个 5 ⇒ G4、G6、I6 皆≠4 ⇒ 唯一的 $I4＝4^1$ ⇒ $I3＝9^2$。

∵ 八宫内部有四个 5 ⇒ 所涉及的各格，其答案数皆≠5 ⇒ 唯一的 $I5＝5^3$ ⇒ $E4＝5^4$ ⇒ $B6＝5^5$，且 $A3＝5^6$ $F1＝5^7$ ⇒ $D8＝5^8$ ⇒ $C7＝5^9$

细致观察，可以发现 H4 格只能填入 1 或 8，其他的数一概不能填入（读者自行验证）

⇒ H4＝1 或 H4＝8

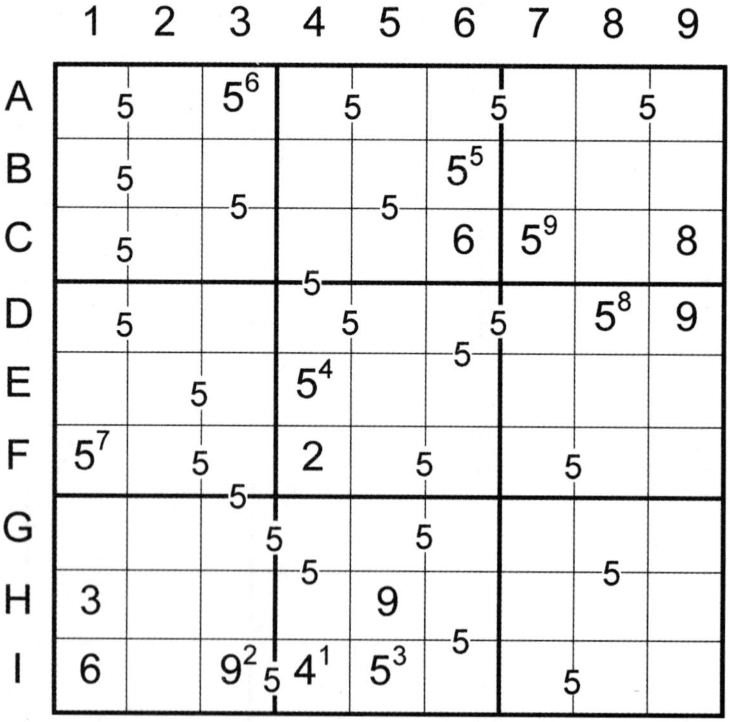

图 26（a）

因此我们需要分别验算。

假设 $H4 = 1^1$

	1	2	3	4	5	6	7	8	9
A		5	5	5		5		5	
B		5	5			5			
C		5		3^3	5	6	5		8
D		5		8^4	3^5	4^7 5	9^8	5	9
E			5	5		9^6			
F	5		5	2	5		5		
G				5 6^2		5		5	
H	3			5 1^1	9	5			
I	6		9	5 4	5		5		

图 26（b）

∵$H4 = 1^1$ ⇒ $G4 = 6^2$ ⇒ 唯一的 4 列 C4、D4 只能填 3、8

∵$C9 = 8$ ⇒ $C4 = 3^3$ ⇒ $D4 = 8^4$ ⇒ $D5 = 3^5$ ⇒
唯一的 D6、E6 只能填 4、9

∵$D9 = 9$ ⇒ $E6 = 9^6$ ⇒ $D6 = 4^7$ ⇒ $D7 = 9^8$ ⇒
此与 D9＝9 矛盾 ⇒ H4＝1 被否定 ⇒ H4＝8 成立

已知 $H4 = 8^1$

	1	2	3	4	5	6	7	8	9
A	8	3	5	7	2	4	9	1	6
B	1	6	7	9	8	5	2	3	4
C	4	9	2	1	3	6	5	7	8
D	7	2	4	6	1	3	8	5	9
E	9	1	6	5	7	8	4	2	3
F	5	8	3	2	4	9	1	6	7
G	2	4	8	3	6	1	7	9	5
H	3	5	1	8	9	7	6	4	2
I	6	7	9	4	5	2	3	8	1

图 26（c）（上接图 26（a））

解：

$\because H4 = 8^1$ ⇒ $G4 = 3^2$ ⇒ $G3 = 8^3$ ⇒ $F3 = 3^4$ ⇒ $F2 = 8^5$
观察 4 列，C4、D4 唯一的只能填入 1、6。

$\because C6 = 6$ ⇒ $C4 = 1^6$ ⇒ $D4 = 6^7$ ⇒ $D5 = 1^8$

$\because D9 = 9$ ⇒ 四宫中横有 9 ⇒ 五马 9 ⇒ 五马 4 ⇒ D6、E6 唯一的只能填 3、8 ⇒ D6、D7 唯一的只能填 3、8，且 $E5 = 7^9$

$\because D$ 行的 D1、D2 唯一的只能填 2、7 ⇒ $D3 = 4^{10}$

$\because$ 四宫中横为 1、6、9 ⇒ 四马 1、四马 6 ⇒ $E1 = 9^{11}$

F 行的 F7、F8 只能填 1、6 ⇒ $F9 = 7^{12}$

八宫，6 列 H6 与 I6 只能填 2、7 ⇒ G5 与 G6 只能填 1、6

$\because C6 = 6$ ⇒ $G5 = 6^{13}$ ⇒ $G6 = 1^{14}$

$\because H5 = 9$ ⇒ $F6 = 9^{15}$ ⇒ $F5 = 4^{16}$

$\because 3$ 列有 3、4，又 C4＝1　C6＝6 ⇒ 唯一的 B3、C3 只能填 2、7

∵C4＝1　C9＝8　一宫已有 2、7　⇒　C1、C2 唯一的 4、9

∵E1＝9　⇒　C2＝9^{17}　⇒　C1＝4^{18}，5 列已有 6、7、9　⇒　B5、C5
必为 3、8

∵C9＝8　⇒　B5＝8^{19}　⇒　C5＝3^{20}，5 列九缺一　⇒　A5＝2^{21}　⇒
A4＝7^{22}，6 列九缺一　⇒　A6＝4^{23}　⇒　A7＝9^{24}

∵二宫九缺一　⇒　B4＝9^{25}，一宫已有 4 与 9，2 与 7，又 B5＝8　⇒
B1 与 B2 只能填入 1 与 6

∵I1＝6　⇒　B2＝6^{26}　⇒　B1＝1^{27}，一宫空格写上 3、8

∵F2＝8　⇒　A1＝8^{28}　⇒　A＝3^{29}，A 行空格写 1、6

∵B2＝6　⇒　E3＝6^{30}　⇒　E2＝1^{31}，三列九缺一　⇒　H3＝1^{32}

∵C1＝4　F1＝5　I4＝4　I5＝5　⇒　七宫㊺　⇒　七马 2、七马 7

∵G6＝1　H3＝1　G4＝3　H1＝3　G3＝8　H4＝8　⇒　九宫下横有
1、3、8　⇒　I7、I8 有 3、8　⇒　I9＝1^{33}

∵A7＝9　D9＝9　⇒　九马 9

∵H5＝9　⇒　G8＝9^{34}　⇒　H8＝4^{35}　⇒　G2＝4^{36}　⇒　H2＝5^{37}

∵H2＝5　C7＝5　⇒　G9＝5^{38}

∵I9＝1　⇒　A8＝1^{39}　⇒　A9＝6^{40}　⇒　F7＝1^{41}　⇒　F8＝6^{42}

∵A9＝6　G5＝6　⇒　H7＝6^{43}

∵F9＝7　⇒　G7＝7^{44}　⇒　I2＝7^{45}　⇒　G1＝2^{46}九宫缺一　⇒
H9＝2^{47}　⇒　I6＝2^{48}　⇒　H6＝7^{49}

∵G1＝2　⇒　D2＝2^{50}　⇒　D1＝7^{51}

∵H8＝4　⇒　三马 4

∵D 行空格有 3、8

∵H9＝2　⇒　六马 2，若 E7＝2，又有 H9＝2　⇒　三马 2

∵G7＝7　F9＝7　⇒　三马 7　⇒　三宫 B8 与 C8 有㉗，此与一宫㉗构
成本题有双球　⇒　矛盾　⇒　E7≠2　⇒　E8＝2^{52}　⇒　三马 2　⇒
C3＝2^{53}　⇒　B3＝7^{54}，B 行九缺一　⇒　B8＝3^{55}　⇒　I7＝3^{56}　⇒
I8＝8^{57}　⇒　C8＝7^{58}

∵H9＝2　⇒　B7＝2^{59}　⇒　B9＝4^{60}　⇒　E9＝3^{61}　E 行九缺一　⇒
E7＝4^{62}

∵E9＝3　⇒　D6＝3^{63}　⇒　D7＝8^{64}　⇒　E6＝8^{65}

～第 26 题完～

第 10 轮 第 27 题 外提示和数独

在空格内填入数字 1~9，使得每行、每列和每宫内的数字都不重复。数独框外面的数字表示该行或列内最近的 3 个数的和。

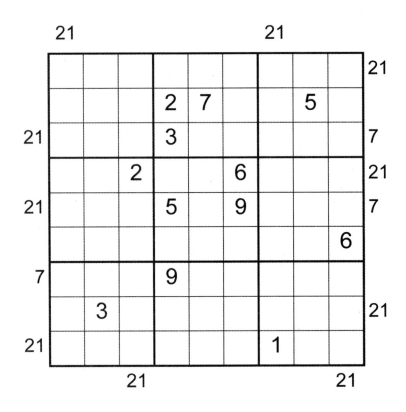

解：

	1	2	3	4	5	6	7	8	9	
A	4^{29}	2^{22}	3^{8}	1^{32}	9^{30}	5^{31}	8^{2}	6^{3}	7^{4}	21
B	8^{28}	6^{37}	1^{26}	2	7	4^{38}	9^{5}	5	3^{6}	
21 C	9^{27}	5^{61}	7^{60}	3	6^{40}	8^{39}	4^{64}	1^{68}	2^{69}	7
D	3^{15}	4^{42}	2	8^{44}	1^{33}	6	7^{10}	9^{7}	5^{11}	21
21 E	7^{59}	8^{41}	6^{58}	5	3^{1}	9	2^{65}	4^{66}	1^{67}	7
F	1^{25}	9^{63}	5^{62}	7^{21}	4^{43}	2^{36}	3^{13}	8^{9}	6	
7 G	2^{23}	1^{24}	4^{16}	9	5^{46}	7^{20}	6^{48}	3^{23}	8^{14}	
H	6^{55}	3	8^{49}	4^{53}	2^{35}	1^{34}	5^{47}	7^{3}	9^{51}	21
21 I	5^{56}	7^{57}	9^{50}	6^{54}	8^{45}	3^{19}	1	2^{17}	4^{52}	

21   21

对 7 而言 ⇒ 唯一的 7＝1＋2＋4，在 C8 格、E8 格、G2 格都暂记 1、2、4

对 21 而言 ⇒ 21＝9＋8＋4、9＋7＋5、8＋7＋6

∵E4＝5 E6＝9 ⇒ 唯一的四宫 21＝8＋7＋6，在 E2 格暂记 8、7、6
⇒ E5＝3^{1}

∵9 列下沿有 21 F9＝6 ⇒ 九宫右竖只可能是 9、8、4 或 9、7、6
⇒ 九宫右竖有 9，又 G4＝9 ⇒ 九马 9

∵C4＝2 E5＝3 H2＝3 ⇒ 八马 3

∵D 行右侧有 21 B8＝5 ⇒ 三宫上横只可能是 9、8、4 或 8、7、6
⇒ 三宫上横有 8

∵7 列上沿有 21 B8＝5 ⇒ 三宫左竖只可能是 9、8、4 或 8、7、6
⇒ 三宫左竖有 8，又三宫上横有 8 ⇒ A7＝8^{2}

∵D 行右侧有 21 F9＝6 ⇒ 六宫中竖只可能是 9、8、4 或 9、7、5
⇒ 六宫上横有 9，又九马 9 ⇒ 六马 9

∵C行左侧有21　三宫下横有1、2、4　⇒　一宫下横只可能是9、7、5或8、7、6　⇒　一宫下横有7，在C2格暂记7，又B5=7　⇒　三马7　⇒　三宫上横必为8、7、6，又F9=6　⇒　A8=6[3]　⇒　A9=7[4]　⇒　三宫空格写3、9，又九马9　⇒　B7=9[5]　⇒　B9=3[6]　⇒　九马6

∵B7=9　六马9　⇒　D8=9[7]　∵B9=3　C4=3　H2=3　⇒　一马3

∵1列上沿有21　⇒　和为21，其加数不可能有3　⇒　A1≠3　⇒　A3=3[8]

∵A3=3　H2=3　E5=3　⇒　四马3

∵A9=7　F9=6　⇒　九宫右竖必为9、8、4，在H9格暂记9、8、4　⇒　六马4

∵A7=8　四宫中横有8　九宫右竖有8　⇒　F8=8[9]

∵九宫右竖有4　⇒　三马4

∵A8=8　D8=9　F9=6　⇒　六宫上横必为9、7、5

∵A9=7　⇒　D7=7[10]　⇒　D9=5[11]

∵D9=5　B8=5　⇒　九马5，且九宫(56)，又H行右侧有21　⇒　九宫中横必含5或6　⇒　九宫中横必含7，又A9=7　⇒　H8=7[12]

∵B9=3　⇒　九马3　⇒　F7=3[13]

∵七宫上横有4　九宫右竖有4　⇒　九马4，且九宫㊾　⇒　G9=8[14]，九宫空格写3、2　⇒　三马2、六马2

∵F7=3　四马3　⇒　D1=3[15]

∵3列下沿有21　⇒　和为21，其加数不可能有1或2　⇒　只可能含加数4　⇒　七宫右竖为9、8、4　⇒　G3=4[16]　⇒　七宫⑫，且(98)

∵I7=1　六宫中横有1　⇒　六马1

∵七马2　九马2　⇒　I8=2[17]　⇒　G8=3[18]

∵G8=3　八马3　⇒　I6=3[19]　∵H8=7　⇒　七马7

∵七马7　H8=7　B5=7　⇒　G6=7[20]

∵G6=7　B5=7　D7=7　⇒　F4=7[21]

∵I8=2　七马2　B4=2　⇒　八马2

∵I7=1　三宫下横有1　⇒　三马1

∵B4=2　三马2　⇒　一马2，但1列上沿有21　⇒　A1≠2　⇒　A2=2[22]

∵A2=2　七马2　⇒　G1=2[23]　⇒　G2=1[24]

∵G2=1　六马1　⇒　四马1　⇒　五马1

∵一宫左竖无1　六马1　G2=1　⇒　F1=1[25]

∵F1=1　三马 1　G2=1　⇒　B3=1[26]
∵G3=4　四宫中横无 4　⇒　四马 4
∵G3=4　四马 4　⇒　一宫左竖必含 4，又 1 列上沿有 21　⇒　一宫左竖必为 4、8、9，又三马 4　A7=8　B7=9　⇒　一马 4、一马 8、一马 9　⇒　一宫 4、8、9 封闭
∵B8=5　⇒　一马 5　　∵E6=9　G4=9　⇒　二马 9
∵C 行左侧有 21　一宫下横必含 5　⇒　一宫下横必为 9、7、5　⇒　C1=9[27]　⇒　B1=8[28]　⇒　A1=4[29]
∵C1=9　二马 9　⇒　A5=9[30]
∵E4=5　⇒　A6=¯5[31]　⇒　A4=1[32]
∵A4=1　五马 1　⇒　D5=1[33]　⇒　H6=1[34]　⇒　H5=2[35]
∵H5=2　D3=2　⇒　F6=2[36]
∵C 行左侧有 21　C1=9　⇒　一宫(57)　⇒　B2=6[37]　⇒　B6=4[38]　⇒　C6=8[39]　⇒　C5=6[40]
∵B1=8　七马 8　⇒　E2=8[41]　⇒　四宫(76)
∵D9=5　D8=9　⇒　四宫(59)　⇒　D2=4[42]　⇒　F5=4[43]　⇒　D4=8[44]，4 列空格写㊻
∵，G9=8　⇒　I5=8[45]　⇒　G5=5[46]　⇒　H7=5[47]　⇒　G7=6[48]
∵I5=8　七马 8　⇒　H3=8[49]　⇒　I3=9[50]　⇒　H9=9[51]　⇒　I9=4[52]　⇒　H4=4[53]　⇒　I4=6[54]　⇒　H1=6[55]
∵1 列九缺一　⇒　I1=5[56]　⇒　I2=7[57]
∵H1=6　四马 6　⇒　E3=6[58]　⇒　E1=7[59]
∵I2=7　一马 7　⇒　C3=7[60]　⇒　C2=5[61]，又四马 5　⇒　F3=5[62]　⇒　F2=9[63]
∵7 列上沿有 21　A7=8　B7=9　⇒　C7=4[64]　⇒　E7=2[65]　⇒　E8=4[66]　⇒　E9=1[67]　⇒　C8=1[68]　⇒　C9=2[69]

～第 27 题完～

注：原书决赛第 9 题，答案有误，应改为 A8=2　C8=9。

附录 1　横骑马与纵骑马的互化

为读者更多了解我所命名的"横骑马"、"纵骑马"及其标记，在纠错的同时，重新进行一次讲解。

例：在空格内填入数字 1～9，使得每行、每列和每宫内的数字不重复。

			9		3	2		1
6	7			2			3	
	3							
9			8		7			
		7				5		
			3		6			7
							2	
	8			9			1	6
1		2	5		8			

解：

	1	2	3	4	5	6	7	8	9
A				9		3	2		1
B	6	7	⑲		2	5^{11}		3	8^{12}
C	2^5	3			8^9		5^{10}		
D	9			8		7		4^{14}	2^6
E			7	2^2		9^1	5		
F		2^7		3		6			7
G		9^{13}					8^4	2	5^3
H		8			9	2^8		1	6
I	1		2	5		8			

∵A4＝9　H5＝9　⇒　E6＝9^1　　　∵B5＝2　⇒　E4＝2^2

∵E7＝5　I4＝5　⇒　G9＝5^3　　　∵H2＝8　I6＝8　⇒　G7＝8^4

∵A7＝2　B5＝2　I3＝2　⇒　C1＝2^5

∵A7＝2　G8＝2　E4＝2　⇒　D9＝2^6

∵C1＝2　I3＝2　D9＝2　E4＝2　⇒　F2＝2^7

∵I3＝2　G8＝2　E4＝2　⇒　H6＝2^8

∵A4＝9　A9＝1　⇒　一宫⑲　　　∵H2＝8　⇒　一马8

∵D4＝8　I6＝8　一马8　⇒　C5＝8^9

∵E7＝5　G9＝5　一宫上横有5　⇒　C8＝5^{10}

∵C8＝5　G9＝5　⇒　B6＝$ˈ5^{11}$

∵G7＝8　C5＝8　一马8　⇒　B9＝8^{12}

∵D1＝9　一马9　九宫下横有9　⇒　G2＝9^{13}

观察A行。　∵B1＝6　⇒　一宫上横无6　⇒　A行骑马6，记为⑥。

观察E行。　∵B1＝6　⇒　E1≠6　∵F6＝6　⇒　E5≠6

∵ H9＝6 ⇒   E9≠6 ⇒   E 行骑马 6，记为 ⑥。

观察 I 行。 ∵ H9＝6 ⇒   九宫下横无 6 ⇒ I 行骑马 6，记为 ⑥。

由横向看：A 行的骑马 6，命名为"横骑马"，上述已有三个横骑马。

由纵向看：2 列有骑马 6，5 列、8 列皆有骑马 6，命名为"纵骑马"。

这样一来，横骑马化成了纵骑马。若将有 ⑥ 的格用横线和纵线连接，就会出现一个类似 8 的图形，称为"一笔画图形"，当然一笔画图形不止类似 8，也有类似三角形、四角形，复杂的类似凹形。

本题的三个纵骑马，是由三个横骑马产生的，有何用处呢？

观察 D8 格的网络，D 行有 2、7、8、9，8 列有 1、2、3、5 及纵骑马 ⑥

⇒ ▲4^{14}

在这里，"□"表示 8 列有 ⑥，从而形成了网独 D8＝▲4，"▲"表示网独。

请读者注意：1. 若有三个横骑马 ⇒   不一定会产生三个纵骑马。

2. 若这三个横骑马能够成一笔画时，才会产生纵骑马。

3. 横骑马不一定是三个，可以两个，也可以四个。

	1	2	3	4	5	6	7	8	9
A		4^9		9	6^1_6	3	2	⑥	1
B	6	7			2	5		3	8
C	2	3	⑩		8		5		
D	9	5^{10}		8	1^{12}	7	1^6	4	2
E		1^8_6	7	2		9	5	6^3_6	3^7
F		2		3	5^{11}	6	9^5	8^4	7
G		9					8	2	5
H		8			9	2		1	6
I	1	6^2_6	2	5	⑥	8			

观察 A 行　A5＝6 或 A8＝6 有且必有其中之一成立。

若 $A5＝6^1$　⇒　$I2＝6^2$　⇒　$E8＝6^3$　∵I6＝8　一马 8　⇒　$F8＝^|8^4$

∵D1＝9　E6＝9　⇒　$F7＝9^5$

∵A9＝1　⇒　$D7＝1^6$　⇒　$E9＝3^7$　∵D7＝1　A9＝1　⇒　$E2＝^|1^8$

∵D8＝4　⇒　$A2＝^|4^9$　⇒　$D2＝5^{10}$　∵D2＝5　E7＝5　⇒　$E5＝5^{11}$

∵E2＝1　⇒　$D5＝1^{12}$

此与 D7＝1 矛盾，因此 A5＝6 被否定，A8＝6 成立。

已知 A8＝6

	1	2	3	4	5	6	7	8	9
A	$8^{22}_{\ 8}$	$■5^{20}_{\ 8}$	4^{21}	9	$7^7_{\ 6}$	3	2	$6^1_{\ 6}$	1
B	6	7	$1^{39}_{⑲}$	4^{36}	2	5	9^{35}	3	8
C	2	3	9^{38}	6^8	8	1^{37}	7^6	5	4^{34}
D	9	1^4	3^{19}	8	5^9	7	6^{16}	4	2
E	4^{13}	$6^2_{\ 6}$	7	2	1^{11}	9	5	$8^{14}_{\ 6}$	3^{15}
F	5^{24}_{85}	2	8^{23}_{85}	3	$4^{12}_{⑭}$	6	1^{10}	9^{17}	7
G	7^{26}	9	6^{28}	1^{41}_{14}	3^5	4^{40}_{14}	8	2	5
H	$^|3^{25}$	8	5^{29}	7^{27}	9	2	4^{30}	1	6
I	1	$4^{33}_{\ 6}$	2	5	$6^3_{\ 6}$	8	3^{31}	7^{38}	9^{32}

∵$A8＝6^1$　⇒　$E2＝6^2$　⇒　$I5＝6^3$　∵I1＝1　一马 1　⇒　$D2＝1^4$

∵F4＝3　A6＝3　⇒　$G5＝3^5$

∵B2＝7　F9＝7　⇒　$C7＝7^6$，又 B2＝7　⇒　$A5＝7^7$

∵B1＝6　F6＝6　⇒　$C4＝6^8$

∵D2＝1　D8＝4　⇒　五宫⑭　⇒　$D5＝5^9$

∵A9＝1　H8＝1　D2＝1　⇒　$F7＝1^{10}$　⇒　$E5＝1^{11}$　⇒　$F5＝4^{12}$

∵F5＝4　D8＝4　⇒　$E1＝4^{13}$　　　∵D4＝8　⇒　四马 8

∵四马 8　B9＝8　⇒　E8＝8[14]　⇒　E9＝3[15]

∵F6＝6　⇒　D7＝6[16]　⇒　F8＝9[17]　⇒　I8＝7[18]

∵F4＝3　⇒　D3＝3[19]，四宫空格写 5、8。

∵I4＝5　⇒　七宫 G1、G3、H1、H3 皆有待定数 5　四马 5　⇒　异骑马 5　⇒　A2＝■5[20]

∵E1＝4　⇒　A3＝4[21]　⇒　A1＝8[22]

∵A1＝8　四马 8　⇒　F3＝8[23]　⇒　F1＝5[24]

∵G5＝3　⇒　H1＝│3[25]　⇒　G1＝7[26]　⇒　H4＝7[27]，八宫空格写 1、4，且⑭　⇒　G3＝6[28]　⇒　H3＝5[29]　⇒　H7＝4[30]

∵E9＝3　⇒　I7＝3[31]　⇒　I9＝9[32]　⇒　I2＝4[33]　⇒　C9＝4[34]　⇒　B7＝9[35]

∵C9＝4　⇒　B4＝4[36]　⇒　C6＝1[37]　⇒　C3＝9[38]　⇒　B3＝1[39]

∵B4＝4　⇒　G6＝4[40]　⇒　G4＝1[41]

～完～

在陈氏解法丛书之一，《轻松速解数独——陈氏解法》的第四节，"横骑马与一笔画"中例题一发现错误，应删除 G6＝1 的已知条件。

附录 2　陈氏解法名词解释

1. 骑马数：见 P3 第 3 行"$\because$ D4＝3，F2＝3⇒六马 3"。即 $\therefore$ D4＝3，F2＝3⇒六宫的答案数 3 必然在 E7 格或 E8 格⇒在此两格相邻线写上一个小小的 3 字⇒此 3 字跨两格，状如骑马，故称六宫有个骑马数 3⇒简称六马 3。

注意马字前的数字规定用汉字六，马字后面的 3 字规定用阿拉伯数字 3。

2. 封闭数：见 P3 二宫已有二马 1，又有二马 9，这两个骑马数在二宫 C4 与 C5 格正好重合⇒此两格间写⑲。⑲称为封闭数；1 与 9 只在此两格中不能出来，当然，别的数也进不去，故称封闭数。之前二宫还有个二马 8，由于 8 字现在不能进入封闭区内⇒A4＝8^3。

3. 破骑马：见 P4 图中四马 8，七马 8，且上、下对应整齐，像一个"破的田字"，故称这两个骑马数形成"破骑马"，这时性质大变了。由上下看 2 列与 3 列已被 8 字占领⇒一宫 2 与 3 列无 8⇒B1＝$\blacksquare 8$——符号$\blacksquare$表示 8 字是由两个宫的骑马 8 形成"破田字"而产生的。至于$\blacksquare 8^{14}$中的"14"则是本题中得到的第 14 个答案数。

4. 田骑马：见 P7 图中一宫与四宫两个骑马 9，不但左、右对齐，上、下也靠拢了，四格在一起更像一个"田"字了。⇒这两个骑马 9，称为"田骑马"。同样性质变了⇒1 列与 2 列已被 9 字占领⇒七宫 1 列与 2 列无 9 字⇒H3＝$\blacksquare 9^2$。

5. 异骑马：见 P26 图中。$\because$ B5＝1⇒A2、A3、C3 其中唯一的一格有答案数 1，又 $\because$ I8＝1⇒G2、G3、H2、H3 其中唯的一格有答案数 1⇒以上这些不规则的格都在 2 列与 3 列⇒2 列与 3 列都被 1 占领⇒四宫中 2 列与 3 列无 1⇒F1＝$\blacksquare 1^5$。

由于上面提到的这些格，其位置有些怪异，故称异骑马。这三种骑马的表示符号都相同，为实心小正方形"$\blacksquare$"。

6. 网络：见 P34 图及 P35 第 1 行，所谓 H2 格的网络：它是由 H2 所在宫内各格和 H2 格所在行和列的所有格组成的区域，共有 21 格，称为 H2 格的网络。但格内只可能有 1～9 九个数⇒21 格中必然有些格具有相同数字，但只有 H2 格有唯一的一个数字，即 H2 格的答案数，因此，H2 格称核心格。

7. 网独：见 P34 图，观察 H2 为核心格的网络内各格，H 行有 1、2、3、4、6、7，2 列有 5、8⇒缺唯一数字"9"⇒H2＝▲9，称"▲9"的网独，符号"▲"为实心小正三角形代表网独。

8. 纵独与横独：见 P135 图 4 列中，当时 A4＝$\mathbf{|}9^2$ 还未产生，故 4 列有 4 个空格。∵C9＝9⇒C4≠9，∵D6＝9⇒D4≠9 且 F4≠9。四个空格中有三个不是 9⇒第 4 个空格必为 9，写为 A4＝$\mathbf{|}9^2$⇒符号"$\mathbf{|}$"代表上述理由所产生的 A4＝9，此为纵独符号；若为横独，则记为"▬"符号。

9. 横骑马与纵骑马的互化，见本书附录 1，其符号为"□"空心小正方形。

10. 组合无解逼近法：此法产生于破解所谓的"世界最难数独"题，详见 2012．7．19《重庆晚报》A07 版，或百度一下，输入"世界最难数独，陈金康"即可见详情。

具体解法是：不难发现本题有六个骑马数：即一马 9，二马 5，四马 8，四马 7，六马 5，八马 1，还有一个二元格 H7——H7 格的答案数只可能是 3 或 9，故称二元格。

首先将六个骑马数和一个二元格的数字进行组合，可得

$$2^{6+1}＝2^7＝128$$

不同的 128 个组合数。

其次，对于已准备好的写有原题的 128 张九宫格纸片，将上述得到的 128 种组合数填入这 128 张九宫格纸片中，就产生了 128 道衍生出来的题。虽然多出了很多题，但题中已知数已由原来的 21 个，增加了 7 个，共 28 个，这就大大降低了原题的难度。

最后，将 128 个题目编号 1～128 号，其中 127 个题都是无解的。唯一的一个题是有解的，这就是原题的解。通过逐步找出无解题，一步一步地逼近，最终将有解题找到。这就是"组合无解逼近法"。（注意在 128 个题中的编号是随机的）。

故陈氏解法又称骑马、封闭、网独、组合无解逼近法。

跋

以前朋友们问我，数独与数学有何关系？——我言：无甚关系。数独与数学是两码事，不会加减乘除者，也可能成为数独的行家里手。

这话对标准数独而言是对的，非标准数独呢？——我言：有中学数学基础也足以应对了。

但解到本届赛题第 6 轮第 9 题"美女与野兽"时才发现，高中数学水平也应付不了了。连绝大多数理工科大学生所学知识也应付不了，只有理科数学系及师范专业数学系的大学生才具备解此题的能力。

因为解"美女与野兽"这道题需要用到《数论》知识，即用到数论中的同余式。

例如"12 ≡ 3，mod 9"读为"以 9 为模，12 与 3 同余"。即是说，以 9 做除数，以 12 或 3 做被除数，它们的余数是相同的，故称"同余"。这里并非说 12 与 3 相等、12 与 3 恒等，而是说，12 与 3 同余。同余者在此时可以互相代替。例如 3 可以代替 12（mod 9）。

一语道破之后，在此只需要知道 3 可以代替 12，2 可以代替 11 等即可，不必具有数论知识也可以解题了。

对于本届赛题，本人持 99% 的肯定态度，但金无足赤，人无完人。本届赛题，美中不足之处何在呢？

第 6 轮第 5 题"胡迪"，本人已找出 7 个解，继续研究，已毫无价值。

最后，本书能快速与读者见面，全承重庆文理学院领导的关怀与支持，特此表示感谢！

再者，本书手稿的整理与书写，全靠 77 岁的夫人熊德群（重庆文理学院退休副教授）完成，在此表示谢意！

本书在写作过程中，帮助者还有我几十年的老朋友重庆大学教授郑尔信（已退休，现任中国电子学学会顾问、终生享受政府特殊津贴者）、定居美国的年轻朋友兰兰、李小伟一家，也在此，一并表示谢意。

老朽今年 85 岁，视力较差，不宜网上交流，需要沟通的读者请寄信至：

重庆市　江北区　长安华都天宸苑　物管处转

谢谢大家！